魏書

四部備要

史部

中華書局據武英殿本校刊

桐鄉　陸費逵總勘
杭縣　高時顯
　　　吳汝霖輯校
杭縣　丁輔之監造

魏書卷一百六中

齊　魏收　撰

志第六

地形二中

兗州後漢治山陽昌邑魏晉治廩丘劉義隆治瑕丘魏因之

領郡六　縣三十一

戶八萬八千三十二

口二十六萬六千七百九十一

泰山郡漢高帝置

領縣六

戶二萬六千八百

口九萬一千八百七十三

鉅平二漢晉屬治平樂城有亭亭山祠霍城陽關城鉅平城祝丘防城龍山祠　奉高二漢晉屬有梁父山岱岳祠王符山故明堂基　博平二漢

晉曰博屬後改有博平城防城龍山祠野首山牟山祠伍子胥廟　嬴二漢晉屬有馬耳山祠汶水出焉唐阜嬴城銅冶山　牟漢晉屬有萊蕪城平州城牟城望石山　梁父二漢晉屬有菟裘澤徂來山在北梁父城龜山羊續碑貞女山祠雲母山

魯郡秦置爲薛郡高后改爲魯國皇興中改

領縣六

戶一萬五千一百六十

口四萬七千三百二十九

魯二漢晉屬有牛首亭五父衢尼丘山房山魯城叔梁紇廟孔子墓廟沂水泗水季武子臺顏母祠魯昭公臺伯禽冢魯文公冢魯恭王陵宰我冢兒寬碑　汶陽二漢晉屬有桑杜丘新甫山嶧山春舒城汶陽城　鄒二漢晉屬有叔梁紇城嶧山鄒山　陽平劉駿置魏因之有滕城　新陽前漢屬東海後罷劉駿復魏因之

高平郡故梁國漢景帝分爲山陽國武帝改爲郡晉武帝更名

領縣四

戶一萬一千一百二十四

口二萬五千八百九十六

高平二漢屬山陽晉屬前漢橐也後漢章帝更名有洸水千秋城胡陸城齊城高平山承雀山伏羲廟　方與二漢屬山陽晉屬有方與城　金鄉後漢屬山陽晉屬有金鄉山范巨卿冢碑　平陽二漢晉曰南平陽漢屬山陽晉屬有平陽城洙城白馬溝

任城郡後漢孝章帝分東平為任城國晉永嘉後罷神龜元年分高平置

領縣三

戶八千五十

口二萬一千七百八十九

任城前漢屬東平後漢晉屬有任城唐陽城華陽城　亢父前漢屬東平後漢晉屬有亢父城女媧冢風伯祠　鉅野二漢屬山陽晉屬高平後屬有鉅野城武安城武平城任山祠

東平郡故梁國漢景帝分為濟東國武帝改為大河郡宣帝為東平國後漢晉仍為國後改

領縣七

戶二萬七百五十二

口六萬一千八百一十

無鹽二漢晉屬有龍山無鹽城南章北章城　范有涞溝　須昌前漢屬東郡後漢晉屬治須昌城有濟溝　壽張有郈城　平陸二漢

晉屬曰東平陸後改有廣武城富城二漢晉屬有富城上城武強城左丘明冢剛前漢屬泰山後漢屬濟北晉曰剛平後改治剛城

東陽平郡故東平地劉義隆置尋罷劉駿復魏因之治平陸城

領縣五

戶六千一百四十六

口一萬八千九十四

元城劉義隆置魏因之有寧陽城樂平劉義隆置魏因之有青山祠魯溝水頓丘劉駿置魏因之有乘城館陶劉義隆置魏因之有唐陽城平原劉駿置魏因之有苦城鉅野澤

青州後漢治臨淄司馬德宗治東陽魏因之

領郡七　縣三十七

戶七萬九千七百五十三

口三十萬六千五百八十五

齊郡秦置

領縣九

戶三萬八百四十八

口八萬二千一百

臨淄二漢晉屬有公孫接冢晏嬰冢齊莊公冢營丘齊臺堯山祠 昌國二漢晉屬有紀信冢 益都魏置有鈞室 盤陽前漢屬濟南後漢晉屬有朱虛城大峴山有甑山鉅平山太山祠 平昌前漢屬瑯邪後漢屬北海晉屬城陽延興三年屬 廣饒二漢晉屬有吳頭山 西安二漢晉屬有逢山八士山 安平二漢晉曰東平後改前漢屬淄川後漢屬北海後屬有覆釜山 廣川有牛山仲父冢黑山石硯山齊桓公冢四豪冢

北海郡漢景帝置治平壽城

領縣五

戶一萬七千五百八十七

口四萬六千五百四十九

下密前漢屬膠東國後漢屬晉屬齊郡後屬 劇二漢屬晉屬瑯邪後屬有倉山 都昌二漢屬晉屬齊郡後屬有徐偉長冢 平壽二漢屬晉屬齊郡後屬有浮山有金關山 膠東前漢曰膠東國後漢屬北海晉屬齊郡後屬有逢萌冢

樂安郡漢高帝爲千乘國後漢和帝更名樂安國晉改

領縣四

戶五千九百一十六
口一萬三千二百三十九
千乘前漢屬千乘後漢屬晉罷後復屬　博昌前漢屬千乘後漢晉屬　安德　般
渤海郡故臨淄地劉駿置魏因之
領縣三
戶五千二百七十九
口一萬三千七百五
重合　脩　長樂有王陵冢
高陽郡故樂安地劉義隆置魏因之
領縣五
戶六千三百二十二
口一萬七千六百六十七
高陽　新城　鄚　安次　安平

河間郡劉義隆置魏因之

領縣六

戶五千八百三十

口一萬四千八百一十八

阜城 城平 武垣 樂城 章武有張釋之冢 南皮劉駿置魏因之有望海臺

樂陵郡故千乘地劉義隆置魏因之

領縣五

戶七千九百七十一

口一萬八千五百一十五

陽信有千乘城 博昌城 樂陵有樂陵城 有姑厭次 新樂 濕沃

齊州治歷城劉義隆置冀州皇興三年更名

領郡六 縣三十五

戶七萬七千三百七十八

口二十六萬九千六百六十二

東魏郡劉駿置魏因之治歷城後徙臺城

領縣九

戶一萬九千一百三十

口七萬三千五百七十

蠡吾劉駿置魏因之有龍山 頓丘劉駿置魏因之有飛鳥峴 肥鄉有平陵城巨合城 聊城有臺城管城 衞國有挺城石湯水

鷄山 博平有七鼓城逢陵城長白山 安陽有魚溝 東魏有嶂山出錫有蒼浿溝時水 臨邑劉駿置魏因之有刀瑗水鵲山隰陰城

東平原郡劉裕置魏因之治梁鄒

領縣六

戶一萬三千九百二十九

口四萬四百三

平原有黃山 鬲有高苑城平原城 臨濟有鄒平城建新城 茌平有城闞 廣宗有胡山平郭城 高唐

東清河郡劉裕置魏因之治盤陽城

領縣七
戶六千八百一十
口二萬二千五百七十四
清河 繹幕有隴水 鄃有淳于髡冢金雀山 零 武城有昌國城 貝丘有萊蕪城 饒陽舊屬青州太和十八年分屬
廣川郡劉裕置魏因之
領縣三
戶三千九百四十五
口一萬一千四百七十二
武強 索盧 中水有長城三總山
濟南郡漢文帝爲濟南國景帝爲郡後漢建武中復爲國晉改
領縣六
戶二萬一十七

口六萬八千八百二十

歷城二漢晉屬有黃臺華不法山華泉匡山舜山祠娥姜祠女郎山祠　著二漢晉屬治著城　平陵二漢晉屬曰東平陵後改有章丘城洛盤城平陵城　土鼓二漢屬晉罷後復有龍盤山　逢陵有於陵城　朝陽二漢屬後漢曰東朝陽後改晉屬樂安後屬有朝陽城

太原郡劉義隆置魏因之

領縣四

戶一萬三千五百六十

口五萬八百二十三

太原司馬德宗置魏因之治升城有靡溝垣城　祝阿二漢屬平原晉屬濟南後屬有唐城陽城　山茌二漢晉屬泰山後屬有咸山祇山格馬山

盧前漢屬太山後漢晉屬齊北後屬有盧城平陰城孝子堂

鄭州天平初置潁州治長城武定七年改治潁陰城

領郡三　縣九

戶六萬二千一百七十三

口二十七萬四千二百四十二

許昌郡天平元年分潁川置

領縣四

戶二萬五千三百二十七

口一十萬四千四百六十三

許昌二漢晉屬潁川即許都也治許昌城有西梁城 扶溝前漢屬淮陽後漢晉屬陳留真君七年併長平屬焉後屬有白亭城蔡河扶溝城康溝水龍洲陂刀陵岡 鄢陵二漢晉屬潁川有鄢陵城馬領城向城張揚城蔡澤陂深陂三門陂唐旦冢 新汲二漢晉屬潁川有新汲城長令城臨春城平侯城罌子陂

潁川郡秦置漢高改曰韓國尋復

領縣三

戶二萬二千四十四

口一十萬五千九百九

長社二漢晉屬有長葛城長平城馬臺鷄鳴城鍾皓墓白鴈陵 臨潁二漢晉屬真君七年併潁陰屬之有殷湯城 潁陰二漢晉屬真君七年併臨潁元象二年復有荀爽墓東西二武城博望城

陽翟郡
領縣二
戶一萬四千八百二
口六萬三千八百七十
黃臺興和元年分陽翟置 陽翟二漢屬潁川晉屬河南尹興和元年屬有陽翟城康城禹山祠赤沙澗九山祠呂不韋墓
黃臺有葛溝水黃臺岡
濟州治濟北碻磝城
泰常八年置
領郡五 縣十五
戶五萬三千二百一十四
口一十四萬五千二百八十四
濟北郡漢和帝置
領縣三
戶九千四百六十七
口二萬九千三百九十九

臨邑二漢屬東郡晉屬有昌鄉城臨邑城吳城　東阿二漢屬東郡晉屬有東阿城衛城濟城　盧前漢屬泰山後漢晉屬有柳舒城鼓城盧子城

平原郡漢高帝置皇始中屬冀州太和十一年分屬武泰初立南冀州永安中罷州

領縣四

戶二萬二千二百五十

口五萬九千四百三十七

聊城二漢屬東郡晉屬魏置太平鎮後罷併郡有王城郡縣治有畔城　博平二漢屬東郡晉屬有博平城桑葉城濕水　茌平前漢屬東郡後漢屬濟北晉屬治鼓城有茌平城陽城　西聊孝昌中分聊城置治聊城

東平郡太常中置太和末罷建義中復治秦城

領縣二

戶八千八百九十六

口二萬五千一百三

范二漢屬東郡晉屬兗州東平後屬治秦城　壽張前漢曰壽良屬東郡光武改後漢晉屬兗州東平後屬有梁山高陽城豐城雲城

南清河郡晉泰寧中分平原置治莒城

領縣三

戶一萬一百三十五

口一萬三千九百八十五

鄃二漢晉屬清河太和中屬平原治鄃城　零二漢晉屬清河太和中屬平原後屬治零城有莒城　高唐二漢晉屬平原後罷景明三年復

東濟北郡孝昌三年置

領縣三

戶二千四百六十四

口六千六百七十八

肥城前漢屬泰山後漢屬濟北晉罷後復屬治肥城　穀城後漢屬東郡晉屬濟北後屬　蛇丘前漢屬泰山後漢晉屬濟北後屬

光州治掖城皇興四年分青州置延興五年改為鎮景明元年復

領郡三　縣十四

戶四萬五千七百七十六

口一十六萬九百五十

東萊郡漢高帝置

領縣四

戶一萬九千一百九十五

口六萬二千四十四

掖州郡治二漢屬晉罷後復有掖山祠秀陽山斧山　西曲城二漢晉曰曲城屬後改有倉石山　東曲城皇興中分曲城置有昌丘日山

盧鄉二漢晉屬有高君山方山

長廣郡晉武帝置治膠東城

領縣六

戶一萬五千八百三十三

口五萬一千五百六十七

昌陽二漢屬東萊後罷晉惠帝復後屬有挺城望石山凡馬祠五龍廟浮游水　長廣前漢屬琅邪後屬東萊晉屬有馬山祠卽墨城康王山祠金泉山昌城活水　不其前漢屬琅邪後漢屬東萊晉屬有牢山魚脊山　挺前漢屬膠東後漢屬北海晉屬有樂毅城　卽墨郡治前漢屬膠東國後漢屬北海晉屬有三戶山膠水寗戚冢　當利二漢晉屬東萊後屬有當利城

東牟郡孝昌四年分東郡陳留置治雍丘

領縣四

戶一萬七百四十八

口四萬七千三百三十八

牟平二漢屬東萊晉罷後復有之罘山成山牟城東牟城劉寵墓風山　黃二漢晉屬東萊有黃城萊山祠龍溪　惤二漢晉屬東萊有弦城羅山

觀陽前漢屬膠東後漢屬北海後罷興和中復有淳于城觀陽城昌城城馬賓山牛耳山

梁州天平初置治大梁城

領郡三　縣七

戶四萬三千八百一十九

口一十八萬一千九百三

陽夏郡孝昌四年分東郡陳留置治雍丘城

領縣五

戶一萬六千五百四十九

口六萬三千五百五十九

陽夏前漢屬淮陽後漢屬陳國晉初併梁惠帝後真君七年併扶溝太和十二年復治陽夏城有大小扶溝　雍丘二漢晉屬陳留郡治有抱城廣陵城高陽城少姜城華城白楊陂　濟陽二漢晉屬陳留延和二年置徐州皇興初罷有濟陽城外黃城東昏城崔城　圉城二漢晉曰圉前漢屬淮陽後漢晉屬陳留後罷景明元年復後改有沙城　襄邑二漢晉屬陳留後罷景明元年復有直陽城牖鄉牖倉

開封郡天平元年分陳留置治開封城

領縣二

戶八千二百七

口三萬六千六百二

開封二漢屬河南晉屬滎陽真君八年併苑陵景明元年復孝昌中屬陳留有開封城陳留城孔侯城　尉氏二漢晉屬陳留興安初併苑陵太安三年復治尉氏城有陵有亭

陳留郡漢武帝置太和十八年罷孝昌中復

領縣三

戶一萬九千六百一十二

口八萬二千七百四十二

浚儀州郡治二漢晉屬後罷孝昌二年復有信陵君冢張耳冢董仲舒冢樊於期冢邊讓冢倉垣城灤水在大梁城東分爲蔡渠聖女淵雉臺　封丘二漢晉屬真君九年併酸棗景明二年復治封丘城有封丘臺白溝　小黃二漢晉屬真君八年併外黃太和中復有昭靈后冢陳冢蔡邕冢小黃城

豫州劉義隆置司州治懸瓠城皇興中改

領郡九　縣三十九

戶四萬一千一百七十二

口九萬六千九百一十六

汝南郡漢高帝置

領縣八

戶一萬五千八百八十九

口三萬七千六十一

上蔡州郡治二漢晉屬有武陵城　臨汝劉裕置魏因之有固城　平輿二漢晉屬有平輿城　安城二漢晉屬　西平二漢晉屬　瞿陽二漢晉爲瀘陽屬後改有瞿陽城　陽安二漢晉屬　保城劉駿置魏因之

潁川郡太和六年置

領縣三

戶八千三百九十六

口二萬六百四十

邵陵二漢屬汝南晉屬有邵陵城鄧城　臨潁二漢晉屬有葛丘王陵城　曲陽前漢屬東海後漢屬下邳晉罷後復屬有華岳祠郾城

汝陽郡

領縣三

戶七千二百五十四

口一萬五千二百四十五

汝陽郡治二漢晉屬汝南後屬有章華臺　武津有武津城　征羌後漢屬汝南後屬

義陽郡永安三年置郢州天平四年罷州置

領縣五

戶一千七百九十

口四千五百九十五

義陽 清丘有鍾離城 平陽有馬鄉城 真陽有宜春城 安陽後漢屬汝南晉罷後復屬有真陽城

新蔡郡晉置孝昌中陷後復治石母臺

領縣三

戶一千九百一十七

口四千七百七十八

新蔡二漢屬汝南晉屬汝陰孝昌中陷後復屬 鮦陽二漢屬汝南晉屬汝陰司馬衍併新蔡後復屬魏因之永安中陷武定中復有蔡城 固始二漢屬汝南晉屬汝陰前漢寖後漢光武更名後屬

初安郡延興二年置孝昌中陷後復

領縣四

戶二千二十六

口五千九百二十二

新懷有樂山 安昌前漢屬汝南後屬 懷德有清水山銅山浮石山 昭越有水連山

襄城郡晉武帝置治襄城
領縣三
戶一千四百四十六
口四千六十三
義綏　遂寧　武陽
城陽郡太和三年置後罷武定初復
領縣五
戶五百四十六
口一千三百八十八
安定　淮陰　真陽　建興　建寧
廣陵郡興和中分東豫州置
領縣五
戶一千九百六

口三千二百二十四

宋安興和中置　光城興和中置　安蠻興和中置　新蔡興和中置　汝南興和中置

北豫州後漢治譙魏治汝南安城晉治項司馬德宗置司州泰常中復治虎牢太和十九年罷置東中府天平初罷改復

領郡三　縣十二

戶四萬七百二十八

口一十八萬二千五百五十一

廣武郡天平初分滎陽置治中左城

領縣五

戶一萬五千五百九十六

口七萬四千五百一十九

曲梁孝昌中分密置有武陵城曲梁城　原武二漢屬河南晉罷孝昌中復後屬有五馬淵白馬淵原武城　陽武二漢屬河南晉屬滎陽天平初屬有陽武城黃雀溝　中牟二漢屬河南晉屬滎陽真君八年併陽武景明元年復天平初屬有中湯城管城堯祠　苑陵二漢屬河南晉屬汝陽天平初屬有新鄭城鄭莊公廟子產祠苑陵城

滎陽郡

領縣五

戶二萬一千四百七十二

口九萬二千三百一十

滎陽二漢屬河南晉屬有滎陽山滎陽城敖倉廣武城石門城管叔冢周苛紀信冢滎澤 成皐二漢晉屬河南後屬 京二漢屬河南晉屬有萬尹山祠高陽城管城索水京水樊噲冢 密二漢屬河南晉屬治容城有承雲山青煙谷開陽山大龜山子產墓卓茂冢祠 卷二漢屬河南晉屬真君八年省太和十一年復有卷城

成皐郡天平元年分滎陽置

領縣二

戶三千六百六十

口一萬五千七百四十

西成皐天平元年分滎陽之成皐置州郡治有厄井漢高祖壇汜水成皐城 鞏二漢晉屬河南天平初屬有長羅川鞏城九山祠

徐州後漢治東海郡魏晉治彭城

領郡七　縣二十四

戶三萬七千八百一十二

口一十萬八千七百八十七

彭城郡漢高帝置楚國宣帝改後復爲楚國後漢章帝更名彭城國晉改

領縣六

戶六千三百三十九

口二萬三千八百四十一

彭城前漢屬楚國後漢晉屬有寒山孤山龜山黃山九里山桓魋冢亞父冢楚元王冢龔勝冢　呂前漢屬楚國後漢晉屬有呂梁城茱萸山偪陽城明星陂龍泉塘石頭山項羽山　薛二漢晉屬魯國後屬有奚公山奚仲廟薛城孟嘗君冢　龍城有楚王墓龍漢赤唐陂龍城　留二漢晉屬有微山留城微子冢張良冢祠廣戚城薛城戚夫人廟黃山祠　睢陵前漢屬臨淮後漢晉屬下邳晉亂屬濟陰武定五年屬有睢陵城九子山荊山

南陽平郡治沛南界後寄治彭城

領縣三

戶三千七十一

口六千三百五十八

襄邑　陽平　濮陽

蕃郡孝昌三年置元象二年併彭城武定五年復

領縣二

戶四千三百九十二

口一萬八千八百四十二

蕃二漢晉屬魯國後屬合蕃城　永興皇興初置屬建昌郡太和十五年罷郡屬彭城武定五年屬　永福皇興初置屬建昌郡太和十九年罷郡屬彭城武定五年屬

沛郡故秦泗水郡漢高帝更名後漢為國後改

領縣三

戶四千四百一十九

口一萬二千二百七十八

蕭二漢晉屬有蕭城漢高祖廟谷水華山　沛二漢晉屬有漢高祖廟沛城呂母冢　相二漢晉屬有厥城相城相山廟羅山

蘭陵郡晉置後罷武定五年復治丞城

領縣四

戶十千四百二十四

口一萬五千七百七十六

昌慮二漢晉屬東海後屬有挑山孤山　承二漢晉屬東海後屬有抱犢山承城坊山　合鄉二漢晉屬東海後屬有三孤山　蘭陵二漢晉屬東海後屬有蘭陵山石孤山荀卿冢

北濟陰郡劉駿置魏因之治單父城

領縣三

戶八千五百四十六

口二萬一千九百八十八

豐二漢晉屬沛後屬有豐城漢高祖舊宅廟碑　離狐晉亂置郡治有單襄公祠宓子賤祠漢高祖祠平洛城　城武前漢屬山陽後漢晉屬濟陰後屬治部城

碭郡孝昌二年置治下邑城

領縣二

戶三千六百二十一

口八千七百五十四

安陽孝昌二年置治麻城　碭二漢屬梁國晉罷後復屬治魯城

西兗州孝昌三年置治定陶城後徙左城

領郡二　縣七

戶三萬七千四百七

口一十萬三千八百九十四

沛郡興和二年置治孝昌城

領縣三

戶七千五百七十一

口二萬三百一十四

考己氏前漢屬梁國後漢晉屬濟陰後屬有新中城安陽城　新安興和中置

濟陰郡
領縣四
戶二萬九千八百三十六
口八萬三千五百八十
定陶二漢晉屬有定陶城　離孤前漢屬東郡後漢晉屬有離孤城桃城　冤句二漢晉屬治冤句城有南陽城　乘氏二漢晉屬有大鄉城
梁丘城廪城
南兗州正光中置治譙城
領郡七　縣二十一
戶三萬七千一百三十
口一十一萬五千五百三十九
陳留郡
領縣五
戶六千二百三十

口一萬六千七百四十九

小黃劉裕置魏因之有曹騰墓曹嵩墓鄧艾祠 浚儀有城父城 谷陽有苦城陽都陂老子廟欒城 東燕有蔡水馮唐冢 武平正始中置有武平城賴鄉城天平二年置鎮武定七年罷

領縣二

梁郡故秦碭郡漢高帝爲梁國後改治梁國城

戶一萬三百五十九

口二萬五千九百九十五

襄邑二漢晉屬陳留後屬治胡城 睢陽二漢晉屬郡治

下蔡郡太和十九年置孝昌中陷興和中復

領縣四

戶三千三百六十二

口七千九百七十三

樓煩孝昌中陷興和中復 下蔡前漢屬沛後屬孝昌中陷興和中復 臨淮永平二年置孝昌中陷興和中復 龍亢二漢屬沛晉屬譙國

後罷永安三年復屬孝昌中陷興和中復

譙郡二漢縣屬沛晉以爲郡太昌中陷武定中復

領縣三

戶五千一百三十二

口一萬二千九百九十一

蒙二漢晉屬梁國後屬 蘄二漢屬沛晉屬 寧陵前漢屬陳留後漢晉屬梁國後屬孝昌中陷後復

北梁郡

領縣二

戶八千二百三十一

口四萬一千七百三十八

城安孝昌中置郡治有蛟龍城 孝陽孝昌中置治亳城

沛郡延昌中置正光中陷後復治黃楊城

領縣二

戶一千八百四十八

口四千五百六十五

蕭延昌中置治虞城 相延昌中置

馬頭郡司馬德宗置魏因之正光中陷天平中復治建平城

領縣三

戶一千九百六十八

口五千五百二十八

蘄正光中陷天平中復 己吾後漢屬陳留正光中陷興和中徙治平石城 下邑前漢晉屬晉屬梁國孝昌元年置臨渙郡縣屬興和中罷郡屬

廣州永安中置治魯陽武定中陷徙治襄城

領郡七 縣十五

戶二萬八千六百九十六

口九萬六千七百八十

南陽郡

領縣二
戶七千四百八十九
口二萬六千七百二十八
南陽有大劉山祠 俠城有峽城
順陽郡太和中置縣後改
領縣二
戶二千四十五
口七千二百五十二
龍陽太和十七年置 龍山太和十七年置有龍山
定陵郡永安中置
領縣三
戶三千六百九十
口八千七百五十六

北舞陽皇興元年置有木陂　雲陽太和十一年置　西舞陽天安元年置正光中陷興和二年復

魯陽郡太和十一年置鎮十八年改為荊州二十二年罷置

領縣二

戶二百四十五

口七百七十五

山北太和十一年置有應山應城　河山太和二十一年置

汝南郡永安元年置治符壘城

領縣二

戶七百八十三

口二千三百四十四

汝南太和十八年置　符壘太和中置有沙水

漢廣郡永安中置

領縣二

戶六千二百

口八千一十七

昆陽二漢屬潁川晉屬襄城後屬有漢廣城昆陽城新安 高陽太和元年置有溳水南襄城東西二蒲城高陽山皮城首山祠

襄城郡晉置

領縣二

戶八千二百四十四

口四萬二千八百七十八

繁昌晉屬有繁昌城潁鄉城安陽城陽城陂 襄城二漢屬潁川晉屬有潁陽城繁工城

膠州永安二年置治東武陵

領郡二 縣十四

戶二萬六千五百六十二

口六萬三百八十二

東武郡永安二年置

領縣三

戶八千六百一十七

口一萬八千七百五十七

姑幕二漢屬琅邪晉屬城陽後罷永安中復屬有荊苕山公冶長墓扶其永安中置有常山祠扶其水沙城雲母山瀘水梁鄉永安中置有梁鄉城五弩山膠水出焉紀丘山琅邪臺秦始皇碑與和中立臨海郡尋罷屬焉

高密郡漢文帝為膠西國宣帝更為高密國後漢併北海晉惠帝復劉駿併北海延昌中復

領縣五

戶七千五百五

口一萬六千一百五十三

高密前漢屬後漢屬北海晉屬城陽後屬有高密城維水鄭玄墓夷安前漢屬後漢屬北海晉屬城陽後屬有夷安城夷安澤黔陬前漢屬琅邪後漢屬東萊晉屬城陽後屬有黔陬城野艾山祠平昌前漢屬琅邪後漢屬北海晉屬城陽魏初屬平昌郡延昌中屬治平昌城有龍臺山上有井云與荊水通東武二漢屬琅邪晉屬城陽後屬有平昌城

平昌郡魏文帝置後廢晉惠帝復

領縣六

戶一萬四百四十

口二萬五千四百七十二

昌安前漢屬高密後漢屬北海晉屬城陽後屬有巨丘亭昌安城 淳于二漢屬北海晉屬城陽後屬有淳于城鐵山 營陵二漢屬北海晉屬琅邪後屬有營陵城高密城 安丘二漢屬北海晉屬琅邪有石崇墓郚原墓 朱虛前漢屬琅邪後漢屬北海晉屬琅邪後屬有九山丹水所出

琅邪二漢屬琅邪晉罷後復屬有管寧墓

洛州太宗置太和十七年改爲司州天平初復

領郡六　縣十二

戶一萬五千六百七十九

口六萬六千五百二十一

洛陽郡天平初置

領縣二

戶三千六百五十九

口一萬五千七十二
洛陽二漢晉屬河南天平初置 緱氏二漢晉屬河南太和十七年併洛陽天平初復屬有緱氏城
河陰郡天象二年置
領縣一
戶二千七百六十七
口一萬四千七百一十五
河陰晉置太宗併洛陽正始二年復屬河南
新安郡天平初置
領縣三
戶四百九十
口一千九百一十一
新安二漢屬恆農晉屬河南太和十二年改爲郡十九年復後屬 東垣二漢晉屬河東後屬 河南二漢晉屬河南後屬
中川郡天平初置

領縣二

戶二千七十八

口八千二百二十五

堙陽太和十三年分穎陽置　穎陽天安二年置

河南郡秦置三川守漢改爲河南郡後漢晉爲尹後罷司馬德宗置後罷太宗復太和中遷都爲尹天平初改

領縣一

戶三千六百四十二

口一萬四千七百一十五

宜遷天平二年置

陽城郡孝昌二年置

領縣三

戶三千四十三

口一萬一千八百八十三

陽城二漢屬潁川晉屬河南後罷正光中復屬有少室山嵩高山許由墓啓母廟　潁陽二漢屬潁川後屬　康城孝昌中分陽城置有陽城關箕山許由隱窟刑山鄭子產廟

南青州治國城顯祖置爲東徐州太和二十二年改

領郡三　縣九

戶一萬五千二十四

口四萬五千三百二十二

東安郡二漢縣晉惠帝置

領縣三

戶四千六百四十

口一萬六千五百五十一

蓋二漢屬泰山晉屬琅邪後屬有東安城靈山廟　新泰有蒙山　發干有危山廟

東莞郡晉武帝置

領縣三

戶九千六百二十

口二萬六千五百六

莒前漢晉屬城陽後漢屬琅邪後屬有莒城　東莞二漢晉屬琅邪後屬　諸二漢屬琅邪晉屬城陽後屬

義塘郡武定七年置治黃郭城

領縣三

戶七百六十四

口二千二百六十五

義塘武定七年置　歸義武定七年置有盧山鹽倉　懷仁武定七年置有吳山魏山莒城

北徐州永安二年置

領郡二　縣五

戶一萬四千七百八十一

口四萬一百二十五

東泰山郡皇興三年分泰山置屬兗州永安中屬

領縣二

戶五千七

口一萬六千三百八十一

南城前漢屬東海後漢晉屬泰山有東安城武城闞石山 新泰魏置晉屬泰山後屬有嶧山 武陽二漢晉爲南武陽屬泰山後改有顓臾城蒙山

琅邪郡秦置後漢建武中省城陽國以其縣屬

領縣二

戶九千七百七十四

口二萬三千七百四十四

即丘前漢屬東海後漢晉屬有繒城臨沂城即丘城魯國山廟王休徵冢 費前漢屬東海後漢屬泰山晉屬有費城

北揚州天平二年置治項城

領郡五　縣十九

戶九千八百四十五

口三萬二千一百三十九
陳郡漢高帝置爲淮陽國後漢章帝更名陳國晉初併梁國後復改
領縣四
戶三千二十四
口七千六百六十九
項二漢屬汝南晉屬梁國後屬有方城長平前漢屬汝南後漢屬陳國晉屬潁川有長平城習陽城晉初省惠帝永康元年復西華二漢屬汝南晉初省惠帝永康元年復屬潁川後屬治西華城襄邑治思都城
南頓郡晉惠帝置
領縣四
戶二千五百二十
口七千二百六十五
南頓二漢晉屬汝南後屬有潁陰城南頓城漢光武廟和城有高陽丘平鄉有平鄉城新蔡二漢屬汝南晉屬汝陰後屬
汝陰郡晉武帝置太和十八年爲東郢州後罷治社亭城

領縣三
戶一千七百九十四
口八千四百九十八
汝陰二漢屬汝南晉屬　宋前漢曰新鄧屬汝南後漢改晉屬後罷太和元年復屬　許昌
丹陽郡
領縣四
戶二千一百四十四
口七千九百三十一
秣陵有水次　邵陵　南陽　白水
陳留郡武定六年置及縣
領縣四
戶三百六十七
口七百七十五

小黃　宋　雍丘　新蔡

東楚州司馬德宗置宿豫郡高祖初立東徐州後陷世宗初改爲鎮後陷武定七年復改爲宿豫郡

領郡六　縣二十

戶六千五百三十一

口二萬七千一百三十二

宿豫郡

領縣四

戶一千六百五十五

口七千三百七

宿豫武定七年置　新昌武定七年置　臨泗清河武定七年改蕭衍平原置有東西二竹城　濠夷

高平郡治大徐城

領縣四

戶九百二十

口三千九十六

高平武定七年改蕭衍東平陽平清河歸義四郡置　朱沛武定七年改蕭衍朱沛修儀安豐三郡置有朱沛水徐君墓郎延陵季子掛劍處　白水武定七年改蕭衍濟陰郡置　襄邑武定七年改蕭衍館陶下邳梁招高平四縣置

淮陽郡蕭衍置魏因之

領縣四

戶一千六百一十七

口七千二百七十七

角城武定七年改蕭衍臨清天水浮陽三縣置有昌武城　綏化武定七年改蕭衍綏化呂梁二郡置有單甫城　招義武定七年改蕭衍恩撫郡二縣置　淮陽武定七年改蕭衍西淮郡七縣置

晉寧郡蕭衍置魏因之

領縣四

戶一千二百二十二

口五千二十三

臨清武定七年置　魏興武定七年改蕭衍梁興臨沂興義三縣置有鵠城　富城武定七年改蕭衍下邳扶風清河三郡置　招農武定七年改蕭衍蘭陵郡十三縣置有晉寧城

安遠郡武定七年改蕭衍安遠戍置治安遠城

領縣二

戶五百八十

口二千三百八十二

鉅鹿郡治武定七年改蕭衍鉅鹿郡六縣置　淮浦武定七年改蕭衍太山郡四縣置有甯浦

臨沭郡蕭衍置魏因之

領縣二

戶五百三十五

口二千一百七

臨沭　招遠有馬徵城

東徐州孝昌元年置永熙二年州郡陷武定八年復治下邳城

領郡四　縣十六
戸六千二百八十一
口三萬六百六十五
下邳郡
領縣六
戸一千一百四十八
口三千七百三十九
下邳前漢屬東海後漢晉屬有沂水巨川神祠　良城前漢屬東海後漢晉屬有柏山　僮前漢屬臨淮後漢晉屬　坊亭武定八年改晉寧置
柵淵武定八年分宿豫置　歸正武定七年置有陳珪墓
武原郡武定八年分下邳置
領縣三
戸二千八百一十七
口二萬五十五

武原前漢屬楚國後漢晉屬彭城後屬有武原水武原城徐偃王墓開遠武定八年分艮城置有睹蘭山祠艾山武定八年分僮置

郯郡秦置漢高改爲東海後漢爲國晉復武定八年改治郯城

領縣四

戶一千二百一十九

口三千三百八

郯二漢晉屬有建陵山臨沂前漢屬後漢晉屬琅邪武定八年復建陵前漢屬有建陵山郡治有海王神白馬澤馬嶺山歸昌武定八年置

臨清郡孝昌三年置盱眙郡武定八年改

領縣三

戶一千五百一十七

口三千五百六十三

下相前漢晉屬臨淮後漢屬下邳後屬睢陵武定七年置有睢水歸義武定七年置

海州劉子業置青州武定七年改治龍沮城

領郡六　縣十九
戶四千八百七十八
口二萬三千二百一十
東彭城郡蕭衍置魏因之
領縣三
戶八百
口三千四百六十九
龍沮蕭衍置魏因之有郎丘城房山　安樂蕭衍置彭城縣武定七年改有伊萊山神聖母祠神　渤海蕭衍置清河縣武定七年改有東海明王
東海郡蕭衍改置北海郡武定七年復
領縣四
戶一千二百四十二
口五千九百四

贛榆前漢屬琅邪後漢晉屬　安流蕭衍置都昌縣武定七年改　廣饒蕭賾置魏因之　下密蕭衍置魏因之有堯廟

海西郡蕭鸞置東海郡武定七年改置

領縣三

戶八百六十

口三千九百五十

襄賁二漢晉屬　海西武定七年分襄賁置　臨海蕭衍置魏因之

沭陽郡蕭衍置僮陽郡武定七年改

領縣四

戶一千三百九十七

口七千五百八十三

下城武定七年置有浮瀆神　臨渣武定七年置　懷文武定七年置　服武武定七年置有武都山

琅邪郡

領縣三

戶三百五十六
口一千三百七十一
海安蕭衍置魏因之有鬱州屋山盧石山 朐二漢屬東海晉曰臨朐屬蕭衍改爲招遠武定七年復有朐城朐山郡治 山寧蕭衍北譙郡武定七年改置
武陵郡
領縣二
戶二百二十三
口七百三十三
上鮮蕭衍齊郡武定七年改置 洛要蕭衍高密縣武定七年改有武陵城
東豫州太和十九年晉治廣陵城孝昌三年陷武定七年復
領郡六　縣十六
戶三千九十九
口一萬一千二十一

汝南郡孝昌三年陷武定七年復
領縣五
戸一千六百二十九
口六千四百八十二
南新息孝昌三年陷武定七年復 北新息 安陽 汝陽 長平
東新蔡郡
領縣四
戸二百四十七
口六百七十七
固始太和二年置孝昌中陷武定七年復 鮦陽太和二十三年置孝昌中陷武定七年復 苞信孝昌中陷武定七年復 汝陽孝昌三年陷武定七年復
新蔡郡孝昌中陷武定七年復
領縣二

戶四百六十五
口一千五百一十三
苞信孝昌三年陷武定七年復 長陵
弋陽郡孝昌三年陷武定七年復
領縣一
戶一百三十七
口五百三十三
弋陽孝昌三年陷武定七年復有弋陽城黃水
長陵郡蕭衍置魏因之
領縣三
戶三百八十七
口一千三百六十三
長陵蕭衍置魏因之 苞信蕭衍置魏因之 安寧蕭衍置魏因之有期思城孫叔敖廟

陽安郡
領縣二
戶二十二
口一百三十一
汞陽
義州蕭衍置武定七年內屬
戶二百一十五
口三百二十二
穎州孝昌四年置武泰元年陷武定七年復
領郡二十　縣四十
戶三千六百一
口一萬三千三百四十三
汝陰弋陽二郡蕭衍置雙頭郡縣魏因之

領縣七

戶一千六百六十五

口六千七十八

汝陰　陳留（蕭衍置魏因之有高塘陂蟹谷陂）　樓煩（建義中陷武定七年復）　宋（蕭衍置魏因之有荊亭城）　弋陽

新息（太和十九年置弋陽後陷武定七年復蕭衍置新息合弋陽魏因之）　期思（蕭衍置魏因之）

北陳留潁川二郡（蕭衍爲陳州武定七年改置）

領縣五

戶三百五十一

口一千二百七十二

許昌（蕭衍置魏因之）　圉城　雍丘（有蓬丘校水）　陳留　小黃（治安陽城）

財丘梁興二郡（蕭衍置魏因之）

領縣四

戶二百八十三

口一千六十九
梁興蕭衍置魏因之有艾亭丘 財丘 梁城蕭衍置魏因之 汝陽蕭衍置魏因之
西恆農陳南二郡蕭衍置魏因之
領縣三
戶二百三十一
口八百六十四
恆農 胡城蕭衍置魏因之有譙丘雉銅二陂神廟 南頓蕭衍置魏因之有聞水東陵城
東郡汝南二郡治牛心丘
領縣二
戶一百四十七
口六百二十一
白馬 濟陽蕭衍置魏因之有石歷陂
清河南陽二郡蕭衍置魏因之

領縣三
戶一百三十二
口五百五十五
清河蕭衍置魏因之 南陽 汝南蕭衍置魏因之
東恆農郡蕭衍置魏因之
領縣三
戶一百一十九
口四百四十
滎陽 陽武蕭衍置魏因之 淮陽武定七年置有平陸
新蔡南陳留二郡蕭衍置魏因之
領縣一
戶二百五十七
口一千二百四十二

鮦陽蕭衍置魏因之

滎陽北通二郡蕭衍置魏因之

領縣四

戶一百七十七

口四百七十二

北通　臨淮蕭衍置魏因之　臨沂　汝陰蕭衍置魏因之

汝南太原二郡蕭衍置魏因之

領縣四

戶八十七

口四百六

平豫　安城蕭衍置魏因之　太原　新息蕭衍置魏因之

新興郡蕭衍置魏因之

領縣四

戸一百一十二
口三百二十四
安城郡治蕭衍置魏因之　都立蕭衍置魏因之　新興蕭衍置魏因之　義興蕭衍置魏因之
譙州景明中置渦陽郡孝昌中陷武定七年復置州治渦陽城
領郡七　縣十七
戸二千六百一十七
口七千八百二十一
南譙郡司馬昌明置魏因之
領縣四
戸四百七十六
口一千七百三十四
渦陽武定六年置有北平城曹操祠　茅岡武定六年置有石山祠　柏橋武定六年置　蜀坡武定六年置
汴郡蕭衍置魏因之

領縣二
戶二百五十三
口八百二十九
蘄有平阿山 頛川
龍亢郡蕭衍置魏因之
領縣二
戶三百三十三
口一千六十六
葛山武定六年置 龍亢武定六年置
蘄城郡蕭衍置魏因之
領縣二
戶三百二十四
口七百六

廣平武定六年置有艾平城黃丘　蘄城武定六年置有蘄城
下蔡郡蕭衍潁川郡武定六年改置
領縣二
戶三百四十
口八百七十八
黃城蕭衍黃城戍武定六年改置　肥陽蕭衍寧陵縣武定六年改有大浮城石子澗
臨渙郡蕭衍置魏因之
領縣三
戶七百九
口二千六十二
白撣治白撣城　丹城治城費　渙北有石城
蒙郡蕭衍置魏因之
領縣二

戶一百八十一
口五百四十六
勇山有丹城勇山祠蒙郡治
北荊州武定二年置
領郡三　縣八
戶九百三十三
口四千五十六
伊陽郡武定二年置治伏流城後陷寄治州城
領縣一
戶四十八
口二百八十三
南陸渾
新城郡天平中置治孔城城後陷徙治州城

領縣二
戶三百三十一
口一千四百八十四
新城二漢晉屬河南　北陸武定五年陷
汝北郡孝昌二年置治陽仁城天平二年罷武定元年復移治梁崔塢五年陷闕年復治楊志塢
領縣五
戶五百五十四
口二千二百八十九
石臺有平州城　南汝原有汝水石澗水　治城　東汝南有石樓山黃陂隔陂　梁城有廣澤
陽州天平初置尋陷武定初復
領郡二　縣七
宜陽郡孝昌初置屬州天平初屬
領縣三

宜陽　西新安孝昌三年置　東亭

金門郡天平初置

領縣四

金門　南澠池　南陝　盧氏

南司州劉彧置司州正始元年改爲郢州孝昌三年陷蕭衍又改爲司州武定七年復改置

領郡二　縣七

齊安郡正始元年置

領縣三

保城劉駿置魏因之有羅山廟　酈有石城山有霸山廟　齊安正始元年置

義陽郡魏文帝置後罷晉武帝復

領縣二

平陽有師水　義陽晉屬

宋安郡劉彧置魏因之

領縣二

樂寧有成陽關雞頭山 東隨有黃峴關長平山廟

楚州蕭衍置北徐州武定七年改治鍾離城

領郡十二 縣二十九

彭沛二郡

領縣三

南陽有曲陽城 中陽 洛陽

馬頭郡

領縣二

蘄 平預

沛郡

領縣三

蕭 相 已吾有當塗山荊山

安定郡

領縣四

濮陽　臨涇　新豐　南陽

廣梁郡

領縣一

相邑

魯郡蕭衍置魏因之

領縣三

鄒　碭　魯

北譙郡治陰陵城

領縣二

南蔡　北譙有苟甫城龍淵

濟陽郡

領縣四

樂平　睢陽　頓丘　齊丘

北陽平郡

領縣二

陽平　濮陽

鍾離陳留二郡

領縣五

燕有孤山白石山　朝歌有九山城黃溪水　零　浚儀　灌丘有郡陽城

合州蕭衍置魏因之治合肥城

領郡八　縣十七

汝陰郡州治

領縣二

汝陰　天水

南頓郡
領縣二
南頓　和城
南梁郡
領縣二
愼　南高
北梁郡
領縣二
北蒙　北陳
南譙郡
領縣二
蘄　邵陵
盧江郡

領縣三
灊有野父山 北始新 南始新
西汝南郡
領縣二
安城有金牛山 新野
北陳郡
領縣二
西華有野王城舒水 陽夏
霍州蕭衍置魏因之
領郡十七 縣三十六
安豐郡治洛步城
領縣一
安豐郡治

平原郡
領縣一
清化
北頼川郡
領縣三
頼川　邵陵　天水
梁與郡
領縣一
陽夏郡治
陳郡
領縣三
開　陽夏　銅陽
北陳郡治衡山城

領縣一
陽夏
扶風郡治烏溪城
北沛郡
領縣五
沛　曲陽　相　順　新蔡郡治
南陳郡州治
領縣二
南陳治玄康城　邊水
新蔡郡
領縣三
汝陽　新蔡　固始
岳安郡

領縣二
安戍　義興
邊城郡治麻步山
領縣一
史水
西邊城郡
領縣三
史水　宇樓　開化
西沛郡
領縣三
蘄　沛　平陽
淮南郡
領縣三

淮南　新與　清河
樂安郡
領縣三
新蔡　樂安　頼川
南頼川郡
領縣一
譙
睢州蕭衍置潼州武定元年平改置治取慮城
領郡五　縣十二
淮陽郡武定六年置
領縣二
淮陽武定六年置　睢陵武定六年置有馬牙城
穀陽郡治穀陽城太和中置鎮世宗開置平陽郡孝昌中陷武定六年復改

領縣二
連城武定六年置有豪城濊水 高昌武定六年置郡治有項羽祠
睢南郡蕭衍置沛郡武定六年改
領縣二
斛城武定中改蕭衍淮陽置有五丈陂扶離城 新豐武定六年置
南濟陰郡治竹邑城孝昌中陷蕭衍爲睢州武定五年復
領縣二
頓丘 定陶有諸陽山
臨潼郡治臨潼城孝昌中陷武定六年置
領縣四
晉陵郡治武定六年置 取慮州治 寧陵武定六年置 夏丘武定六年置有夏丘城
南定州蕭衍置魏因之治蒙籠城
領郡五 縣七

弋陽郡州治
領縣二
汝南　期思
汝陰郡治汝陰城
領縣一
汝陰
安定郡
領縣一
安定
新蔡郡治新蔡城
領縣一
新蔡
北建寧郡

領縣二

建寧　陽武

西楚州蕭衍置魏因之治楚城

領郡三　縣七

汝陽郡蕭衍置魏因之

領縣一

義陽蕭衍置魏因之

仵城郡蕭衍置魏因之

領縣二

城陽蕭衍置魏因之　淮陰蕭衍置魏因之

城陽郡蕭衍置魏因之

領縣四

淮陰蕭衍置魏因之　平春蕭衍置魏因之　義興蕭衍置魏因之　咬城蕭衍置魏因之

蔡州治豫州銅陽縣新蔡城
領郡二　縣四
新蔡郡治四望城
領縣二
南趙　新蔡
汝南郡治白馬澗
領縣二
新息　南頓
西淮州蕭衍置魏因之治豫州界白苟堆
領郡一　縣二
淮川郡治州
領縣二
真陽　梁與

譙州蕭衍置魏因之治新昌城
領郡四　縣十五
高塘郡治高塘城
領縣四
平阿　盤塘　石城　蘭陵
臨徐郡治葛城
領縣三
懷德　烏江　酇
南梁郡
領縣四
慎　梁　蒙　譙
新昌郡州治
領縣四

赤湖　荻港　薄陽　頓丘

揚州後漢治歷陽魏治壽春後治建業晉亂置豫州劉裕蕭道成並同之景明中改孝昌中陷武定中復

領郡十　縣二十一

梁郡州治

領縣二

崇義有楚城韓城　蒙有馬頭城

淮南郡

領縣三

壽春故楚有倉陵城　汝陰有楊泉城少溝水　西宋

北譙郡永平元年置

領縣二

安陽　北譙

陳留郡

領縣二
浚儀有竹城 雍丘有曹城
北陳郡
領縣一
長平有沙陵城
邊城郡
領縣二
期思郡治有九口山 豐城
新蔡郡
領縣二
新蔡郡治有大蘇山 固始有大城陂
安豐郡
領縣二

安豐有闕城　松茲有闕城有闕城

下蔡郡

領縣二

下蔡　樓煩

頼州郡

領縣三

相　西華有澤水　許昌有硤石山

淮州蕭衍置魏因之治淮陰城

領郡四　縣九

盱眙郡治盱眙城

領縣三

盱眙郡治陽城　直瀆

山陽郡治山陽城

領縣二

山陽郡治 左鄉

淮陰郡

領縣三

富陵 懷恩州郡治 魯

陽平郡治陽平城

領縣一

太清郡治

仁州蕭衍置魏因之治赤坎城

領郡一 縣二

臨淮郡

領縣二

已吾州郡治 義城

光州蕭衍置魏因之治光城

領郡五　縣十

北光城郡

領縣二

光城郡州治樂安

弋陽郡

領縣二

北弋陽郡治南弋陽

梁安郡

領縣二

濟陽郡治陽城

南光城郡

領縣二

光城郡治南樂安
宋安郡治大城
領縣二
樂寧郡治宋安
南朔州蕭衍置魏因之治齊坂城
領郡六　縣六
梁郡
領縣一
新息
新蔡郡
領縣一
鮦陽
邊城郡治石頭城

領縣一

邊城

義陽郡

領縣一

義陽

新城郡治新城有關城

領縣一

新城

黃川郡

領縣一

安定

南建州蕭衍置魏因之治高平城

領郡七　縣十七

高平郡
領縣四
高平　譙　弋陽　義昌
新蔡郡
領縣二
新蔡　安定
陳留郡
領縣三
陳留郡治　京兆　穎川
魯郡
領縣二
魯　義興
南陳郡

領縣二
南陳　環城
光城郡
領縣三
光城　邊城　婆水
清河郡
領縣一
清河
南郢州蕭衍置魏因之治赤石關
領郡三　縣七
定城郡
領縣二
宇婁　邊城

邊城郡
領縣一
茹由
光城郡治赤石城
領縣一
光城
沙州蕭衍置魏因之治白沙關城
領郡二　縣二
建寧郡
領縣一
建寧
齊安郡
領縣一

梁豐

北江州蕭衍置魏因之治鹿城關

領郡六　縣六

義陽郡

領縣一

義陽州郡治

齊昌郡

領縣一

齊昌

新昌郡

領縣一

興義

梁安郡治建昌郡

領縣一

梁興

光城郡

領縣一

光城

齊興郡

領縣一

西平

湘州蕭衍置魏因之治大治關城

領郡三　縣三

安蠻郡

領縣一

新化州治郡

梁寧郡
領縣一
灊陽
永安郡
領縣一
新城
汴州蕭衍置魏因之治汴城
領郡二　縣四
沛郡
領縣三
蕭　穎川　相
臨淮郡
領縣一

臨淮

財州武定八年置治豫州鲖縣固始城

前件自揚州已下二十二州並緣邊新附地居險遠故郡縣戶口有時而闕

魏書卷一百六中

兗州注魏晉治闞丘○闞字以宋志證之則魏晉治廩丘當作廩

青州注治東陽○東陽城在益都縣通典曰卽青州治東城是也

樂安郡注漢高帝爲千乘國○漢書高帝置千乘郡未嘗建國此國字係郡字之訛

濟南郡著○臣召南按著字乃著字之誤兩漢有著縣屬濟南晉省劉宋復置後魏因之此注謂晉屬誤也

蘭陵郡戶十千四百二十四○十必係訛字

濟陰郡離狐○狐當作狐又注有離狐城亦誤漢志可證

譙郡注晉以爲郡○臣召南按譙郡始置於曹魏不始於晉也志誤

漢廣郡昆陽注新安○新安下當有城字各本俱脫

郯郡注後漢爲國晉復○臣召南按後漢之初雖嘗封東海王後復爲東海郡晉因之非至晉始復也

東豫州注太和十九年晉治廣陵城○臣召南按年字下當有置字各本並脫
邊城郡豐城○臣召南按此與期思並屬邊城郡監本誤刊豐城二小字於期
思注下則邊城郡少一縣矣今改正
前件自揚州已下二十二州○當云自揚州已下一十二州指揚州淮州仁州
光州南朔州南建州南郢州沙州北江州湘州汴州財州也各本俱誤作二
十二州又揚州監本誤陽州今改正

魏書卷一百六中考證

魏書卷一百六下

齊　魏收　撰

志第七

地形二下

雍州漢改曰涼治漢陽郡隴縣後治長安

領郡五　縣三十一

京兆郡秦爲內史漢高帝爲渭南郡武帝爲京兆尹後漢因之屬司隸魏改屬

領縣八

長安漢高帝置二漢晉屬有昆明池周靈臺鎬池彪池水豐水出焉　山北有風涼原有苦谷滻水出焉有杜城　新豐漢高帝置二漢晉屬有驪山戲亭首谷水　霸城郡治二漢曰霸陵晉改屬有軹道亭長門亭灞水温泉安昌陵　杜二漢晉屬二漢曰杜陵晉曰杜城後改　鄠二漢屬右扶風晉屬始平真君七年分屬　陰槃二漢屬定安晉屬真君七年併新豐太和十一年復有鴻門亭靈谷水戲水　藍田二漢晉屬真君七年併霸城太和十一年復有白鹿原

馮翊郡故秦內史漢高帝二年更名河上郡九年復爲內史武帝爲左內史後爲左馮翊後改

領縣六

高陸郡治二漢曰高陵屬晉屬京兆魏明帝改屬有薄水　頻陽秦置二漢晉屬有廣武城南鹵原鹽池　萬年漢高帝置二漢晉屬京兆後屬有漆沮水　蓮芍二漢晉屬有據城下邽城　廣陽景明元年置　郿太和二十二年置

扶風郡故秦內史漢高帝二年更名爲中地郡九年復爲內史武帝爲右內史太初中更名主爵都尉爲右扶風後改世祖真君年中併始平郡屬焉

領縣五

好畤郡治前漢屬後漢晉罷後復有武都城　始平魏置晉屬始平有溫泉新市城　美陽　槐里二漢晉屬始平周曰大丘秦更名廢丘漢高帝改有板橋泉　盩厔漢武帝置屬後漢晉罷後復真君七年併武功屬焉

咸陽郡

領縣五

石安石勒置秦孝公築渭城名咸陽宮有四皓祠安陵城杜郵亭竇氏泉周文王祠　池陽郡治二漢屬左馮翊晉屬扶風後屬有鄭白渠　靈武前漢屬北地後漢罷晉復真君七年分屬焉

寧夷有甘泉九嵕山　涇陽真君七年併石安景明二年復屬

北地郡魏文帝分馮翊之祋祤置

領縣七

富平真君八年罷泥陽弋居屬焉有北地城漢武帝祠 泥陽二漢晉屬真君七年併富平景明元年復有慈城山 弋居二漢屬晉罷後復真君七年併富平後復 雲陽二漢屬左馮翊晉罷後復屬有蒲池水雲陽宮 銅官真君七年置有關山石槃山 土門景明元年置有土門山

宜君真君七年置有宜君水

岐州太和十一年置治雍城鎮

領郡三 縣八

平秦郡太延二年置

領縣三

雍二漢晉屬右扶風後屬有周城 周城真君六年置 橫水真君十年分周城置

武都郡太延年置

領縣三

平陽真君六年置有新谷五丈原郿塢 南田 高車

武功郡太和十一年分扶風置

領縣二

美陽二漢晉屬扶風真君七年罷郡屬焉後屬有岐山太白山美原廟駱谷邵亭 漢西太和十一年分好時置有梁山武都城

秦州治上封城

領郡三 縣十三

天水郡漢武帝置後漢明帝改爲漢陽郡晉復

領縣五

上封前漢屬隴西後漢屬漢陽晉屬犯太祖諱改有席水 顯新後漢屬漢陽晉屬真君八年併安夷後屬 平泉 當亭真君八年置

略陽郡晉武帝分天水置

領縣五

安戎前漢曰戎邑屬天水後漢晉罷後改屬有董城 綿諸前漢屬天水後漢晉罷後復屬有楡亭 隴城前漢屬天水後漢屬漢陽晉罷後復屬有隴城略陽城 清水前漢屬天水後漢罷晉復屬 阿陽前漢屬天水後屬漢陽晉罷太和十一年復屬

漢陽郡真君七年分天水置

領縣三
黃瓜真君八年置有始昌城　陽廉有鄧松山　階陵
南秦州真君七年置仇池鎮太和十二年爲渠州正始初置治洛谷城
領郡六　縣十八
天水郡真君七年置
領縣三
水南郡治真君二年置　平泉真君三年置　平原
漢陽郡真君五年置
領縣二
穀泉　蘭倉郡治真君三年置有雷牛山黃帝洞
武都郡漢武帝置
領縣四
石門郡治真君九年置有羌道城　白水真君九年置郡後改　東平真君九年置　孔提

武階郡

領縣三

北部 南五部太和四年置郡後改 赤萬太和四年置郡後改

修武郡

領縣四

平洛太和四年置 相樹太和八年置 下辨二漢晉屬武都郡太和四年分屬焉 廣長郡治太和四年置

仇池郡

領縣二

階陵真君四年置有牛頭山 倉泉太和四年置

南岐州

領郡三

固道郡延興四年置

廣化郡

廣業郡
東益州治武興
領郡七　縣十六
武興郡
領縣四
景昌　武興州郡治　石門　武安
仇池郡
領縣二
西鄉　西石門
槃頭郡
領縣二
武世　蓑舉
廣蓑郡

領縣二
蕿廣　新巴
廣業郡
領縣二
廣業　廣化
梓潼郡
領縣二
華陽　興宋
洛聚郡
領縣二
武都　明水
益州正始中置
領郡五　縣十

東晉壽郡司馬德宗置魏因之
領縣四
黃　石亭　晉安司馬德宗置魏因之　晉壽晉惠帝置屬梓潼後屬
西晉壽郡
領縣一
陰平
新巴郡司馬德宗置魏因之
領縣一
新巴司馬德宗置魏因之
南白水郡
領縣二
始平　京兆
宋熙郡

領縣二
興樂 元壽
巴州郡縣闕
梁州蕭衍梁泰二州正始初改置
領郡五 縣十四
晉昌郡
領縣三
龍亭有安國城鎮勢山瀼水 興勢延昌三年置 南城
褒中郡
領縣三
褒中二漢晉屬漢中後罷永平四年復屬 武鄉延昌元年置有牛頭山 廉水
安康郡劉準置魏因之
領縣二

安康二漢曰安陽屬漢中漢末省魏復武帝更名屬魏興郡後屬有直水寧都

漢中郡秦置

領縣三

南鄭二漢晉屬 漢陰有胡城 城固二漢晉屬

華陽郡

領縣三

華陽有黃牛山廉水蕭何城 沔陽二漢晉屬漢中後屬有白馬城黃沙城諸葛亮廟 嶓冢有嶓冢山漢水出焉

南梁州郡縣闕

東梁州

領郡三 縣四

戶一千二百二十二

金城郡

領縣一

戸二百八十六
直城
安康郡
領縣一
戸六百一十八
安康
魏明郡
領縣二
戸三百一十八
漢陽　寧都
涇州治臨涇城
領郡六　縣十七
安定郡漢武帝置太和十一年罷石堂郡以其縣屬

領縣五
安定前漢屬後漢晉罷後復有銅城　臨涇二漢晉屬有洪城　朝那二漢晉屬有當原城胡城　烏氏二漢晉屬有岐山涇鄉城陽邑城撫夷城　石堂有自度山

隴東郡
領縣三
涇陽前漢屬安定後漢晉罷屬後復有薄落山涇水出焉白城方石淵隴山　祖居前漢屬罷後復屬武威晉罷後復屬　撫夷前漢屬安定後漢晉罷後復屬

新平郡後漢獻帝建安中置
領縣四
白土二漢屬上郡晉屬金城後屬有岐亭嶺　爰得前漢屬安定後漢晉罷後復屬有邑成東魏城　三水二漢屬安定晉罷後復屬有隨意城
高平二漢屬安定晉罷後復屬有石門山

隨平郡
領縣二

鶉觚前漢屬山城後漢晉屬安定後有孤原亭臺山 東槃

平涼郡

領縣二

鶉陰郡治前漢屬安定後漢屬武威晉罷後復屬有凡亭涇陽平涼城 陰密前漢屬安定後漢罷晉復後屬

平原郡

領縣一

陰槃二漢屬安定晉屬京兆後屬有安城安武城

河州有伏乾闕二字真君六年置鎮後改治抱至

領郡四 縣十四

金城郡漢昭帝置後漢建武十三年闕隴西孝明復

領縣二

榆中二漢晉屬 大夏二漢屬隴西晉屬晉興皇興三年改為郡後復屬有白水金柳城

武始郡晉分隴西置

領縣三

勇田真君八年置郡後改　狄道二漢屬隴西晉屬　陽素

洪和郡

領縣三

水池真君四年置郡後改　藍川真君八年置郡後改　蕈州延興四年置

臨洮郡二漢晉縣屬隴西真君六年改置

領縣三

龍城太和十年置　石門太和九年置　赤水

渭州

領郡三　縣六

隴西郡秦置

領縣二

襄武　首陽

南安陽郡
領縣二
桓道　中陶
廣寧郡
領縣二
彰　新興眞君八年罷中陶祿部襄武屬焉
原州太延二年置鎭正光五年改置幷置郡縣治高平城
領郡二　縣四
高平郡
領縣二
高平　里亭
長城郡
領縣二

黃石　白池

涼州漢置治隴神麛中為鎮太和中復

領郡十　縣二十

戶三千二百七十三

武安郡

領縣一

戶三百七十三

宜威

臨杜郡杜一作社

領縣二

戶三百八十九

安平　和平

建昌郡

領縣三
戶六百五十七
榆中　治城　蒙水
番和郡
領縣二
戶一百三十九
彰　燕支
泉城郡
領縣一
戶七十九
新陽
武興郡
領縣三

戶三百八十五
晏然　馬城　休屠
武威郡漢武帝置
領縣二
戶三百四
林中　襄城有休屠城武始澤
昌松郡
領縣三
戶三百九十七
溫泉　揟次本作撮又作揖次　沙莫口
東涇郡
領縣一
戶一百九十一

台城

梁寧郡

領縣二

戶三百三十一

園池 貢澤

鄯州郡縣闕

瓜州郡縣闕

華州太和十一年分秦州之華山澄城白水置

領郡三 縣十三

華山郡

領縣五

華陰前漢屬京兆後漢晉屬恆農後屬有華山集仙館巨靈原濕關北鄉城重泉城 鄭二漢晉屬京兆後屬有廣鄉原鄭城赤城 夏陽二漢晉屬馮翊後屬故少梁秦惠文王更名有梁山龍門山黑水城 敷西太和十一年分夏陽置有武平城高平城 郃陽二漢晉屬馮翊後罷太和二十年復

闕

澄城郡真君七年置

領縣五

澄城真君七年置有杏城五泉真君七年置有五泉水渴水石谷城三門真君七年置有陽苑城銜城宮城真君七年置南五泉太和十一年置

白水郡太和二年分澄城置

領縣三

姚谷太和二年置有黃崖山白水太和二年置有五龍山粟邑城南白水太和十一年分闕白水置有闕

北華州太和十五年置東秦州後改治杏城

領郡二　縣七

戶一萬一千五百九十七

中部郡

領縣四

戶八千九百二十四

中部姚興置魏因之　石保有回女山　狄道有狄兎城淺石山　長城有五郊城

敷城郡

領縣三

戶五千六百七十二

敷城有女陰山　洛川真君中置　定陽

豳州皇興二年爲華州延興二年爲三縣疑太和十一年改爲班州十四年爲邠州二十年改焉

領郡三　縣十

西北地郡秦昭王置

領縣三

彭陽二漢屬安定晉罷後復屬　富平二漢晉屬北地後屬有神泉靈州城彰獵山　安武前漢屬安定後漢晉罷後復屬

趙興郡真君二年置

領縣五

陽周前漢屬上郡後漢晉罷後復屬有橋山黃帝冢泥陽城高平城秋水 獨樂前漢屬上郡後漢晉罷後復屬 定安真君二年置 趙安真君二年置 高望真君二年置有高望山

襄樂郡太和十一年置

領縣二

襄樂前漢屬上郡後漢晉罷後復屬 膚施二漢屬上郡晉罷後復屬有五龍山黃帝祠

夏州赫連屈孑所都始光四年平爲統萬鎮太和十一年改置治大夏

領郡四 縣九

化政郡太和十二年置

領縣二

革融 巖綠一本作巖緣

闌熙郡太和十二年置

領縣二

山鹿 新囟

金明郡真君十二年置

領縣三

永豐真君十三年置 啓寧 廣洛真君十年置

代名郡太安二年置

領縣二

呼酋太安二年置有橫水 渠搜太和二年置

東夏州延昌二年置

領郡四 縣九

偏城郡太和元年置

領縣二

廣武前漢屬太原後漢晉屬鴈門後屬有三城偏城 汳野二漢屬朔方晉罷後復屬

朔方郡漢武帝置

領縣三

魏平 政和 朔方二漢屬晉罷後復有貴堨澤

定陽郡二漢縣屬上郡太安中改置

領縣二

臨戎二漢屬朔方晉罷後復屬 臨真有丹陽山白泉

上郡秦置

領縣二

石城 因城

秦州神䴥元年置雍州延和元年改太和中罷天平初復後陷

領郡二 縣七

河東郡秦置治蒲坂

領縣五

安定太和元年置 蒲坂二漢晉屬有華陽城雷首山 南解二漢晉曰解屬後改有桑泉城 北解太和十一年置有張楊城 猗氏二漢晉屬河東後復屬有介山塘

北鄉郡

領縣二

北猗氏太和十一年置有解城　汾陰二漢晉屬河東後屬有北鄉城后土祠

陝州太和十一年置治陝城八年罷天平初復後陷

領郡五　縣十一

恆農郡前漢置以顯祖諱改曰恆

領縣三

陝中　北陝二漢晉曰陝屬有曲沃城鄧芝祠　崤太和十一年置有三崤山白楊谷

西恆農郡

領縣一

恆農二漢晉屬恆農後屬有桃林

澠池郡

領縣二

俱利 北濉池太和十一年置有馬頭山俱利城生耳山

石城郡正始二年置縣後改

領縣一

同提

河北郡

領縣四

北安邑二漢晉曰安邑屬河東後改太和十一年置為郡十八年復屬 南安邑太和十一年置有中條山 河北二漢晉屬河東後屬有芮城立城嫣水首陽山伯夷叔齊墓 大陽二漢晉屬河東後屬有虞城夏陽城

洛州太延五年置荊州太和十一年改治上洛城

領郡五 縣七

上洛郡晉武帝置

領縣二

上洛前漢屬恆農後漢屬京兆晉屬有丹水南秦水漢高祖祠四皓祠高東祠 拒陽

上庸郡皇興四年置東上洛永平四年改

領縣二

商前漢屬恆農後漢屬京兆晉屬上洛後屬有京城　豐陽郡治太安二年置有圖地

魏興郡太延五年置

領縣一

陽亭太和五年置

始平郡景明元年置

領縣一

上洛

蓑和郡景明元年置

領縣一

南商

荆州後漢治漢壽魏晉治江陵太延中治上洛太和中治穰城

領郡八　縣四十八

南陽郡秦置

領縣十

宛二漢晉屬有清水梅溪水　新城太和二十二年置有覆釜山赤石山　冠軍漢武帝置二漢晉屬有湍水羊角　舞陰二漢晉屬有橫山

酈二漢晉屬有大鼓谷懸鼓山　云陽二漢晉曰育陽屬司馬昌明改魏因之　西平有精山赭山　湦陽二漢晉屬有湦　上陌

西鄂二漢晉屬有棘山華城張衡碑

順陽郡魏分南陽置曰南鄉司馬衍更名魏因之

領縣五

南鄉後漢屬南陽晉屬南鄉　丹水前漢屬恆農後漢屬南陽晉屬南鄉　臨洮有洮山

槐里　順陽二漢屬南陽晉屬南鄉漢哀帝置即博山也後漢明帝改

新野郡晉惠帝置

領縣三

穰二漢屬南陽晉屬義陽後屬　新野二漢屬南陽晉屬義陽後屬　池陽

東恆農郡太和中置

領縣六

西城二漢屬漢中晉屬魏與後屬 北鄷有長山 南鄉 左南鄉有凡亭山 上憶 東石

漢廣郡

領縣二

南棘陽二漢屬南陽晉屬義陽二漢晉曰棘陽後改屬有漢廣城 西棘陽

襄城郡

領縣九

方城有赭陽城七石山 郟城有崩石山 伏城有廣陽山 舞陰有唐山 清水 翼陽有招泉 鄭 北平有因城 赭城有陵中山

北清郡

領縣二

武川有灃城鹿鳴山農山 北雉二漢晉曰雉屬南陽後改屬有西鄂城

恆農郡

領縣四

國　恆農　南鄲　邯鄲

襄州孝昌中置

領郡六　縣二十

襄城郡蕭道成置魏因之治赭陽城

領縣六

方城　郟城　伏城　舞陰　翼陽　赭城

舞陰郡孝昌中置

領縣二

舞陰　安陽

南安郡太和十三年置郢州十八年改爲南中府天平初罷府置後陷

領縣四

安南　南舞　葉　南定
期城郡孝昌中置
領縣四
西舞陽　東舞陽　南陽　新安
北南陽郡孝昌中置為宜義郡後改州治
領縣二
北平　白水
建城郡太和十八年置景明末罷郡置戍永熙二年復
領縣二
赭陽　北方城
南襄州
領郡三　縣五
西淮郡

領縣二
鍾離　襄城
襄城郡
領縣二
陳陽　上馬
北南陽郡
領縣一
南陽
南廣州
領郡五　縣七
襄城郡
領縣一
襄城

魯陽郡　領縣二
冠軍　繁昌
高昌郡　領縣一
高陽
南陽郡　領縣一
南陽
襄城郡　領縣二
扶城　南陽
郢州

領郡三　縣八
安陽郡
領縣四
真陽　安陽　清陰一本作青丘　淮陰
城陽郡
領縣三
平春　義陽　義與
汝南郡
領縣一
上蔡
南郢州
領郡十二　縣二十九
北遂安郡

領縣一
新安
馮翊郡
領縣四
山陽　彭城　城　建安
江夏郡
領縣二
屈陽　郢陽
闕字子郡
領縣四
南新陽　西新　北新陽　新與
香山郡
領縣二

北新安　鄖陽

永安郡　領縣二

永安　南新興

新平郡　領縣二

闕城　安城

永安郡　領縣二

劉剛　上城

宕都郡　領縣三

西新化　東平陽　安城

宜民郡
領縣三
西新安　新安　平陽
南遂安郡
領縣一
安興
闕二字郡
領縣三
東新市　西新市　長安
析州
領郡五　縣十一
修陽郡
領縣二

蓋陽　修陽
固郡
領縣三
懷襄　南陽　固
朱陽郡
領縣二
黃水　朱陽
南上洛郡
領縣二
單水　南上洛
析陽郡
領縣二
西析陽　東析陽

魏書卷一百六下

魏書卷一百六下考證

京兆郡注漢高帝爲渭南郡武帝爲京兆尹○臣召南按高帝九年卽復爲内史不稱渭南郡矣志似疎

扶風郡槐里注周曰大丘○臣召南按漢志槐里周曰犬丘懿王都之非大丘也此當係傳寫之誤

安定郡烏氏○臣召南按漢志晉志作烏氏後漢郡國志作烏枝此作烏氏當是氏字誤多一點耳

隴東郡祖居注前漢屬罷後復屬武威○臣召南按祖居卽二漢之祖厲縣也前屬安定後屬武威此注前漢屬下似脫安定二字衍罷字又訛後漢漢字爲復字

隨平郡鶉鶬注前漢屬山城○鶉鶬前漢志作鶉孤後漢及晉志作鶉觚傅休奕封鶉觚男卽此縣也此志作鶬蓋誤又此縣前漢屬北地此誤作屬山城前漢並無郡名山城也

偏城郡汳野○汳野當作沃野前漢志作沃壄後漢志作沃野

南陽郡冠軍注羊角○羊角下疑有脫字

涅陽注有涅○以縣在涅水之陽故名有涅之下當有水字

魏書卷一百六下考證

魏書卷一百七上

齊　魏收　撰

志第八

律曆三上

大聖通天地之至理極生民之能事體妙繫於神機作範留於器象然則制物成法故冥賾可尋推變有因而化生以驗昔黃帝採竹昆崙之陰聽鳳岐陽之下斷自然之物寫自然之音音既協矣黃鍾以立數既生矣氣亦徵之於是乎備數和聲審度嘉量權衡之用皆出於茲矣三古所共行百王不能易漢孝武置協律之官元帝時京房明六十律事爲密矣王莽世徵天下通鍾律之士劉歆總而條奏之最爲該博故班固取以爲志後漢待詔嚴崇頗爲知律至其子宣不傳遂罷魏世杜夔亦以通樂制律晉中書監荀勖持夔律校練八音以謂後漢至魏尺長古尺四分有餘又得古玉律勖以新律命之謂其應合遂改晉調而散騎侍郎阮咸譏其聲高永嘉以後中原喪亂考正鍾律所未聞焉其存

於夷裔聲器而已魏氏平諸僭僞頗獲古樂高祖慮其永爽太和中詔中書監高閭修正音律久未能定閭出爲相州刺史十八年閭表曰書稱同律度量衡論語謹權量審法度此四者乃是王者之要務生民之所由四者何先以律爲首豈不以取法之始求天地之氣故也孔子曰移風易俗莫尙於樂然則樂之所感其致遠矣今調音制樂非律無以克和然則律者樂之本也臣前被敕理樂與皇宗博士孫惠蔚大樂祭酒公孫崇等考周官國語及後漢律曆志案京房法作準以定律吹律以調絲案律寸以孔竹八音之別事以粗舉書既三奏備在前文臣年垂七十日就衰頹恐一朝先犬馬竟無絲髮之益使律法長絕遺恨沒世是以慺慺惓惓不敢忘怠近在鄴見崇臣先以其聰敏精勤有挈瓶之智雖非經國之才頗長推考之術故臣舉以教樂令依臣先共所論樂事自作鐘磬志議二卷器數爲備可謂世不乏賢今崇徒教樂童書學而已不恭樂事臣恐音律一曠精賞實難習業差怠轉乖本意今請使崇參知律呂鐘磬之事觸類而長之成益必深求持臣先所奏三表勘後漢律曆志陛下親覽以求

厥衷俱然易了又著作郎韓顯宗博聞彊識頗有史才粗解音律亦求令時往
參知臣雖在外官竊慕古人舉善之義愚意所及不能自已雖則越分志在補
益願不以言廢人詔許之景明四年并州獲古銅權詔付崇以爲鍾律之準永
平中崇更造新尺以一黍之長累爲寸法尋太常卿劉芳受詔修樂以秬黍中
者一黍之廣卽爲一分而中尉元匡以一黍之廣度黍二縫以取一分三家紛
競久不能決太和十九年高祖詔以一黍之廣用成分體九十黍之長以定銅
尺有司奏從前詔而芳尺同高祖所制故遂典修金石迄武定末未有諳律者
曆者數之用探靈測化窮微極幽之術也所以上齊七政下授萬方自軒轅以
還迄於三代推元革統厥事不一也秦世漢興曆同顓頊百有餘年始行三統
後漢孝章世改從四分光和中易以乾象魏文時用韓翊所定至明帝行楊偉
景初終於晉朝無所改作司天測象今古共情啓端歸餘爲法不等協日正時
俱有得失太祖天興初命太史令晁崇修渾儀以觀星象仍用景初曆歲年積
久頗以爲疎世祖平涼土得趙𢾺所修玄始曆後謂爲密以代景初真君中司

徒崔浩爲五寅元曆未及施行浩誅遂寢高祖太和中詔祕書鍾律郎上谷張
明豫爲太史令修綜曆事未成明豫物故遷洛仍歲南討而宮車宴駕世宗景
明中詔太樂令公孫崇太樂令趙樊生等同共考驗正始四年冬崇表曰臣頃
自太樂詳理金石及在祕省考步三光稽覽古今詳其得失然四序遷流五行
變易帝王相踵必奉初元改正朔殊徽號服色觀于時變以應天道故易湯武
革命治曆明時是以三五迭隆曆數各異伏惟皇魏紹天明命家有率土戎軒
仍動未遑曆事因前魏景初曆術數差違不協晷度世祖應期輯寧諸夏仍命
故司徒東郡公崔浩錯綜其數浩博涉淵通更修曆術兼著五行論是時故司
空咸陽公高允該覽羣籍贊明五緯并述洪範然浩等考察未及周密高宗踐
阼乃用敦煌趙歐甲寅之曆然其星度稍爲差遠臣輒鳩集異同研其損益更
造新曆以甲寅爲元考其盈縮晷象周密又從約省起自景明因名景明曆然
天道盈虛豈曰必協要須參候是非乃可施用太史令辛寶貴職司玄象頗閑
祕數祕書監鄭道昭才學優贍識覽該密長兼國子博士高僧裕乃故司空允

之孫世綜文業尙書祠部郎中宗景博涉經史前兼尙書郎中崔彬微曉法術
請此數人在秘省參候而伺察晷度要在冬夏二至前後各五日然後乃可取
驗臣區區之誠冀效萬分之一詔曰測度晷象考步宜審可令太常卿芳率太
學四門博士等依所啓者悉集詳察延昌四年冬侍中國子祭酒領著作郎崔
光表曰易稱君子以治曆明時書云曆象日月星辰乃同律度量衡孔子陳後
王之法曰謹權量審法度春秋舉先王之正時也履端於始又言天子有日官
是以昔在軒轅容成作曆逮乎帝唐羲和察影皆所以審農時而重民事也太
和十一年臣自博士遷著作忝司載述時舊鍾律郎張明豫推步曆法治己丑
元草刱未備及遷中京轉爲太史令未幾喪亡所造致廢臣中修史景明初奏
求奉車都尉領太史令趙樊生著作佐郎張洪給事中領太樂令公孫崇等造
曆功未及訖而樊生又喪洪出除涇州長史唯崇獨專其任暨永平初亦已略
舉時洪府解停京又奏令重修前事更取太史令趙勝太廟令龐靈扶明豫子
龍祥共集秘書與崇等詳驗推建密曆然天道幽遠測步理深候觀遷延歲月

滋久而崇及勝前後並喪洪所造曆爲甲午甲戌二元又除豫州司馬靈扶亦
除蒲陰令洪至豫州續造甲子己亥二元唯龍祥在京獨修前事以皇魏運水
德爲甲子元兼校書郎李業興本雖不預亦和造曆爲戊子元三家之術並未
申用故貞靜處士李謐私立曆法言合紀次求就其兄瑒追取與洪等所造遞
相參考以知精麤臣以仰測晷度實難審正又求更取諸能算術兼解經義者
前司徒司馬高綽駙馬都尉盧道虔前冀州鎮東長史祖瑩前并州秀才王延
業謁者僕射常景等日集祕書與史官同檢疏密并朝貴十五日一臨推驗得
失擇其善者奏聞施用限至歲終但世代推移軌憲時改上元今古考準或異
故三代課步始卒各別臣職預其事而朽墮已甚既謝運籌之能彌愧意算之
藝由是多歷年世茲業弗成公私負責俯仰慚靦靈太后令曰可如所請延昌
四年冬太傅清河王懌司空尚書令任城王澄散騎常侍尚書僕射元暉侍中
領軍江陽王繼奏天道至遠非人情可量曆數幽微豈以意輒度而議者紛紜
競起端緒爭指虛遠難可求夷自非建標準影無以驗其真僞頃永平中雖有

考察之利而不累歲窮究遂不知影之至否差失少多臣等參詳謂宜今年至日更立表木明伺晷度三載之中足知當否令是非有歸爭者息競然後採其長者更議所從神龜初光復表曰春秋載天子有日官諸侯有日御又曰履端于始歸餘于終皆所以推二氣考五運成六位定七曜審八卦立三才正四序以授百官于朝萬民于野陰陽剛柔仁義之道罔不畢備繇是先代重之垂於典籍及史遷班固司馬彪著立書志所論備矣謹案曆之作也始自黃帝辛卯爲元迄于大魏甲寅曆數千有餘代歷祀數千軌憲不等遠近殊術其消息盈虛覘步疏密莫得而識焉去延昌四年冬中堅將軍屯騎校尉張洪故太史令張明豫息盪寇將軍龍祥校書郎李業興等三家並上新曆各求申用臣學缺章程藝謝籌運而竊職觀閣謬忝厥司奏請廣訪諸儒更取通數兼通經義者及太史並集祕書與史官同驗疏密并請宰輔羣官臨檢得失至於歲終密者施用闕詔聽可時太傅太尉公清河王臣懌等以天道至遠非卒可量請立表候影期之三載乃採其長者更議所從又蒙敕許於是洪等與前鎮東府長史

祖瑩等硏窮其事爾來三年再歷寒暑積勤構思大功獲成謹案洪等三人前
上之曆幷駙馬都尉盧道虔前太極採材軍主衞洪顯殄寇將軍太史令胡榮
及雍州沙門統道融司州河南人樊仲遵定州鉅鹿人張僧豫所上總合九家
共成一曆元起壬子律始黃鍾考古合今謂爲最密昔漢武帝元封中治曆改
年爲太初卽名太初曆魏文帝景初中治曆卽名景初曆伏惟陛下道唯先天
功邈稽古休符告徵靈蔡炳瑞壬子北方水之正位龜爲水畜實符魏德修母
子應義當麟趾請定名爲神龜曆今封以上呈乞付有司重加考議事可施用
幷藏秘府附於典志肅宗以曆就大赦改元因名正光曆班於天下其九家共
修以龍祥業與爲主
壬子元以來至魯隱公元年歲在己未積十六萬六千五百七算外入甲申紀
來至隱公元年己未積四萬五千三百七算外
壬子元以來至今大魏正光三年歲在壬寅積十六萬七千七百五十算外壬
子歲入甲申紀以來至今孝昌二年歲在丙午積四萬六千五百五十四算外

從壬子元以來至今大魏孝昌三年歲次丁未積十六萬七千七百五十六算

上壬子歲入甲寅紀以來至今大魏孝昌三年歲次丁未積四萬六千五百五十六算上

章歲五百五古十九年七閏閏餘盡爲章積至多年月盡之日月見東方日蝕先晦輒復變曆以同天象二百年多一日三百年多一日半晦朔失故先儒及緯文皆言二百年斗曆改憲候天減閏五百五年減閏餘一九千五百九十五年減一閏月則從僖公五年至今日蝕不失晦與二日合朔者多閏餘成月餘盡爲章

章閏一百八十六五百五年閏月之數其中減舊十九分之一

章月六千二百四十六五百五年所有月之數幷閏月

蔀法六千六十十二章爲一蔀至此年小餘成日爲度法

斗分一千四百七十七四分度法得一千五百一十五爲古法今減三十八者從僖公五年以來減七日有奇謂爲最近一百二十三歲減闕日減之太深是以三十餘年改徙四子也

紀法六萬六百十蔀成紀大餘十也

統法十二萬一千二百二紀成統大餘二十

元法三十六萬三千六百三統成元大餘盡

日法七萬四千九百五十二十二乘章月爲日法章月一年之閏分

周天分二百二十一萬三千三百七十七以度法通三百六十五度內斗分

氣法二十四歲中十三年一十二次次有初中分二十四

經月大餘二十九小餘三萬九千七百六十九日法除周天分得之日法者一部之月數周天分者一部之日數以用月除衆日得一月二十九及餘是周天分卽爲月通

會數百七十三餘二萬三千二百八五月二十三分月之二十爲一會以二十三乘五月內二十得一百三十五以乘周天分以二十三乘日法除之得一百七十三及餘

會通一千二百九十八萬九千九百四以日法乘會數內會餘

周日二十七餘四萬一千五百六十二以月一日行除周天得二十七日及餘

通周二百六萬五千二百六十六日法乘周日二十七內周餘

小周六千七百五十一月一日行十三度乘章歲內章閏也

月周八萬一千一十二以十二乘小周卽得與度同

推月朔術第一
推積月　術曰置入紀年算外以章月乘之如章歲爲積月不盡爲閏餘閏餘滿三百一十九以上其歲有閏
推朔積日　術曰以通數乘積月爲朔積分分滿日法爲積日不盡爲小餘六旬去積日不盡爲大餘命以紀算外則所求年天正十一月朔日
推上下弦望　術曰加朔大餘七小餘二萬八千六百八十小分一小分滿四從小餘小餘滿日法從大餘一大餘滿六十去之卽上弦日又加得望又加得下弦又加得後月朔
推二十四氣術第二
推二十四氣　術曰置入紀年以來算外以餘數乘之爲實以蔀法除之所得爲積沒不盡爲小餘以六旬去積沒不盡爲大餘命以紀算外所求年天正十一月冬至日求次氣加大餘十五小餘一千三百二十四小分一小分滿氣法從小餘一小餘滿蔀法從大餘一大餘滿六十去之命如上卽次氣日

推閏　術曰以閏餘減章歲五百五餘以歲中十二乘之滿章閏一百八十六得一月餘半法已上亦得一月數從天正十一月起算外閏月月也閏有正退以無中氣爲正

冬至十一月中	小寒十二月節	大寒十二月中	立春正月節
雨水正月中	驚蟄二月節	春分二月中	清明三月節
穀雨三月中	立夏四月節	小滿四月中	芒種五月節
夏至五月中	小暑六月節	大暑六月中	立秋七月節
處暑七月中	白露八月節	秋分八月中	寒露九月節
霜降九月中	立冬十月節	小雪十月中	大雪十一月節

推合又交會月蝕去交度　術曰置入紀朔積分朔以交會差分并之（今用甲申紀差分七百四十一萬八千七百八十四也）以會通去之所得爲積交餘不盡者以日法除之所得爲度餘卽所求年天正十一月朔却去交度及餘

求次月去交度　術曰加度二十九日度餘三萬九千七百六十九除如上則

次月去交度及分

求望去交度　術曰加度十四日度餘五萬七千三百六十半度餘滿日法從

度滿會數去之亦除其餘餘若不足減者減度一加會虛則望去交度及分朔

望去交度分如朔望合數十四度度餘五萬七千三百六十半已下入交限數

一百五十八度度餘四萬七百九十九半以上者朔則交會望則月蝕

甲子紀合朔日月如合璧交中

甲戌紀合朔月在日道裏　交會差四十九度

度餘三萬六千七百四十四

甲申紀合朔月在日道裏　交會差九十八度

度餘七萬三千四百八十八

甲午紀合朔月在日道裏　交會差一百四十八度

度餘三萬五千二百二十八

甲辰紀合朔月在日道裏　交會差二十四度

度餘四萬八千八百一十六
甲寅紀合朔月在日道裏　交會差七十四度
度餘一萬六百八
求交道所在月以十一月朔却去交度及餘減會數及餘餘若不足減者減一度加入法乃減之乃以十一月朔小餘加之滿日法除去之從日一餘爲日餘命起往年十一月如歷月大小除之不滿月者爲八月算外交道日交在望前者其月朔則交會望則月蝕交在望後者亦其月月蝕後月朔則交會交正在望者其月月蝕既前後朔皆交會交正在朔者日蝕既前後望皆月蝕
求後交月及日以會數及餘加前入月日及餘餘滿日法從日一如歷月大小除之命起前蝕月得後交月及餘
推月在日道表裏　術曰置入紀朔積分又以紀交會差分加之今用甲申如交會差分七百四十一萬八千七百八十四倍會通去之餘不滿會通者紀首裏者則天正十一月合朔月在日道裏紀首表者則月在表若滿會通者紀首表者則月在裏紀首裏者則

月在表黃道南爲表北爲裏其滿會通者去之餘如日法而一卽往年天正十一月朔却交度及餘以却去交度及餘減會數及會餘會餘若不足減者減一度加日法乃減餘爲前去度乃餘又以十一月朔小餘加之滿日法從度一命起十一月如歷月大小除之不滿月者爲入月日及餘算外交道日若十一月朔月在日道裏者此交爲出外後交爲入內十一月朔在表者此交爲入內後交爲出外一出一入常法也其交在朔後望前者朔月在日道表裏與十一月同望則反矣若交在望後朔前者望與十一月同後月朔則異矣若先交會後月蝕者朔月在日道裏望在表朔在表則望在裏其先月蝕後交會者望在表則朔在裏也望在裏則朔在表矣

推交會起角　術曰其月在外道先會後交者虧從東南角起先交後會者虧從西南角起其月在內道先會後交者虧從西北角起先交後會者虧從西北角起合交中者蝕之既其月蝕在日之衝起角亦如之凡日月蝕去交十五爲限十以下是蝕也十以上虧蝕微少光影相接而已

推蝕分多少　術曰置入交限十五度以朔望去交日數減之餘則蝕分

推合朔入曆遲疾盈縮第四

推合朔入曆遲疾　術曰置入紀以來朔日積分又以紀遲疾差分幷之（今用甲申紀遲疾差分一百八十二萬千七百九十一）以通周如一爲積周不盡者以日法約之爲日不盡爲日餘命日算外卽所求年天正十一月合朔入曆日

甲子紀　遲疾差二十四日　日餘六萬三千五百六十八

甲戌紀　遲疾差二十四日　日餘四萬二千二百五十六

甲申紀　遲疾差二十四日　日餘二萬九百四十四

甲午紀　遲疾差二十三日　日餘十萬四千五百八十四

甲辰紀　遲疾差二十三日　日餘五萬三千二百七十二

甲寅紀　遲疾差二十三日　日餘三萬一千九百六十

求次月入曆日　術曰加一日日餘七萬三千一百五十九日餘滿日法從日日滿二十七去之亦除餘如周日餘日餘若不足減一日加周虛日滿二十七而餘不滿周日日餘者爲入曆值周日日法滿去之爲入曆一日

求望入曆術曰加十四日日餘五萬七千三百六十半又加得後月曆日

月行遲疾度及分　損益率

盈縮并　盈縮積分

一日十四度二百六十一分　益六百八十

盈初

二日十四度三百分　益六百一十九

盈六百八十　盈積分七千五百五十

三日十四度二百四十六分　益五百五十五

盈一千二百九十九　盈積分一萬四千四百二十二

四日十四度一百七十一分　益四百九十

盈一千八百五十四　盈積分二萬五百八十四

五日十四度九十九分　益四百一十八

盈二千三百四十四　盈積分二萬六千二百二十四

六日十三度四百七十一分　益二百八十五
盈一千七百六十二　盈積分三萬六百六十五
七日十三度二百六十六分　益八十
盈三千四十七　盈積分二萬三千八百二十九
八日十三度六十一分　損一百二十五
盈三千一百二十七　盈積分三萬四千七百一十七
九日十三度四百一十九分　損二百五十二
盈三千二　盈積分三萬三千三百二十九
十日十二度三百三十八分　損三百五十三
盈二千七百五十　盈積分三萬五百三十一
十一日十二度二百三十七分　損五百五十四
盈二千三百九十七　盈積分二萬六千六百一十二
十二日十二度一百三十六分　損五百五十五

盈一千九百四十二　盈積分二萬一千五百七十二
十三日十二度三十五分　損六百五十六
盈一千三百八十八　盈積分一萬五千四百一十
十四日十一度四百六十四分　損七百三十一
盈七百三十二　盈積分八千一百二十七
十五日十二度三十六分　益六百五十五
縮初
十六日十二度　益五百八十二
縮六百五十五　縮積分七千一百七十二
十七日十二度二百八十九分　益五百二
縮一千二百三十七　縮積分一萬三千七百三十四
十八日十二度二百九十分　益四百一
縮一千七百三十七　縮積分一萬九千三百七

十九日十二度二百九十二分　益二百九十九
縮二千一百四十　縮積分二萬三千七百五十九
二十日十二度四百九十六分　益一百九十五
縮二千四百三十九　縮積分二萬七千七十九
二十一日十三度一百一十八分　益六十八
縮二千六百三十四　縮積分二萬九千一百四十四
二十二日十三度二百三十三分　損五十七
縮二千七百二　縮積分二萬九千九百九十九
二十三日十三度三百八十八分　損二百二
縮二千六百四十五　縮積分二萬九千三百六十六
二十四日十四度二十九分　損三百四十八
縮二千四百四十三　縮積分二萬七千一百二十三
二十五日十四度一百七十四分　損四百九十三

縮二千九十五　縮積分二萬三千二百五十九

二十六日十四度三百八十七分　損六百六

縮一千六百二　縮積分一萬七千七百八十六

二十七日十四度三百一十一分　損六百三十一

縮九百九十六　縮積分一萬闕五十八

周日十四度三百三十九分小分九千六百八十四　損六百五十小分九千六百八十四分

縮三百六十五　縮積分四百五十二

推合朔交會月蝕定大小餘　術曰以入曆日餘乘所入曆下損益率以小周六千七百五十一除之所得以損益盈縮積分加之爲定積分值盈者以減本朔望小餘值縮者加之滿日法者交會加時在後日減之不足減者減上一日加下日法乃減之交會加時在前日月蝕者隨定大小餘爲定日加時

推加時　術曰以時法六千二百四十六除定小餘所得命以子起算外朔望加時有餘不盡者四之加法得一爲少二爲半三爲太半又有餘者三之如法

得一爲彊半法以上排成之不滿半法棄之以彊并少爲少彊并半爲半彊并
太爲太彊得二彊者爲少弱以定并少爲半彊以之并半爲太弱以之并太爲
一弱隨所在辰命之則其彊弱日之衝爲破月常在破下蝕
入曆值周日者　術曰以周日月餘乘損率以周日度小分并又以入曆日餘
乘之爲實以小周乘周日日餘爲法實如法得一以減縮積積分有餘者以加
本朔望小餘小餘滿日法從大餘一是爲蝕後日推加時如上法

推日月合朔弦望度術第五

推日度　術曰置入紀朔積日以日度法乘之滿周天去之餘滿日度法爲度
不盡爲餘命度起牛前十二度（牛前十二度在斗十五度也）宿次除之不滿宿者算外即天
正十一月朔夜半日所在度
推日度又法　術曰置周天三百六十五度斗分一千四百七十七以冬至去
朔日數減一餘以減周天度冬至小餘減斗分不足減者減度一加日度法乃
減之命起如上即所求年天正十一月朔日夜半日所在度

求次月日所在度　術曰月大加三十度月小加二十九度求次日加一度宿次除之逕斗去其分一千四百七十七

推合朔日月共度　術曰以章歲乘朔小餘以章月除之所得爲大分不盡小分以加夜半日度分分滿日度法從度命起如前卽所求年天正十一月合朔日月共度

求次月合朔共度　術曰加度二十九大分三千二百一十五小分二千四百五十五小分滿章月從大分大分滿日度法從度宿次除之逕斗除其分則次月合朔日月共度

推月度　術曰置入紀朔積日以月周八萬一千一十二乘之滿周天去之餘以日度法約之爲度不盡爲度分命度起牛前十二度宿次除之不滿宿者算外卽所求年天正十一月朔夜半月所在度及分

推月度又一法　術曰以小周乘朔小餘爲實以章歲來日法爲法實如法得一爲度不滿法者以章月除之爲大分不盡爲小所得以減合朔度及分餘卽

所求年天正十一月朔夜半月所在度及分

求次月度　術曰小月加度二十二分二千六百五十一大月加度三十五分四千八百八十三分滿日度法從度宿次除之不滿宿者算次月所在度

求次日月行度　術曰加度十三分二千二百三十二分滿日度法從度宿次除之逕斗去其分

求弦望日所在度　術曰加合朔度七大分二千三百一十八小分五千二百九十八微分微分滿四從小分小分滿章月從大分大分滿日度法從度命如上則上弦日所在度又加得望下弦月合朔

斗二十六度　牛八度　女十二度　虛十度　危十七度　室十六度　壁九度

北方玄武七宿九十八度一千四百七十七分

奎十六度　婁十二度　胃十四度　昴十一度　畢十六度　觜二度

參九度

西方白虎七宿八十度

井三十三度　鬼四度　柳十五度　星七度　張十八度　翼十八度

軫十七度

南方朱鳥七宿一百一十二度

角十二度　亢九度　氐十五度　房五度　心五度　尾十八度

箕十一度

東方蒼龍七宿七十五度

周天三百六十五度六千六十分度之一千四百七十七

通分得二百二十一萬三千七百七十七名曰周天分

五行沒滅易卦氣候上朔術第六

推五行用事日水火木金土各王七十三日小餘二百九十五小分九微分三

春木夏火秋金冬水四立卽其用事始求土者置立春大小餘及分以木王七

十三日小餘二百九十五小分九微分三加之微分滿五從小分一小分滿氣

法二十四從小餘一小餘滿蔀法從大餘一大餘滿六十去之命以紀得季春
上王日又加土王十八日小餘一千五百八十八小分二十微分二滿從命如
上即得立夏日求次如法又一法求土王用事日各置四立大小餘及分各減
大餘十八小餘一千五百八十八小分二十微分二命以紀算外即四立土王
日若大餘不足減者加六十而後減之小餘不足減者減取大餘一加蔀法乃
減之
推沒滅　術曰因冬至積沒有小餘者加積一以沒分乘之如沒法而一爲積
日不盡爲沒餘以六旬去積日餘爲沒日命以紀算外即所求年天正十一月
冬至後沒日
求次沒　術曰加沒日六十九沒餘二萬七百六十四沒餘滿沒法三萬一千
七百七從沒日一沒日滿六十去之命以紀算外即次沒月一歲常有五沒或
六沒小餘盡者爲滅日又以冬至去朔日加沒日冬至小餘滿蔀法從沒日命
日起天正十一月如曆月大小除之不足除者入月算命以朔算外即冬至後

没日求次没加没没日六十九没餘三千九百五十九没分二萬四千六百九十七分滿没法從没餘滿蔀從没日命起前没凡曆日大小除之即後没日及餘

爲四正卦　術曰因冬至大小餘即坎卦用事日春分即震卦用事日夏至即離卦用事日秋分即兌卦用事日

求中孚卦加冬至小餘五千五百三十小分九微分一微分滿五從小分小分滿氣法從小餘小餘滿蔀法從大餘命以紀算外即中孚卦用事日其解加震咸加離賁加兌亦如中孚加坎

求次卦加坎大餘六小餘五百二十九小分十四微分四微分滿五從小分小分滿氣法從小餘小餘滿蔀法從大餘命以紀算外即復卦用事日大壯加震姤加離觀加兌如中孚加坎

十一月未濟蹇頤中孚復十二月屯謙睽升臨正月小過蒙益漸泰二月需隨晉解大壯三月訟豫蠱革夬四月旅師比小畜乾五月大有家人井咸姤六月

鼎豐渙履遯七月恆節同人損否八月巽萃大畜賁觀九月歸妹无妄明夷困
剝十月艮旣濟噬嗑大過坤
四正爲方伯中孚爲三公復爲天子屯爲諸侯謙爲大夫睽爲九卿升還從三
公周而復始
九三應上九清淨微温陽風九三應上六絳赤決温陰雨六三應上六白濁微
寒陰雨六三應上九麴塵決寒陽風諸卦上有陽爻者陽風上有陰爻者陰雨
推七十二候　術曰因冬至大小餘卽虎始交日加大餘五小餘四百四十一
小分八微分一微分滿三從小分小分滿氣法從小餘小餘滿蔀從大餘命以
紀算外所候日

冬至	虎始交	芸始生	荔挺出
小寒	蚯蚓結	麋角解	水泉動
大寒	鴈北向	鵲始巢	雉始雊
立春	雞始乳	東風解凍	蟄蟲始振

雨水	魚上冰	獺祭魚	鴻鴈來
驚蟄	始雨水	桃始華	倉庚鳴
春分	鷹化鳩	玄鳥至	雷始發聲
清明	電始見	蟄蟲咸動	蟄蟲啓戶
穀雨	桐始花	田鼠爲鴽	虹始見
立夏	萍始生	戴勝降於桑	螻蟈鳴
小滿	蚯蚓出	王瓜生	苦菜秀
芒種	靡草死	小暑至	螳螂生
夏至	鵙始鳴	反舌無聲	鹿角解
小暑	蟬始鳴	半夏生	木槿榮
大暑	溫風至	蟋蟀居壁	鷹乃學習
立秋	腐草化螢	土潤溽暑	涼風至
處暑	白露降	寒蟬鳴	鷹祭鳥

白露　天地始肅　暴風至　鴻鴈來
秋分　玄鳥歸　羣鳥養羞　雷始收聲
寒露　蟄蟲附戸　殺氣浸盛　陽氣始衰
霜降　水始涸　鴻鴈來賓　雀入大水化爲蛤
立冬　菊有黄華　豺祭獸　水始冰
小雪　地始凍　雉入大水化爲蜃　虹藏不見
大雪　冰始壯　地始坼　鶡旦不鳴
術曰因冬至虎始交後五日一候
推上朔術曰法置入紀年減一加八以六律乘之以六千去之餘爲大餘以甲子算外上朔日
推五星六通術第七
上元壬子以來至春秋隱公元年己未積十六萬六千五百七算外至今大魏熙平二年歲次丁酉積十六萬七千七百四十五算外

木精曰歲星其數二百四十一萬六千六百六十
火精曰熒惑星其數四百七十二萬五千八百四十八
土精曰鎮星其數三百二十九萬一千二十一
金精曰太白其數三百五十三萬八千一百三十一
水精曰辰星其數七十萬二千一百八十二
推五星　置上元以來盡所求年減一以周天二百二十一萬三千三百七十
七乘之名爲六通之實以蔀法除之所得爲冬至積日不盡爲小餘以旬六去
積日不盡爲大餘命以甲子算外卽冬至日以章歲五百五除冬至小餘所得
命子算外卽律氣加時
五星各以其數爲法除六通實所得爲積合不盡爲合餘以合餘減法餘爲入
歲度分以日度約之所得卽所求天正十一月冬至後晨夕合度算及餘其金
水以一合日數及合餘減合度算及餘得一者爲夕見無所得爲晨見若度餘
不足減減合度算一加日度法乃減之命起牛前十二度宿次除之不滿宿者

算外卽天正十一月冬至後晨夕合度及餘

求星合月及日　置冬至朔日數減一以加合度算以冬至小餘加度餘度餘滿日度法去之加度一合度算變成合日算餘爲日餘命起天正十一月如曆月大小除之不滿月者算外星合月及日有閏計之

求後合月及日　以合終日數及餘如前入月算及餘餘滿日度從日曆月大小除之起前合月算外卽後合月及日其金水以一合日數及餘加晨得夕加夕得晨

求後合度　以行星度及餘加前合度算及餘餘滿日度從度命起前合度宿次除之不滿宿者算外卽後合度及餘逕斗去其分一千四百七十七

歲星合終日數三百九十八合終日餘四千七百八十行星三十三度度餘三千三百三周虛一千二百八十

歲星晨與日合在日後伏十六日餘二千三百九十行星二度餘四千六百八十一半去日十三度半晨見東方順疾日行五十七分之十一五十七日行十

一度順遲日行九分五十七日行九度而留不行二十七日而旋逆日行七分之一八十四日退十三度復留二十七日復順遲日行九分五十七日行九度復疾日行十一分五十七日行十一度在日前夕伏西方順遲十六日日餘二千三百九十行星二度餘四千六百八十一半與日合凡一見三百六十六日行星二十八度在日前後伏三十二日餘四千七百八行星五度度餘三千三百三復終於晨見

熒惑合終日數七百七十九合終日餘五千一十八周虛九百五十二行星四十九度度餘三千一百五十四

熒惑晨與日合在日後伏七十一日餘五千五百八十四行星五十五度餘四千八百四十五半去日十六度晨見東方順疾日行二十三分之十四一百八十四日行一百一十二度順遲日行二十三分之十二九十二日行四十八度而留不行十一日而旋逆日行六十二分之十七六十二日退十度復留十一日復順疾日行十四分一百八十四日行一百一十二度在日前夕伏西方順

七十一日餘五千五百八十四行星五十五度度餘四千八百四十五半而與
日合凡一見六百三十六日行星三百三度在日前後伏一百四十三日餘五
千一百八行星一百一十一度餘三千六百四十一過周四十九度度餘二千
一百五十四復終於晨見
鎮星合終日數三百七十八日餘三百四十一行星十二度餘四千九百二十
四周虛五千七百一十九
鎮星晨與日合在日後伏十八日日餘一百七十半行星二度餘二千四百六
十二去日十五度半晨見東方順日行十二分之一八十四日行七度而留不
行三十六日而旋逆行十七分之一一百二日退六度復留三十六日復順日
行十二分之一八十四日行七度在日前伏西方順十八日日餘一百七十半
行星二度餘二千四百六十二而與日合凡見三百四十二日行星八度在日
前後伏三十六日日餘三百四十一行星四度度餘四千九百二十四復終於
晨見

太白金再合終日數五百八十三日日餘五千一百五十一周虛九百九行星二百九十一度亦曰一合日數度餘五千六百五半亦曰一合日餘

太白晨與日合在日後伏六日退四度去日十度晨見東方逆日行三分之二九日退六度留不行八日順遲日行十五分之十一四十五日行三十三度順疾日行一疾十三分之二九十一日行一百五度太疾日行一度十三分之三九十一日行一百一十二度在日後晨伏東方順四十一日餘五千六百五半行星五十一度度餘五千六百五半而與日合凡見東方二百四十四日行星二百四十度在日後伏四十一日餘五千六百五半行星五十一度餘五千六百五半而與日合見西方亦如之夕與日合在前伏四十一日餘五千六百五半行星五十一度餘三千六百五半去日十度夕見西方順疾日行一度十二分之三九十一日行一百一十二度順遲日行一度十三分之二九十一日行一百五度順遲日行十五分之十一四十五日行三十三度而留不行八日而旋逆日行三分之二九日退六度在日前夕伏西方六日退四度而與日合凡再見四

百八十日行星四百八十度在日前後伏八十三日餘五千一百五十一行星一百三度度餘五千一百五十一過周二百一十八度度餘三千六百七十四復終於晨見

水星辰星再合終日數一百一十五餘五千二百八十二行星五十七度（亦曰一合日數）餘五千六百七十一（亦曰一合日餘）周虛七百七十八

辰星與日合在日後伏十一日退六度去日十七度晨見東方而留不行四日順遲日行七分之五七日行五度順度日行一度三分之一十八日行二十四度在日後晨伏東方順十七日餘五千六百七十一行星四十四度餘五千六百六十一而與日合凡見東方二十九日行星二十二度在日後伏二十八日餘五千六百七十一行星三十四度餘五千六百七十一而與日合見西方亦然

辰星夕與日合在日前伏十七日餘五千六百七十一行星三十四度餘五千六百七十一去日十七度夕見西方順疾日行一度三分之一十八日行二十

四度順遲日行七分之五七日行五度而留四日在日前夕伏西方逆十一日退六度而晨與日合凡再見五十八日行星四十六度在日前後伏五十七日餘五千二百八十二行星六十九度餘五千二百八十二復終於晨見

斗一至牛五星紀丑　牛五至危五玄枵子

危五至壁三陬訾亥　壁三至婁八降婁戌

婁八至畢二大梁酉　畢二至井五實沈申

井五至鬼三鶉首未　鬼三至張七鶉火午

張七至軫一鶉尾巳　軫一至亢三壽星辰

亢三至心四大火卯　心四至斗一析木寅

魏書卷一百七上

珍做宋版却

魏書卷一百七上考證

律曆志敘後漢待詔嚴崇○崇監本作嵩今從後漢書改正

推二十四氣術第二兩水正月中○北監本脫水字今從南監本增入

推日月合朔弦望度術第五夜半月所在度及分○度監本作衆誤也今改正

以章歲來日法爲法○來字疑乘字之訛

五行沒滅易卦氣候上朔術第六所候日○南監本作卽所候日此處脫一卽字又下卷作依次候日

推上朔法○以上文例之則此四字下應空一格加術曰二字今脫去乃傳寫之訛也各本俱同姑存其舊

以六千去之○千字疑十字之訛又下卷作以六旬去之

推五星六通術第七順疾日行一疾十三分之二○下疾字當作度

周虛七百七十八○又次行辰星與日合在日後伏十一日退六度去日十七度晨共二十八字監本闕今補

魏書卷一百七上考證

魏書卷一百七下

齊　魏收　撰

志第九

律曆三下

孝靜世壬子曆氣朔稍違熒惑失次四星出伏曆亦乖舛興和元年十月齊獻武王入鄴復命李業興令其改正立甲子元曆事訖尚書左僕射司馬子如右僕射隆之等表曰自天地剖判日月運行剛柔相摩寒暑交謝分之以氣序紀之以星辰弦望有盈缺明晦有修短古先哲王則之成化迎日推筴各有司存以天下之至王盡生民之能事先天而天弗違後天而奉天時及卯金受命年曆屢改當塗啓運日官變業分路揚鑣異門馳騖回互靡定交錯不等豈是人情淺深苟相違異蓋亦天道盈縮欲止不能正光之曆既行於世發元壬子置差令朔測影清臺懸炭之期或爽候氣重室布灰之應少差伏惟陛下當璧膺符大橫協兆乘機虎變撫運龍飛苞括九隅牢籠萬寓四海來王百靈受職大

丞相渤海王降神挺生固天縱德負圖作宰知機成務撥亂反正決江疏河效顯勤王勳彰濟世功成治定禮樂惟新以履端歸餘術數未盡乃命兼散騎常侍執讀臣李業興大丞相府東閤祭酒夷安縣開國公臣王春大丞相府戶曹參軍臣和貴興等委其刊正但回舍有疾徐推步有疎密不可以一方知難得以一途揆大丞相主簿臣孫搴驃騎將軍左光祿大夫臣曄前給事黃門侍郎臣季景渤海王世子開府諮議參軍事定州大中正臣崔暹業興息國子學生屯留縣開國子臣子述等並令參預定其是非臣等職司其憂猶恐未盡竊以蒙戎爲飾必藉衆腋之華輪奐成宇寧止一枝之用必集名勝更共修理左光祿大夫臣盧道約大司農卿彭城侯臣李諧左光祿大夫東雍州大中正臣裴獻伯散騎常侍西兗州大中正臣温子昇太尉府長史臣陸操尚書右丞城陽縣開國子臣盧元明中書侍郎臣李同軌前中書侍郎臣邢子明中書侍郎臣宇文忠之前司空府長史建康伯臣元仲悛大丞相法曹參軍臣杜弼尚書左中兵郎中定陽伯臣李溥濟尚書起部郎中臣辛術尚書祠部郎中臣元長和

前青州驃騎府司馬安定子臣胡世榮太史令盧鄉縣開國男臣趙洪慶太史令臣胡法通應詔左右臣張喆員外司馬督臣曹魏祖太史丞郭慶太史博士臣胡仲和等或器擲民譽或術兼世業並能顯微闡幽表同錄異詳考古今共成此曆甲爲日始子實天正命曆置元宜從此起運屬與和以年號爲目豈獨太初表於漢代景初冠於魏曆而已謹以封呈乞付有司依術施用詔以新曆示齊獻武王田曹參軍信都芳芳關通曆術駮業與曰今年十二月二十日新曆在營室十二度順疾天上歲星在營室十一度今月二十日新曆鎮星在角十一度留天上鎮星在亢四度留今月二十日新曆太白在斗二十五度晨見逆行天上太白在斗二十一度逆行便爲差殊業與對曰歲星行天伺候以來八九餘年恆不及二度今新曆加二度至於夕伏晨見纖毫無爽今日仰看如覺二度及其出沒還應如術鎮星自造壬子元以來歲常不及故加壬子闕度亦知猶不及五度適欲幷加恐出沒頓校十度十日將來永用不合處多太白之行頓疾頓遲取其會歸而已近十二月二十日晨見東方新舊二曆推之分

寸不異行星三日頓校四度如此之事無年不有至其伏見還依術法又芳唯嫌十二月二十日星有前却業與推步已來三十餘載上算千載之日月星辰有見經史者與涼州趙敺劉義隆廷尉卿何承天劉駿南徐州從事史祖沖之參校業與甲子元曆長於三曆一倍考洛京已來四十餘歲五星出沒歲星鎮星太白業與曆首尾恆中及有差處不過一日二日一度兩度三曆之失動校十日十度熒惑一星伏見體自無常或不應度祖沖之曆多甲子曆十日六度何承天曆不及三十日二十九度今曆還與壬子同不有加增辰星一星沒多見少及其見時與曆無舛今此亦依壬子元不改太白辰星唯起夕合爲異業與以天道高遠測步難精五行伏留推考不易入目仰闚未能盡密但取其見伏大歸略其中間小謬如此曆便可行若專據所見之驗不取出沒之效則曆數之道其幾廢矣夫造曆者節之與朔貫穿於千年之間閏餘斗分推之於毫釐之內必使盈縮得衷閏限數合周日小分不殊錙銖陽曆陰曆纖芥無爽損益之數驗之交會日所居度考之月蝕上推下減先定衆條然後曆元可求猶

甲子難值又雖值甲子復有差兮如此踳駮參錯不等今曆發元甲子七率同遵合璧連珠其言不失法理分明情謂爲可如芳所言信亦不謬但一合之裏星度不驗者至若合終必還依術鎭星前年十二月二十日見差五度今日差三度太白前差四度今全無差以此準之見伏之驗尋效可知將來永用大體無失芳又云以去年十二月中算新曆其鎭星以十二月二十日在角十一度留天上在亢四度留是新曆差天五度太白歲星並各有差校於壬子舊曆鎭星差天五度太白歲星亦各有差是舊曆差天爲多新曆差天爲少凡造曆者皆須積年累日依法候天知其疏密然後審其近者用作曆術不可一月兩月之間能正是非若如熒惑行天七百七十九日一遲一疾一留一逆一順一伏一見之法七頭一終太白行天五百八十三日晨夕之法七頭一終歲星行天三百九十八日七頭一終鎭星行天三百七十八日七頭一終晨星行天一百一十五日晨夕之法七頭一終造曆者必須測知七頭然後作術得七頭者造曆爲近不得頭者其曆甚疏皆非一二日能知是非自五帝三代以來及秦漢

魏晉造曆者皆積年久測術乃可觀其倉卒造者當時或近不可久行若三四
年作者初雖近天多載恐失今甲子新曆業與潛構積年雖有少差校於壬子
元曆近天者多若久而驗天十年二十年間比壬子元曆三星行天其差爲密
獻武王上言之詔付外施行
上元甲子以來至春秋魯隱公元年歲在己未積二十九萬二千七百三十六
算上
甲子之歲入甲戌紀已來積十二萬四千一百三十六算上
上元甲子以來至大魏興和二年歲在庚申積二十九萬三千九百九十七算
上
甲子之歲入甲戌紀至今庚申積十二萬五千三百九十七算上
元法一百一萬一千六百三統之數
統法三十三萬七千二百二紀之數
紀法十六萬八千六百千蔀成紀日數至十

蔀法一萬六千八百六十（三十乘章歲得日月餘皆盡之年數）

度法一萬六千八百六十（三十乘章歲得此數）

日法二十萬八千五百三十（三十乘章月得此數）

氣時法一千四百（小二分度法得一時之數）

章歲五百六十二（二十九章十一年減閏餘二萬一百七十八年減右一閏月）

章閏二百七（五百六十二年之閏月數）

章月六千九百五十一（五百六十二年之月數并閏）

章中六千七百四十四（五百六十二年月除閏月數）

周天六百一十五萬八千一十七（度法通度內斗分之數）

通數六百一十五萬八千一十七（日法通二十九日內經月餘之數）

沒分六百一十五萬八千一十七（餘數通經沒六十九內分五萬七千一百八十四得此數）

餘數八萬八千四百一十七（度法通一年下五內斗分之數）

沒法八萬八千四百一十七（一年之內成甲之外分數）

斗分四千一百一十七從斗量周天至此不成度之分

虛分九萬七千八百八十三經月二十九日外少此不滿三十日

小分法二十四二十四氣除周天分之數也

歲中十二十二月之中氣

會數一百七十三月一出一入黃道之日數周髀六二十三分月之二十也

會餘六萬七千一百一十七百七十二日外不成日之分

會通三千六百一十四萬二千八百七以日法通百七十二內會餘之數

會虛十四萬一千四百一十三會餘之外不成度之數

周日二十七周天用日月行數

周餘十一萬五千六百三十一周天用日外及本處之分數

通周五百七十四萬五千九百四十一日法通二十七內分

周虛九萬二千八百九十九用餘外不成日之數

小周七千五百一十三月一日行之數

月周二十二萬五千三百九十通小周內度數

朔望合數十四半經月日數

度餘十五萬九千五百八十八半半經月日餘

入交限數一百五十八度月出入黃道減半月之數

度餘十一萬六千五百五十八半減半月小餘之外

推月朔弦望術第一

推積月　術曰置入紀以來盡所求年減一以章月乘之章歲如一所得為積月不盡為閏餘閏餘三百五十五以上其年有閏餘五百一十五以上進退在天正十一月前後以冬至定之

推積日　術曰以通數乘積月為朔積分日法如一為積日不盡為小餘以六旬去積日不盡為大餘命大餘以紀今命以甲戌紀算外即所求年天正十一月朔日

求次月朔　術曰加大餘二十九小餘十一萬六百四十七滿除如上命以紀算外即次月朔日其小餘滿虛分九萬七千八百八十三者其月大減者其月

小

求上下弦望　術曰加朔大餘七小餘七萬九千七百九十四小分一小分滿四從小餘小餘滿日法從大餘大餘滿六十去之命以紀算卽上弦日又加得望下弦後月朔

推二十四氣閏術第二

推二十四氣　術曰置入紀以來盡所求年減一以餘數乘之蔀法如一爲積沒不盡爲小餘以六旬去積沒不盡爲大餘命以紀算外卽所求年天正十一月冬至日

求次氣術　術曰加大餘十五小餘三千六百八十四小分一小分滿小分法二十四從小餘小餘滿蔀法從大餘一命如上算外卽次氣日

推閏　術曰以閏餘減章歲餘以歲中十二乘之滿章閏二百七得一月餘半法以上亦得一月數起天正十一月算外卽閏月閏月有進卽以無中氣定之

推閏又法　術曰以歲中乘閏餘加章閏得一盈章中六千七百四十四數起

冬至算外中氣終閏月也盈中氣在朔若二日即前月閏

冬至十一月中　小寒十二月節　大寒十二月中　立春正月節
雨水正月中　驚蟄二月節　春分二月中　清明三月節
穀雨三月中　立夏四月節　小滿四月中　芒種五月節
夏至五月中　小暑六月節　大暑六月中　立秋七月節
處暑七月中　白露八月節　秋分八月中　寒露九月節
霜降九月中　立冬十月節　小雪十月中　大雪十一月節

推合朔卻去度表裏術第三

推合朔卻去交度　術曰置入紀以來朔積分又以所入紀交會差分并之甲戌紀交會差分二千六百五十二萬二千六百四十九以會通去之所得爲積交不盡者以日法約之爲度不盡者爲度餘即所求年天正十一月朔卻去交度及度餘

甲子紀紀首合朔日月合璧交中

甲戌紀紀首合朔月在日道表交會差一百二十七度

度餘三萬九千三百四十九
甲申紀紀首合朔月在日道裏交會差八十一度
度餘一萬一千五百六十一
甲午紀紀首合朔月在日道裏交會差三十四度
度餘十九萬二千三百一十三
甲辰紀紀首合朔月在日道表交會差一百六十二度
度餘二萬三千一百二十二
甲寅紀紀首合朔月在日道表交會差一百一十五度
度餘二十萬三千八百七十四
求次月却去交度　術曰加度二十九度餘十萬六百四十七度餘滿日法從
度度滿會數去之亦降其會餘卽次月朔却去交度及度餘
求望却去交度　術曰加度十四度餘十五萬九千五百八十八半滿除如上
卽望却去交度及度餘

推月在日道表裏　術曰置入紀以來朔積分又以紀交會差分并之倍會通去之餘以會通減之得一減者爲月在日道裏無所得者爲月在日道表

求次月表裏　術曰加次月度及度餘加表滿會數及會數餘則在裏加裏滿會數及會餘則在表

推交道所在日　術曰以十一月朔却去交度及餘減會數及會餘會餘若不足減者減一度加日法乃減之又以十一月朔小餘加之滿日法從度餘爲度餘卽是天正十一月朔前去交度及餘如曆月大小除之起天正月十一月不滿月者爲入月算外交道所在日又以歲中乘入月小餘日法除之所得命以子算卽交道所在辰其交在望前者其月朔則交道望則月蝕交在望後者其月月蝕後朔交會交正在望者其月月蝕旣前後朔交會交正朔者日蝕旣前後月望皆月蝕

求後交月及日　術曰以會數及會餘加前入月算及餘餘滿日法從日日如曆月大小除之起前交月算外卽後交月及日以次放之

推交會起角　術曰其月在外道先會後交者虧從東南角起先交後會者虧從西南角起其月在內道先會後交者虧從西北角起合交中者蝕之既其月蝕在日之衝起角亦如之

推蝕分多少　術曰其朔望去交度及度餘如入交限數一百五十八度度餘十一萬六千五十八半以上者以減會數及會數餘餘爲不蝕度若朔望去交度如朔望合數十四度度餘十五萬九千五百八十八半以下者卽是不餘度皆以減十五餘爲餘蝕分朔望去交度盡者蝕之既

推合朔月蝕入遲疾曆盈縮術第四

推合朔入遲疾曆　術曰置入紀以來朔積分又以所入紀遲疾差分幷之甲戌紀遲差分二日三十五萬三千一百九十一以通周去之所得日餘周不盡者以日法約之爲日不盡者爲日餘命日算外卽所求年天正月十一月合朔入曆日

求次月入曆日　術曰加一日日餘二十萬三千五百四十六日蝕滿日從日法日滿周日及周餘去之命如上算外卽次月入曆日

求望入曆　術曰加日十四日餘十五萬九千五百八十八半滿除如上算外

即望入曆

日月行遲疾度及合	損益率	盈縮并率	盈縮積分
一日十四度四百二分	益七百五十七	盈初	
二日十四度三百三十十四分	益六百八十九	盈七百五十	盈積分二萬一千一十一
三日十四度二百四十六十一分	益六百一十七	盈一千四百三十六	盈積分四萬一百三十五
四日十四度一百九十一分	益五百四十五	盈二千六十二	盈積分五萬七千二百三十二
五日十四度一百一十一分	益四百六十六		

盈二千六百七　盈積分七萬二千三百六十

六日十三度五百二十二分　益二百一十五

盈三千七十三　盈積分八萬五千二百九十四

七日十三度二百九十六分　益八十九

盈三千三百八十八　盈積分九萬四千三十七

八日十三度六十八分　損一百三十九

盈三千四百七十七　盈積分九萬六千五百七

九日十二度四百八十六分　損二百八十三

盈三千三百三十八　盈積分九萬二千六百四十九

十日十二度三百七十九分　損三百九十

盈三千五十五　盈積分八萬四千七百九十四

十一日十二度三百六十七分　損五百二

盈二千六百六十五　盈積分七萬三千九百六十九

十二日十二度一百五十一分　損六百一十八
盈二千一百六十三　盈積分六萬三十六
十三日十二度四十分　損七百二十九
盈一千五百四十五　盈積分四萬二千八百八十三
十四日十一度五百一十五分　損八百一十六
盈八百一十六　盈積分二萬二千六百四十九
十五日十二度三十八分　益七百三十一
縮初
十六日十二度一百二十三分　益六百三十六
縮七百三十一　縮積分二萬二百九十
十七日十二度三百一十一分　益五百五十八
縮一千三百七十七　縮積分三萬八千二百二十
十八日十二度二百二十四分　益四百四十五

縮一千九百三十五　縮積分五萬三千七百
十九日十二度四百三十五分　益三百三十四
縮二千三百八十　縮積分六萬六千五十九
二十日十二度五百五十五分　益二百一十四
縮二千七百一十四　縮積分七萬五千三百二十九
二十一日十三度一百三十八分　益七十九
縮二千九百二十八　縮積分八萬一千二百六十九
二十二日十二度二百七十分　損六十三
縮三千七　縮積分八萬三千四百六十二
二十三日十三度四百三十二分　損二百二十五
縮二千九百四十四　縮積分八萬一千七百一十三
二十四日十四度三十三分　損三百八十八
縮二千七百一十九　縮積分七萬五千四百六十八

二十五日十四度一百九十四分　損五百四十九

縮二千三百三十一　縮積分六萬四千六百九十九

二十六日十四度三百一十九分　損六百七十四

縮一千七百八十二　縮積分四萬九千四百六十一

二十七日十四度三百三十六分　損七百一

縮一千一百八　縮積分三萬七百五十四

周日十四度三百七十九分　損七百三十四

縮四百七　縮積分一萬一千二百九十七

推合朔交會月蝕定大小蝕　術曰以入曆日餘乘所入曆下損益率以小周七千五百一十三除之所得損益盈縮積分爲定積分積分盛者以減本朔望小餘縮者加之加之滿日法者交會加時在後日減之不足減者減一日加日法乃減之交會加時在前日月蝕者隨定大小蝕餘爲定日加時

推加時　術曰以歲中乘定小餘日法除之所得命以子算外朔望加時有餘

不盡者四之如法得一爲少二爲半三爲太半又有餘者三之如法得一爲彊半法以上排成一不滿半法棄之以彊幷少爲少彊幷半爲半彊幷太爲太彊得二彊者爲少弱以之幷少爲半弱以之幷半爲太弱以之幷太爲一辰弱隨所在辰而命之卽其彊弱日之衝爲破月常在破下蝕

推日月合朔弦望度第五

推日度　術曰置入紀以來朔積日以日度法一萬六千八百六十乘之滿周天去之餘以日度法約之爲度餘命起牛前十二度宿次除之不滿宿者算外卽所求年天正十一月朔夜半日所在度及分

推日度又法　術曰置周天三百六十五度斗分四千一百一十七以冬至去朔日數減一以減周天度冬至小餘減斗分斗分不足減者減一度加日度法乃減之命起如上算外卽所求年天正十一月朔夜半日所在度及分

求日次月次日所在度　術曰月大者加度三十月小者加度二十九次日者加度一宿次除之逕斗除其分

推合朔日月共度　術曰以章歲五百六十二乘朔小餘以章月六千九百五十一除之所得爲大分不盡爲小分以加夜半日度分分滿日度法從度命如上算外卽所求年天正十一月合朔日月共度

推合朔日月共度又法　術曰加度二十九大分八千九百四十五小分六千九百一十九小分滿章月從大分大分滿日度法從度宿次除之逕斗去其分算外卽次月合朔日月共度

推月度　術曰置入紀以來朔積日以周二十二萬五千三百九十乘之滿周天去之餘以日度法約之爲度餘爲度分命起牛前十二度宿次除之不滿宿者算外卽所求年天正十一月朔夜半月所在度及分

推月度又法　術曰以小周乘朔小餘爲實章歲乘日法爲法實如法得一爲度不滿法者以章月除之爲大分餘爲小分所得以減合朔度及度分算外卽所求年天正十一月朔夜半月所在度及分

求月次月度　術曰月小加度二十二分七千三百七十三月大加度三十五

分一萬三千五百八十三分滿日度法從度宿次除之不滿宿者算外卽月次
月所在度

求月次日度　術曰加度十三分六千二百一十分滿日度法從度除如上算
外卽月次日所在度

求弦望日所在度　術曰加合朔度七大分六千四百五十一小分三千四百
六十一微分二微分滿四從小分小分滿章月從大分大分滿日度法從度命
如上算外卽上弦日所在度又如得望下弦後月合朔

求弦望月所在度　術曰加合朔度九十八大分一萬一千六百九十五小分
五千二百二十五微分一滿除如上算外卽上弦日月所在度又加得望下弦
後月合朔

斗二十六度　牛八度　女十二度　虛十度　危十七度　室十六度
壁九度

北方玄武七宿九十八度分四千一百一十七

奎十六度　婁十二度　胃十四度　昴十一度　畢十六度　觜二度

參九度

西方白虎七宿八十度

井三十三度　鬼四度　柳十五度　星七度　張十八度　翼十八度

軫十七度

南方朱鳥七宿一百一十二度

角十二度　亢九度　氐十五度　房五度　心五度　尾十八度

箕十一度

東方蒼龍七宿七十五度

周天三百六十五度一萬六千八百六十分度之四千一百一十七通之得六

百一十五萬八千一十七名曰周天

推土王滅沒卦候上朔術第六

推土王日　術曰置四立大小餘各減其大餘十八小餘四千四百二十小分

十八微分二大餘不足減者加六十乃減之小餘不足減者減一日加蔀法乃減之小分不足減者減小餘一加小分法二十四乃減之微分不足減者減小分一加五然後皆減之命以紀算外即四立前土王日

推土王又法　術曰加冬至大餘二十七小餘六千六百三十一小分六微分三微分滿五從小分小分滿小分法從小餘小餘滿蔀法從大餘一命以紀算外即季冬土王日

求次季土王日　術曰加大餘九十一小餘五千二百四十四小分六小分滿小分法從小餘小餘滿蔀法從大餘大餘滿六十去之命以紀算外即次季土王日

推滅沒　術曰因冬至積沒有小餘者加積沒一以沒分乘之以沒法八萬八千四百一十七除之所得爲積日不盡爲沒餘六旬去積日不盡爲沒日命以紀算外即所求天正十一月冬至後沒日

求次沒　術曰加沒日六十九沒餘五萬七千二百四十四沒餘滿沒法從沒

日沒日滿六十去之命以紀算外即次沒日餘盡者爲滅

求次沒　術曰加沒日六十九沒餘一萬九百一十五沒分六萬二千二百八十五沒分滿沒法從沒餘沒餘滿蔀法從沒日命起前沒月曆月大小除之不滿月者即後沒日及沒餘沒分命曰如上算外即次沒日

推四正卦　術曰因冬至大小餘即坎卦用事日春分即震卦用事日夏至即離卦用事日秋分即兌卦用事日中孚因坎卦

求次卦　術曰加坎卦大餘六小餘一千四百七十三小分十四微分四微分滿五從小分小分滿小分法從小餘小餘滿蔀法從大餘大餘滿六十去之命以紀算外即復卦用事日

十一月未濟蹇頤中孚復

十二月屯謙睽升臨

正月小過蒙益漸泰

二月需隨晉解大壯

三月豫訟蠱革夬
四月旅師比小畜乾
五月大有家人井咸姤
六月鼎豐渙履遯
七月恆節同人損否
八月巽萃大畜賁觀
九月歸妹无妄明夷困剝
十月艮既濟噬嗑大過坤
四正爲方伯中孚爲三公復爲天子屯爲諸侯謙爲大夫睽爲九卿升還從三
公周而復始
九三應上九清淨微温陽風九三應上六降赤決温陰雨六三應上六日澤寒
陰雨六三應上九麴塵決寒陽風諸卦上有陽爻者陽風上有陰爻者陰雨
推七十二候　術曰因冬至大小餘卽虎始交日加大餘五小餘一千二百二

十八微分一微分滿三從小分小分滿小分法從小餘小餘滿蔀法從大餘大餘滿六十去之命以紀算外　依次候日

冬至	虎始交	芸始生	荔挺生
小寒	蚯蚓結	麋角解	水泉動
大寒	鴈北向	鵲始巢	雉始雊
立春	雞始乳	東風解凍	蟄蟲始振
雨水	魚上負冰	獺祭魚	鴻鴈來
驚蟄	始雨水	桃始華	倉庚鳴
春分	鷹化爲鳩	玄鳥至	雷始發聲
清明	電始見	蟄蟲咸動	蟄蟲啓戶
穀雨	桐始華	田鼠化爲鴽	虹始見
立夏	萍始生	戴勝降桑	螻蟈鳴
小滿	蚯蚓出	王瓜生	苦菜秀

芒種　靡草死　小暑至　螳螂生
夏至　鵙始鳴　反舌無聲　鹿角解
小暑　蟬始鳴　半夏生　木槿榮
大暑　温風至　蟋蟀居壁　鷹乃學習
立秋　腐草化爲螢　土潤溽暑　涼風至
處暑　白露降　寒蟬鳴　鷹祭鳥
白露　天地始肅　暴風至　鴻鴈來
秋分　玄鳥歸　羣鳥養羞　雷始收聲
寒露　蟄蟲附戸　殺氣浸盛　陽氣日衰
霜降　水始涸　鴻鴈來賓　雀入大水化爲蛤
立冬　菊有黃華　豺祭獸　水始冰
小雪　地始凍　雉入大水爲蜃　虹藏不見
大雪　冰始壯　地始坼　鶡旦鳴

推上朔　術曰置入紀以來盡所求年減一以六律乘之以六旬去之不盡者

命以甲子算上卽上朔日

推五星見伏術第七

上元甲子以來至春秋魯隱公元年歲在己未積二十九萬二千七百三十六

算

上元甲子以來至今大魏興和二年歲在庚申積二十九萬三千九百九十七

算

木精曰歲星其數六百七十二萬二千八百八十八

火精曰熒惑其數一千三百一十四萬九千八十三

土精曰鎭星其數六百三十七萬四千六十一

金精曰太白其數九百八十四萬三千八百八十二

水精曰辰星其數一百九十五萬三千七百一十七

推五星　術曰置上元以來盡所求年減一以周天乘之爲五星之實各以其

數爲法除之所得爲積合不盡爲合餘以合餘減法餘爲入歲度分以日度法約之所得卽所求年天正十一月冬至後晨夕合度算及度餘其金水以一合日數及合餘減合度算及度餘得一者爲晨無所得者爲夕若度餘不足減者減合度算一加日度法乃減之命起牛前十二度宿次除之不滿宿者算外卽所求年天正十一月冬至後晨夕合度及度餘

徑推五星　術曰置上元以來盡所求年減一如法算之合度餘滿日度法加合度算一合度算滿合終日數去之亦以合終日餘減合度若不足減者減合度算一加周虛積年盡所得卽所求年天正十一月冬至後晨夕合度筭及度餘其求水及命度皆如上法

求星合月及日　術曰置冬至去朔日數減一加合度算冬至小餘以加合度餘合度餘滿日度法去之加合度算一合度筭變成合日算合度餘爲日餘命日起天正十一月如曆月大小除之不滿月者算外卽星合月及日有閏以閏計之

求後合月及日　術曰以合終日數及合終日餘加前入月算及餘餘滿日度法後日一日如曆月大小除之起前合月算外即後合月及日其金水以合日數及一合日餘加之加夕得晨加晨得夕也

求後合度　術曰以行星度餘加前合度及度餘度餘滿日度法從度命起前合度宿次除之不滿宿者算外即後合度餘逕斗除其分其分四千一百一十七

歲星合終日數三百九十八合終日餘一萬二千六百八周虛三千二百五十二行星三十三度度餘九千四百九十一

歲星晨與日合在日後伏十六日日餘六千八百四行星二度度餘一萬三千一百七十五晨見東方順疾日行五十八分之十一五十八日行十一度順遲日行九分五十八日行九度而留不行二十五日而旋逆日行七分之一八十四日退十二度復留二十五日復順遲日行九分五十八日行九度復順疾日行十一分五十八日行十一度在日前夕伏西方順十六日日餘六千八百四

行星二度度餘一萬三千一百七十六而與日合
熒惑合終日數七百七十九合終日餘一萬五千一百四十三周虛一千七百
一十七行星四十九度度餘六千九百九
熒惑晨與日合在日後伏七十一日日餘一萬六千一行星五十五度度餘一
萬三千九百四十三晨見東方順疾日行二十三分之十四一百八十四日行
一百一十二度順遲日行十二分九十一日行四十八度而留不行十一日而
旋逆日行六十二分之十七六十二日退十七度復留十一日復順遲日行十
二分九十二日行四十八度復順疾日行十四分一百八十四日行一百一十
二度在日前夕伏西方順七十一日日餘一萬六千二行星五十度度餘一萬
三千九百四十三而與日合
鎮星合終日數三百七十八合終日餘九百八十一周虛一萬五千八百七十
九行星十二度度餘一萬三千七百二十四
鎮星晨與日合在日後伏十八日日餘四百九十行星二度度餘六千八百六

十二晨見東方順日行十二分之一八十四日行七度而留不行三十六日而旋逆日行十七分之一一百二日退六度復留三十六日復順日行十二分之一八十四日行七度在日前夕伏西方順十八日日餘四百九十一行星二度度餘六千八百六十二而與日合

太白合終日數五百八十三合終日餘一萬四千五百二周虛二千三百五十八行星二百九十一度亦曰一合日數度餘一萬五千六百八十一亦曰一合日數

太白夕與日合在日前伏四十一日日餘一萬五千六百八十一行星五十一度度餘一萬五千六百八十一夕見西方順疾日行一度十三分之三九十一日行二百一十二度順遲日行一度十三分之二九十一日行五度順大疾日行十五分之十一四十五日行三十三度而留不行八日而旋逆日行三分之二九日退六度在日前夕伏西方伏六日退四度而與日晨合

太白晨與日合在日後伏六日退四度晨見東方逆日行三分之二九日退六度而留不行八日順日行十五分之十一四十五日行三十三度順疾日行一

度十三分之二九十一日行一百五度順大疾日行一度十三分之二九十一日行一百一十二度在日後晨伏東方順四十一日日餘一萬五千六百八十一行星五十一度度餘一萬五千六百八十一而與日夕合

辰星合終日數一百一十五合終日餘一萬四千八百一十八周虛二千四十四行星五十七度（亦曰一合日數）度餘一萬五千八百四十八（亦曰一合日數）

辰星夕與日合在日前伏十七日日餘一萬五千八百四十八夕見西方順疾日行一度三分之一十八日行二十四度順遲日行七分之五七日行五度而留不行四日在日前夕伏西方逆十一日退六度而與日晨合

辰星晨與日合在日後伏十一日退六度晨見東方而留不行四日順遲日行七分之五七日行五度順疾日行一度三分之一十八日行二十四度在日後晨伏東方順十七日日餘一萬五千八百三十八行星三十四度度餘一萬五千八百四十八而與日夕合

五星歷步　術曰以術法伏日度及餘加星合日度及餘餘滿日度法一萬六

千八百六十得一從令命之如前得星見日度及餘以星行分母乘見度分日度法如一得一分不盡半法以上亦得一以加所行分分滿其母得一度逆順母不同以當行之母乘故分故母如一爲當行分留者承前逆則減之伏不盡度除斗分以行母爲率分有損益前後相御十四

求五星行所在度　術曰以行分子乘行日數分母除之所得卽星行所在度

魏書卷一百七下

珍做朱版印

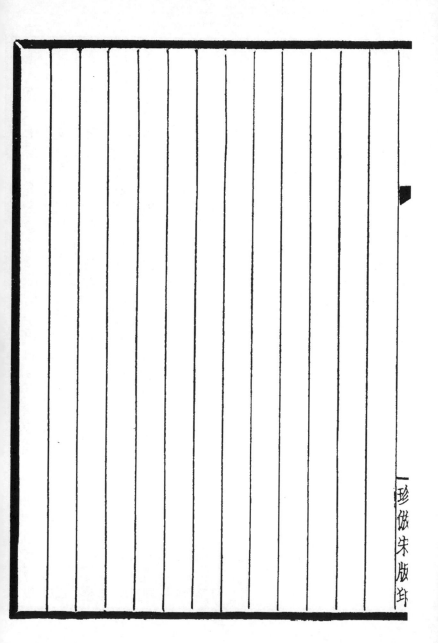

魏書卷一百七下考證

律歷志敘亦知猶不及五度○五監本訛作王今改正

甲子之歲入甲戌紀紀法十六萬八千六百注千蔀成紀○臣人龍按詩大雅疏二十蔀爲一紀則千字誤也

度餘十一萬六千五十八半○半監本訛作度今改正

推合朔却去度表裏術第三甲寅紀注月在日道表○監本月在日道下脫表字今增正

推日月合朔弦望度第五又如得望下弦後月合朔○如字當作加

推五星見伏術第七歲在己未○己監本作乙今據歷代甲子圖改正

魏書卷一百七下考證

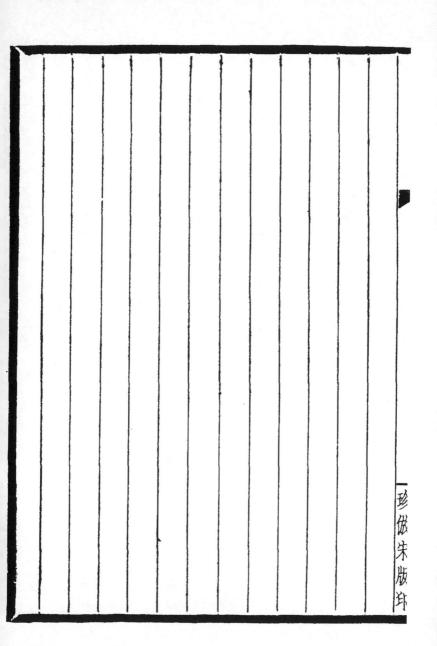

魏書卷一百八之一

齊　魏　收　撰

志第十

禮四之一

夫在天莫明於日月在人莫明於禮儀先王以安上治民用成風化苟或失之斯亡云及聖者因人有尊敬哀思嗜慾喜怒之情而制以上下隆殺長幼衆寡之節本於人心會於神道故使三才惟穆百姓允諧而淳澆世殊質文異設損益相仍隨時作範秦滅儒經漢承其弊三代之禮蓋如綫焉劉氏中興頗率周典魏晉之世抑有可知自永嘉擾攘神州蕪穢禮壞樂崩人神殲殄太祖南定燕趙日不暇給仍世征伐務恢疆宇雖馬上治之未遑制作至於經國軌儀互舉其大但事多粗略且兼闕遺高祖稽古率由舊則斟酌前王擇其令典朝章國範煥乎復振早年厭世叡慮未從不爾劉馬之迹夫何足數世宗優遊在上致意玄門儒業文風顧有未洽墜禮淪聲因之而往肅宗已降魏道衰羸太和

之風仍世凋落以至於海內傾圮綱紀泯然嗚呼魯秉周禮國以克固齊臣撤
器降人折謀治身不得以造次忘治國庸可而須臾忽也初自皇始迄於武定
朝廷典禮之迹故總而錄之
太祖登國元年卽代王位於牛川西向設祭告天成禮
天興元年定都平城卽皇帝位立壇兆告祭天地祝曰皇帝臣珪敢用玄牡昭
告于皇天后土之靈上天降命乃眷我祖宗世王幽都珪以不德纂戎前緒思
寧黎元龔行天罰殪劉顯屠衞辰平慕容定中夏羣下勸進謂宜正位居尊以
副天人之望珪以天時人謀不可久替謹命禮官擇吉日受皇帝璽綬惟神祇
其丕祚於魏室永綏四方事畢詔有司定行次正服色羣臣奏以國家繼黃帝
之後宜爲土德故神獸如牛牛土畜又黃星顯曜其符也於是始從土德數用
五服尚黃犧牲用白祀天之禮用周典以夏四月親祀于西郊徽幟有加焉
二年正月帝親祀上帝于南郊以始祖神元皇帝配爲壇通四陛爲壝埒三重
天位在其上南面神元西面五精帝在壇內壝內四帝各於其方一帝在未日

月五星二十八宿天一太一北斗司中司命司祿司民在中壝內各因其方其
餘從食者合一千餘神餟在外壝內藉用藁秸玉用四珪幣用束帛牲用黝犢
器用陶匏上帝神元用犢各一五方帝共用犢一日月等共用牛一祭畢燎牲
體左於壇南巳地從陽之義其瘞地壇兆制同南郊明年正月辛酉郊天癸亥
瘞地於北郊以神元竇皇后配五岳名山在中壝內四瀆大川於外壝內后土
神元后牲共用玄牲一玉用兩珪幣用束帛五岳等用牛一祭畢瘞牲體右於
壇之北亥地從陰也乙丑赦京師畿內五歲刑以下其後冬至祭上帝于圜丘
夏至祭地于方澤用牲帛之屬與二郊同
冬十月平文昭成獻明廟成歲五祭用二至二分臘牲用太牢常遣宗正兼太
尉率祀官侍祀置太社太稷帝社於宗廟之右爲方壇四陛祀以二月八月用
戊皆太牢句龍配社周棄配稷皆有司侍祀立祖神常以正月上未設藉於端
門內祭牲用羊豕犬各一又立神元思帝平文昭成獻明五帝廟於宮中歲四
祭用正冬臘九月牲用馬牛各一太祖親祀宮中立星神一歲一祭常以十二

月用馬薦各一牛豕各二雞一太祖初有兩彗星見劉后使占者占之曰祈之則當掃定天下后從之故立其祀又立闕字二神十二歲一祭常以十一月各用牛一雞三又立王神四歲二祭常以八月十月各用羊一又置獻明以上所立天神四十所歲二祭亦以八月十月神尊者以馬次以牛小以羊皆女巫行事又於雲中及盛樂神元舊都祀神元以下七帝歲三祭正冬臘用馬牛各一祀官侍祀明年春帝始躬耕籍田祭先農用羊一祀日於東郊用騂牛一秋分祭月於西郊用白羊一

廩賜二年夏四月復祀天于西郊爲方壇一置木主七於上東爲二陛無等周垣四門門各依其方色爲名牲用白犢黃駒白羊各一祭之日帝御大駕百官及賓國諸部大人畢從至郊所帝立青門內近南壇西內朝臣皆位於帝北外朝臣及大人咸位於青門之外后率六宮從黑門入列於青門內近北並西面天犧令掌牲陳於壇前女巫執鼓立於陛之東西面選帝之十族子弟七人執酒在巫南西面北上女巫升壇搖鼓帝拜若肅拜百官內外盡拜祀訖復拜拜

訖乃殺牲執酒七人西向以酒灑天神主復拜如此者七禮畢而返自是之後歲一祭

太宗永興三年三月帝禱于武周車輪二山初清河王紹有寵於太祖性凶悍帝每以義責之弗從帝懼其變乃於山上祈福於天地神祇及即位壇兆後因以爲常祀歲一祭牲用牛帝皆親之無常日

明年立太祖廟于白登山歲一祭具太牢帝親之亦無常月兼祀皇天上帝以山神配旱則禱之多有效是歲詔郡國於太祖巡幸行宮之所各立壇祭以太牢歲一祭皆牧守侍祀又立太祖別廟於宮中歲四祭用牛馬羊各一又加置天日月之神及諸小神二十八所於宮內歲二祭各用羊一後二年於白登西太祖舊遊之處立昭成獻明太祖廟常以九月十月之交帝親祭牲用馬牛羊及親行貙劉之禮別置天神等二十三於廟左右其神大者以馬小者以羊華陰公主帝姊也元紹之爲逆有保護功故別立其廟於太祖廟垣後因祭薦焉又於雲中盛樂金陵三所各立太廟四時祀官侍祀

泰常三年爲五精帝兆於四郊遠近依五行數各爲方壇四陛埒壝三重通四門以太皞等及諸佐隨配侑祭黃帝常以立秋前十八日餘四帝各以四立之日牲各用牛一有司主之又六宗靈星風伯雨師司民司祿先農之壇皆有别兆祭有常日牲用少牢立春之日遣有司迎春於東郊祭用酒脯棗栗無牲幣又立五岳四瀆廟於桑乾水之陰春秋遣有司祭有牲及幣四瀆唯以牲牢準古望秩云其餘山川及海若諸神在州郡者合三百二十四所每歲十月遣祀官詣州鎮遍祀有水旱災厲則牧守各隨其界內祈禱其祭皆用牲王畿內諸山川皆列祀次祭各有水旱則禱之

明年八月帝嘗於白登廟將薦熟有神異焉太廟博士許鍾上言曰臣聞聖人能饗帝孝子能饗親伏惟陛下孝誠之至通於神明近嘗於太祖廟有車騎聲從北門入殷殷轞轞震動門闕執事者無不肅慄斯乃國祚永隆之兆宜告天下使知聖德之深遠

辛未幸代至鴈門關望祀恆岳後二年九月幸橋山遣有司祀黃帝唐堯廟明

年正月南巡恆岳祀以太牢幸洛陽遣使以太牢祀嵩高華岳還登太行五月至自洛陽諸所過山川羣祀之後三年二月祀孔子於國學以顏淵配

神䴥二年帝將征蠕蠕省郊祀儀四月以小駕祭天神畢帝遂親戎大捷而還歸格於祖禰徧告羣神

九月立密皇太后廟於鄴后之舊鄉也置祀官太常博士齋郎三十餘人侍祀歲五祭

太延元年立廟於恆岳華嵩岳上各置侍祀九十人歲時祈禱水旱其春秋泮涸遣官率刺史祭以牲牢有玉幣

魏先之居幽都也鑿石爲祖宗之廟於烏洛侯國西北自後南遷其地隔遠真君中烏洛侯國遣使朝獻云石廟如故民常祈請有神驗焉其歲遣中書侍郎李敞詣石室告祭天地以皇祖先妣配祝曰天子燾謹遣敞等用駿足一元大武敢昭告于皇天之靈自啓闢之初祐我皇祖于彼土田歷載億年聿來南遷惟祖惟父光宅中原克翦凶醜拓定四邊沖人纂業德聲弗彰豈謂幽遐稽首

來王具知舊廟弗毀弗亡悠悠之懷希仰餘光王業之興起自皇祖綿綿瓜瓞
時惟多祜敢以丕功配饗于天子子孫孫福祿永延敞等既祭斬樺木立之以
置牲體而還後所立樺木生長成林其民益神奉之咸謂魏國感靈祇之應也
石室南距代京可四千餘里
明年六月司徒崔浩奏議神祀多不經案祀典所宜祀凡五十七所餘復重及
小神請皆罷之奏可
十一年十一月世祖南征逕恆山祀以太牢浮河濟祀以少牢過岱宗祀以太
牢至魯以太牢祭孔子遂臨江登瓜步而還
文成皇帝即位三年正月遣有司詣華岳修廟立碑數十人在山上聞虛中若
音聲聲中稱萬歲云
和平元年正月帝東巡歷橋山祀黃帝幸遼西望祀醫無閭山遂緣海西南幸
冀州北至中山過恆岳禮其神而返明年帝南巡過石門遣使者用玉璧牲牢
禮恆岳

四月旱下詔州郡於其界內神無大小悉洒掃薦以酒脯年登之後各隨本秩祭以牲牢至是羣祀先廢者皆復之

顯祖皇興二年以青徐既平遣中書令兼太常高允奉玉幣祀於東岳以太牢祀孔子

高祖延興二年有司奏天地五郊社稷已下及諸神合一千七十五所歲用牲七萬五千五百顯祖深愍生命乃詔曰朕承天事神以育羣品而咸秩處廣用牲甚衆夫神聰明正直享德與信何必在牲易曰東鄰殺牛不如西鄰之禴祭實受其福苟誠感有著雖行潦菜羹可以致大嘏何必多殺然後獲祉福哉其命有司非郊天地宗廟社稷之祀皆無用牲於是羣祀悉用酒脯

先是長安牧守常有事於周文武廟四年坎地埋牲廟玉發見四月詔東陽王丕祭文武二廟以廟玉露見若即而埋之或恐愚民將爲盜竊勑近司收之府藏

六月顯祖以西郊舊事歲增木主七易世則更兆其事無益於神明初革前儀

定置主七立碑於郊所
太和二年旱帝親祈皇天日月五星於苑中祭之夕大雨遂赦京師
三年上祈於北苑又禱星於苑中
六年十一月將親祀七廟詔有司依禮具儀於是羣臣議曰昔有虞親虔祖考來格殷宗躬謁介福迺降大魏七廟之祭依先朝舊事多不親謁今陛下孝誠發中思親祀事稽合古王禮之常典臣等謹案舊章并採漢魏故事撰祭服冠屨牲牢之具罍洗簠簋俎豆之器百官助祭位次樂官節奏之引升降進退之法別集爲親拜之儀制可於是上乃親祭其後四時常祀皆親之
十年四月帝初以法服御輦祀於西郊
十二年十月帝親築圜丘於南郊
十三年正月帝以大駕有事於圜丘五月庚戌車駕有事於方澤壬戌高祖臨皇信堂引見羣臣詔曰禮記祭法稱有虞氏禘黃帝大傳曰禘其祖之所自出又稱不王不禘論曰禘自既灌詩頌長發大禘爾雅曰禘大祭也夏殷四時祭

礿禘烝嘗周改禘爲祠祭義稱春祭秋嘗亦夏殷祭也王制稱犆礿祫禘祫嘗
祫烝其禮傳之文如此鄭玄解禘天子祭圜丘曰禘祭宗廟大祭亦曰禘三年
一祫五年一禘祫則合羣毀廟之主於太廟合而祭之禘則增及百官配食者
審諦而祭之天子先禘祫而後時祭諸侯先時祭而後禘祫魯禮三年喪畢而
祫明年而禘圜丘宗廟大祭俱稱禘祭有兩禘明也王肅解禘祫稱天子諸侯
皆禘於宗廟非祭天之祭郊祀后稷不稱禘宗廟稱禘禘祫一名也合而祭之
故稱祫審諦之故稱禘非兩祭之名三年一祫五年一禘總而互舉之故稱五
年再殷祭不言一禘一祫斷可知矣禮文大略諸儒之說盡具於此卿等便可
議其是非尙書游明根左丞郭祚中書侍郎封琳著作郎崔光等對曰鄭氏之
義禘者大祭之名大祭圜丘謂之禘者審諦五精星辰也大祭宗廟謂之禘者
審諦其昭穆圜丘常合不言祫宗廟時合故言祫斯則宗廟祫禘並行圜丘一
禘而已宜於宗廟俱行禘祫之禮二禮異故名殊依禮春廢犆礿於嘗於蒸則
祫不於三時皆行禘祫之禮中書監高閭儀曹令李韶中書侍郎高遵等十三

人對稱禘祭圜丘之禘與鄭義同其宗廟禘祫之祭與王義同與鄭義同者以
爲有虞禘黃帝黃帝非虞在廟之帝不在廟非圜丘而何又大傳稱祖其所自
出之祖又非在廟之文論稱禘自既灌事似據爾雅稱禘大祭也頌長發大禘
也殷王之祭斯皆非諸侯之禮諸侯無禘禮唯夏殷夏祭稱禘又非宗廟之禘
魯行天子之儀不敢專行圜丘之禘改殷之禘取其禘名於宗廟因先有祫遂
生兩名據王氏之義祫而禘祭之故言禘祫總謂再殷祭明不異也禘祫一名
也其禘祫止於一時止於一時者祭不欲數數則黷一歲而三禘愚以爲過數
帝曰尚書中書等據二家之義論禘祫詳矣然於行事取衷猶有未允監等以
禘祫爲名義同王氏禘祭圜丘事與鄭同無所間然尚書等與鄭氏同兩名兩
祭並存並用理有未稱俱據二義一時禘祫而闕二時之禘事有難從夫先王
制禮內緣人子之情外協尊卑之序故天子七廟諸侯五廟大夫三廟數盡則
毀藏主於太祖之廟三年而祫祭之世盡則毀以示有終之義三年而祫以申
追遠之情禘祫既是一祭分而兩之事無所據毀廟三年一祫又有不盡四時

於禮爲闕七廟四時常祭祫則三年一祭而又不究四時於情爲簡王以禘祫爲一祭王義爲長鄭以圜丘爲禘與宗廟大祭同名義亦爲當今互取鄭王二義禘祫幷爲一名從王禘是祭圜丘大祭之名上下同用從鄭若以數則黷五年一禘改祫從禘五年一禘則四時盡禘以稱今情禘則依禮文先禘而後時祭便即施行著之於令永爲世法

高閭曰書稱肆類於上帝禋于六宗六宗之祀禮無明文名位壇兆歷代所疑漢魏及晉諸儒異說或稱天地四時或稱六者之間或稱易之六子或稱風雷之類或稱星辰之屬或曰世代所宗或云宗廟所尚或曰社稷五祀凡有十一家自晉已來逮于聖世以爲論者雖多皆有所闕莫能評究遂相因承別立六宗之兆總爲一位而祭之比勑臣等評議取衷附之祀典臣等承旨披究往說各有其理較而論之長短互有若偏用一家事或差舛衆疑則從多今惑則仍古請依先別處六宗之兆總爲一祀而祭之帝曰詳定朝令祀爲事首以疑從疑何所取正昔石渠虎閣之議皆準類以引義原事以證情故能通百家之要

定累世之疑況今有文可據有本可推而不評而定之其致安在朕躬覽尚書之文稱肆類上帝禋於六宗文相連屬理似一事上帝稱肆而無禋六宗言禋而不別其名以此推之上帝六宗當是一時之祀非別祭之名肆類非獨祭之目焚煙非他祀之用六宗者必是天皇大帝及五帝之神明矣禋是祭帝之事故稱禋以闕其他故稱六以證之然則肆類上帝禋于六宗一祭也互舉以成之今祭圜丘五帝在焉其牲幣俱禋故稱肆類上帝禋于六宗一祭而六祀備焉六祭既備無煩復別立六宗之位便可依此附令永爲定法

十四年八月詔曰丘澤初志配尚宜定五德相襲分敘有常然異同之論著於往漢未詳之說疑在今史羣官百辟可議其所應必令合衷以成萬代之式中書監高閭議以爲帝王之作百代可知運代相承書傳可驗雖祚命有長短德政有優劣至於受終嚴祖殷薦上帝其致一也故敢述其前載舉其大略臣聞居尊據極允應明命者莫不以中原爲正統神州爲帝宅苟位當名全化迹流洽則不專以世數爲與奪善惡爲是非故堯舜禪揖一身異尚魏晉相代少紀

運殊桀紂至虐不廢承歷之敍厲惠至昏不關周晉之錄計五德之論始自漢劉一時之議三家致別故張蒼以漢爲水德賈誼公孫臣以漢爲土德劉向以漢爲火德以爲水德者正以嘗有水溢之應則不推運代相承之數矣以土德者則以亡秦繼曆相即爲次不推逆順之異也以爲火德者懸證赤帝斬蛇之符棄秦之暴越惡承善不以世次爲正也故以承周爲火德自茲厥後乃以爲常魏承漢火生土故魏爲土德晉承魏土生金故晉爲金德趙承晉金生水故趙爲水德燕承趙水生木故燕爲木德秦承燕木生火故秦爲火德秦之未滅皇魏未克神州秦氏既亡大魏稱制玄朔故平文之廟始稱太祖以明受命之證如周在岐之陽若繼晉晉亡已久若棄秦則中原有寄推此而言承秦之理事爲明驗故以魏承秦魏爲土德又五緯表驗黃星曜彩考氏定實合德軒轅承土祖未事爲著矣又秦趙及燕雖非明聖各正號赤縣統有中土郊天祭地肆類咸秩明刑制禮不失舊章奄岱踰河境被淮漢非若齷齪邊方僭擬之屬遠如孫權劉備近若劉裕道成事繫蠻夷非關中夏伏唯聖朝德配天地道被

四海承乾統曆功侔百王光格同於唐虞享祚流於周漢正位中境奄有萬方
今若幷棄三家遠承晉氏則蔑中原正次之實存之無損於此而有成於彼廢
之無益於今而有傷於事臣愚以爲宜從尚黃定爲土德又前代之君明賢之
史皆因其可褒褒之可貶貶之今議者偏據可絕之義而不錄可全之禮所論
事大垂之萬葉宜並集中祕羣儒人人別議擇其所長於理爲悉祕書丞臣李
彪著作郎崔光等議以爲尚書閭議繼近秦氏臣職掌國籍頗覽前書惜此正
次慨彼非緒輒仰推帝始遠尋百王魏雖建國君民兆朕振古祖黃制朔綿迹
有因然此帝業神元爲首案神元晉武往來和好至于桓穆洛京破亡二帝志
摧聰勒思存晉氏每助劉琨申威幷冀是以晉室銜扶救之仁越石深代王之
請平文太祖抗衡苻石終平燕氏大造中區則是司馬祚終於郟鄏而元氏受
命於雲代蓋自周之滅及漢正號幾六十年著符尚赤後雖張賈殊議暫疑而
卒從火德以繼周氏排虐嬴以比共工蔑暴項而同吳廣近蠲謬僞遠即神正
若此之明也寧使白蛇徒斬雕雲空結哉自有晉傾淪暨登國肇號亦幾六十

餘載物色旗幟率多從黑是又自然合應玄同漢始且秦并天下革刱法度漢仍其制少所變易猶仰推五運竟踵隆姬而況劉石苻燕世業促褊綱紀弗立魏接其弊自有彝典豈可異漢之承木捨晉而爲土邪夫皇統崇極承運至重必當推協天緒考審正次不可雜以僭竊參之彊狡神元既晉武同世桓穆與懷愍接時晉室之淪平文始大廟號太祖抑亦有由紹晉定德孰曰不可而欲次茲僭僞豈非惑乎臣所以慺慺惜之唯垂察納詔命羣官議之

十五年正月侍中司空長樂王穆亮侍中尙書左僕射平原王陸叡侍中吏部尙書中山王王元孫侍中尙書駙馬都尉南平王馮誕散騎常侍都曹尙書新秦侯游明根散騎常侍南部令鄧侍祖祕書中散李愷尙書左丞郭祚右丞霸城子衞慶中書侍郎封琳中書郎泰昌子崔挺中書侍郎賈元壽等言臣等受勑共議中書監高閭祕書丞李彪等二人所議皇魏行次尙書高閭以石承晉爲水德以燕承石爲木德以秦承燕爲火德大魏次秦爲土德皆以地據中夏以爲得統之徵皇魏建號事接秦末晉既滅亡天命在我故因中原有寄即而

承之彪等據神元皇帝與晉武並時桓穆二帝仍修舊好始自平文逮于太祖抗衡秦趙終平慕容晉祚終於秦方大魏興於雲朔據漢棄秦承周之義以皇魏承晉爲水德二家之論大略如此臣等謹共參論伏惟皇魏世王玄朔下迄魏晉趙秦二燕雖地據中華德祚微淺並獲推敘於理未愜又國家積德修長道光萬載彪等職主東觀詳究圖史所據之理其致難奪今欲從彪等所議宜承晉爲水德詔曰越近承遠情所未安然考次推時頗亦難繼朝賢所議豈朕能有違奪便可依爲水德祖申臘辰

四年經始明堂改營太廟詔曰祖有功宗有德自非功德厚者不得擅祖宗之名居二祧之廟仰惟先朝舊事舛駮不同難以取準今將述遵先志具詳禮典宜制祖宗之號定將來之法烈祖有刱基之功世祖有開拓之德宜爲祖宗百世不遷而遠祖平文功未多於昭成然廟號爲太祖道武建業之勳高於平文廟號爲烈祖比功校德以爲未允朕今奉尊道武爲太祖與顯祖爲二祧餘者以次而遷平文既遷廟唯有六始今七廟一則無主唯當朕躬此事亦臣子所

難言夫生必有終人之常理朕以不德忝承洪緒若宗廟之靈獲全首領以沒于地爲昭穆之次心願畢矣必不可豫設可垂之文示後必令遷之司空公長樂王穆亮等奏言升平之會事在於今推功考德實如明旨但七廟之祀備行日久無宜闕一虛有所待臣等愚謂依先尊祀可垂文示後理衷如此不敢不言詔曰理或如此比有間隙當爲文相示

八月壬辰詔郡國有時果可薦者並送京師以供廟饗

又詔曰禮云自外至者無主不立先朝以來以正月吉日於朝廷設幕中置松柏樹設五帝坐此既無可祖配揆之古典實無所取可去此祀又探策之祭既非禮典可悉罷之

戊午詔曰國家自先朝以來饗祀諸神凡有一千二百餘處今欲減省羣祀務從簡約昔漢高之初所祀衆神及寢廟不少今日至于元成之際匡衡執論乃得減省後至光武之世禮儀始備饗祀有序凡祭不欲數數則黷黷則不敬神聰明正直不待煩祀也又詔曰明堂太廟並祀祖宗配祭配享於斯備矣白登

崞山雞鳴山廟唯遣有司行事馮宣王誕生先后復因在官長安立廟宜異常等可勑雍州以時供祭又詔曰先恆有水火之神四十餘名及城北星神今圜丘之下既祭風伯雨師司中司命明堂祭門戶井竈中霤每神皆有此四十神計不須立悉可罷之

甲寅集羣官詔曰近論朝日夕月皆欲以二分之日於東西郊行禮然月有餘閏行無常準若一依分日或值月出於東而行禮於西尋情卽理不可施行昔祕書監薛謂等嘗論此事以爲朝日以朔夕月以朏卿等意謂朔朏二分何者爲是尚書游明根對曰考案舊式推校衆議宜從朏月

十一月己未朔帝釋禫祭於太和廟帝袞冕與祭者朝服既而帝冠黑介幘素紗深衣拜山陵而還宮庚申帝親省齊宮冠服及郊祀俎豆癸亥冬至將祭圜丘帝袞冕劒舄侍臣朝服辭太和廟之圜丘升祭柴燎遂祀明堂大合既而還之太和廟乃入甲子帝袞冕辭太和廟臨太華殿朝羣官既而帝冠通天絳紗袌臨饗禮帝感慕樂懸而不作丁卯還廟陳列冕服帝躬省之既而帝袞冕辭

太和廟之太廟百官陪從奉神主於齋車至新廟有司升神主於太廟諸王侯牧守四海蕃附各以其職來祭

十六年正月戊午詔曰夫四時享祀人子常道然祭薦之禮貴賤不同故有邑之君祭以首時無田之士薦以仲月況七廟之重而用中節者哉自頃蒸嘗之禮頗違舊義今將仰遵遠式以此孟月犆礿於太廟但朝典初改衆務殷湊無遑齋潔遂及於今又接神饗祖必須擇日今禮律未宣有司或不知此可勑太常令剋日以聞

二月丁酉詔曰夫崇聖祀德遠代之通典秩闕三字中古之近規故三五至仁唯德配享夏殷私己稍用其姓且法施於民祀有明典立功垂惠祭有恆式斯乃異代同途奕世共軌今遠遵明令憲章舊則比於祀令已爲決之其孟春應祀者頃以事殷遂及今日可令仍以仲月而饗祀焉凡在祀令者其數有五帝堯樹則天之功興巍巍之治可祀於平陽虞舜播太平之風致無爲之化可祀於廣寧夏禹禦洪水之災建天下之利可祀於安邑周文公制禮作樂垂範萬

葉可祀於洛陽其宣尼之廟已於中省當別勑有司饗薦之禮自文公已上可令當界牧守各隨所近攝行祀事皆用清酌尹祭也

丙午詔有司剋吉亥備小駕躬臨千畝官別有勑

癸丑帝臨宣文堂引儀曹尚書劉昶鴻臚卿游明根行儀曹事李韶授策孔子崇文聖之謚於是昶等就廟行事既而帝齋中書省親拜祭於廟

九月甲寅朔大享於明堂祀文明太后於玄室帝親爲之詞

十月己亥詔曰夫先王制禮所以經綸萬代貽法後昆至乃郊天享祖莫不配祭然而有節白登廟者有爲而興昭穆不次故太祖有三層之宇巴陵無方丈之室又常用季秋躬駕展虔祀禮或有褻慢之失嘉樂頗涉野合之譏今授衣之旦享祭明堂玄冬之始奉烝太廟若復致齋白登便爲一月再駕事成褻瀆回詳二理謂宜省一白登之高未若九室之美幃次之華未如清廟之盛將欲廢彼東山之祀成此二享之敬可具勑有司但令內典神者攝行祭事獻明道武各有廟稱可具依舊式自太宗諸帝昔無殿宇因停之

十八年南巡正月次殷比干墓祭以太牢
三月詔罷西郊祭天
十九年帝南征正月車駕濟淮命太常致祭又詔祀岱岳
三月癸亥詔曰知太和廟已就神儀靈主宜時奉寧可剋三月三日己巳內奉遷於正廟其出金墉之儀一準出代都太和之式入新廟之典可依近至金墉之軌其威儀鹵簿如出代廟百官奉遷宜可省之但令朝官四品已上侍官五品已上及宗室奉迎六月相州刺史高閭表言伏惟太武皇帝發孝思之深誠同渭陽之遠感以鄴土舅氏之故鄉有歸魂之舊宅故爲密皇后立廟於城內歲時祭祀置廟戶十家齋宮三十人春秋烝嘗冠服從事刺史具威儀親行薦酌升降揖讓與七廟同儀禮畢撤會而罷今廟殿虧漏門牆傾毀簠簋故敗行禮有闕臣備職司目所親覩若以七廟惟新明堂初制配饗之儀備於京邑者便應罷壞輟其常祭如以功高特立宜應新其靈宇敢陳所見伏請恩裁詔罷之

十一月庚午帝幸委粟山議定圜丘己卯帝在合温室引咸陽王禧司空公穆
亮吏部尙書任城王澄及議禮之官詔曰朝集公卿欲論圜丘之禮今短晷斯
極長日方至案周官祀昊天上帝於圜丘禮之大者兩漢禮有參差魏晉猶亦
未一我魏氏雖上參三皇下考叔世近代都祭圜丘之禮復未考周官爲不刊
之法令以此祭圜丘之禮示卿等欲與諸賢考之厥衷帝曰夕牲之禮無可依
準近在代都已立其議殺牲祼神誠是一日之事終無夕而殺牲待明而祭員
外散騎常侍劉芳對曰臣謹案周官牧人職正有夕展牲之禮實無殺牲之事
祕書令李彪曰夕不殺牲誠如聖旨未審告廟以不臣聞魯人將有事于上帝
必先有事于泮宮注曰先人以此推之應有告廟帝曰卿言有理但朕先以郊
配意欲廢告而卿引證有據當從卿議
帝又曰圜丘之牲色無常準覽推古事乖互不一周家用騂解言是尙晉代靡
知所據舜之命禹悉用堯辭復言玄牡告于后帝今我國家時用夏正至於牲
色未知何準祕書令李彪曰觀古用玄似取天玄之義臣謂宜用玄至於五帝

各象其方色亦有其義帝曰天何時不玄地何時不黃意欲從玄
又曰我國家常聲鼓以集衆易稱二至之日商旅不行后不省方以助微陽微
陰今若依舊鳴鼓得無闕寢鼓之義員外郎崔逸曰臣案周禮當祭之日靁鼓
靁鼗八面而作猶不妨陽臣竊謂以鼓集衆無妨古義
癸未詔三公袞冕八章太常鷩冕六章用以陪薦
甲申長至祀昊天於委粟山大夫祭疑
二十年立方澤於河陰仍遣使者以太牢祭漢光武及明章三帝陵

魏書卷一百八之一

珍做朱版珰

魏書卷一百八之一考證

高祖太和十五年十一月奉神主於齋車〇神監本誤作臣今改正

魏書卷一百八之一考證

魏書卷一百八之二

齊　魏收　撰

志第十一

禮四之二

世宗景明二年夏六月祕書丞孫惠蔚上言臣聞國之大禮莫崇明祀祀之大者莫過禘祫所以嚴祖敬宗追養繼孝合享聖靈審諦昭穆遷毀有恆制尊卑有定體誠慤著於中百順應於外是以惟王剙制爲建邦之典仲尼述定爲不刊之式暨秦燔詩書鴻籍泯滅漢氏興求拾綴遺篆淹中之經孔安所得唯有卿大夫士饋食之篇而天子諸侯享廟之祭禘祫之禮盡亡曲臺之記戴氏所述然多載尸灌之義牲獻之數而行事之法備物之體蔑有具焉今之取證唯有王制一簡公羊一冊考此二書以求厥旨自餘經傳雖時有片記至於取正無可依攬是以兩漢淵儒魏晉碩學咸據斯文以爲朝典然持論有深淺及義有精浮故令傳記雖一而探意乖舛伏惟孝文皇帝合德乾元應靈誕載玄思

洞微神心暢古禮括商周樂宣韶濩六籍幽而重昭五典淪而復顯舉二經於
和中一姬公於洛邑陛下叡哲淵凝欽明道極應必世之期屬功成之會繼文
垂則實惟下武而祫禘二殷國之大事蒸嘗合享朝之盛禮此先皇之所留心
聖懷以之永慕臣聞司疑宗初開致禮清廟敢竭愚管輒陳所懷謹案王制曰
天子犆礿祫禘祫嘗祫蒸鄭玄曰天子諸侯之喪畢合先君之主於祖廟而祭
之謂之祫後因以爲常魯禮三年喪畢而祫於太祖明年春禘於羣廟自爾之
後五年而再殷祭一祫一禘春秋公羊魯文二年八月丁卯大事于太廟傳曰
大事者何大祫也大祫者何合祭也毀廟之主陳於太祖未毀廟之主皆升合
食于太祖五年而再殷祭何休曰陳者就陳列太祖前太祖東鄉昭南鄉穆北
鄉其餘孫從王父父曰昭子曰穆又曰殷盛也謂三年祫五年禘禘所以異於
祫者功臣皆祭也祫猶合也禘猶諦也審諦無所遺失察記傳之文何鄭祫禘
之義略可得聞然則三年喪畢祫祭太祖明年春祀遍禘羣廟此禮之正也古
之道也又案魏氏故事魏明帝以景初三年正月崩至五年正月積二十五晦

爲大祥太常孔美博士趙怡等以爲禫在二十七月到其年四月依禮應祫散騎常侍王肅博士樂詳等以爲禫在祥月至其年二月宜應祫祭雖孔王異議六八殊制至於喪畢之祫明年之禘其議一焉陛下永惟孝思因心卽禮取鄭捨王禫終此晦來月中旬禮應大祫六室神祏外食太祖明年春享咸禘羣廟自茲以後五年爲常又古之祭法時祫並行天子先祫後時諸侯先時後祫此於古爲當在今則煩且禮有升降事有文節通時之制聖人弗違當祫之月宜減時祭以從要省然大禮久廢羣議或殊以臣觀之理在無怪何者心制既終二殷惟始祫禘之正寔在於斯若停而闕之唯行時祭七聖不聞合享百辟不覩盛事何以宣昭令問垂式後昆乎皇朝同等三代治邁終古而令徽典缺於昔人鴻美慚於往志此禮所不行情所未許臣學不鉤深思無經遠徒閱章句蔑爾無立但飲澤聖時銘恩天造是以妄盡區區冀有塵露所陳蒙允請付禮官集定儀注詔曰禮貴循古何必改作且先聖久遵綿代恆典豈朕沖闇所宜革之且禮祭之議國之至重先代碩儒論或不一可付八座五省太常國子參

定以聞七月侍中錄尚書事北海王詳等言奉旨集議僉以爲禘祫之設前代
彝典惠蔚所陳有允舊義請依前剋敬享清宮其求省時祭理實宜爾但求之
解注下逼列國兼時奠之敬事難輒省請移仲月擇吉重聞制可
十一月壬寅改築圜丘於伊水之陽乙卯仍有事焉
延昌四年正月世宗崩肅宗卽位三月甲子尚書令任城王澄奏太常卿崔亮
上言秋七月應祫祭于太祖今世宗宣武皇帝主雖入廟然烝嘗時祭猶別寢
室至於殷祫宜存古典案禮三年喪畢祫於太祖明年春禘於羣廟又案杜預
亦云卒哭而除三年喪畢而禘魏武宣后以太和四年六月崩其月旣葬除服
卽吉四時行事而猶未禘王肅韋誕並以爲今除卽吉故特時祭至於禘祫宜
存古禮高堂隆亦如肅議於是停不殷祭仰尋太和二十三年四月一日高祖
孝文皇帝崩其年十月祭廟景明二年秋七月祫於太祖三年春禘於羣廟亦
三年乃祫謹準古禮及晉魏之議并景明故事愚謂來秋七月祫祭應停宜待
年終乃後祫禘詔曰太常援引古今並有證據可依請

熙平二年三月癸未太常少卿元端上言謹案禮記祭法有虞氏禘黃帝而郊嚳祖顓頊而宗堯夏后氏亦禘黃帝而郊鯀祖顓頊而宗禹殷人禘嚳而郊冥祖契而宗湯周人禘嚳而郊稷祖文王而宗武王鄭玄注大禘郊祖宗謂祭祀以配食也有虞氏以上尚德禘郊祖宗配用有德者自夏以下稍用其姓代之是故周人以后稷爲始祖文武爲二祧訖於周世配祭不毀案禮嚳雖無廟配食禘祭謹詳聖朝以太祖道武皇帝配圜丘道穆皇后劉氏配方澤太宗明元皇帝配上帝明密皇后杜氏配地祇又以顯祖獻文皇帝配雩祀太宗明元皇帝之廟既毀上帝地祇配祭有式國之大事唯祀與戎廟配事重不敢專決請召羣官集議以聞靈太后令曰依請於是太師高陽王雍太傅領太尉公清河王懌太保領司徒公廣平王懷司空公領尚書令任城王澄侍中中書監胡國珍侍中領著作郎崔光等議竊以尚德尊功其來自昔郊稷宗文周之茂典仰惟世祖太武皇帝以神武纂業剋清禍亂德濟生民功加四海宜配南郊高祖孝文皇帝大聖膺期惟新魏道刑措勝殘功同天地宜配明堂令曰依議施行

七月戊辰侍中領軍將軍江陽王繼表言臣功緦之內太祖道武皇帝之後於
臣始是曾孫然道武皇帝傳業無窮四祖三宗功德最重配天郊祀百世不遷
而曾玄之孫烝嘗之薦不預拜於廟庭霜露之感闕陪奠於階席今七廟之後
非直隔歸胙之靈五服之孫亦不霑出身之敘校之墳史則不然驗之人情則
未允何者禮云祖遷於上宗易於下臣曾祖是帝世數未遷便疏同庶族而孫
不預祭斯之爲屈今古罕有昔堯敦九族周隆本枝故能磐石維城禦侮於外
今臣之所親生見隔棄豈所以楨幹根本隆建公族者也伏見高祖孝文皇帝
著令銓衡取曾祖之服以爲資廕至今行之相傳不絕而況曾祖爲帝而不見
錄伏願天鑒有以照臨令皇恩洽穆宗人咸敘請付外博議永爲定準靈太后
令曰付八座集禮官議定以聞四門小學博士王僧奇等議案孝經曰郊祀后
稷以配天宗祀文王於明堂以配上帝然則太祖不遷者尊王業之初基二祧
不毀者旌不朽之洪烈其旁枝遠冑豈得同四廟之親哉故禮記婚義曰古者
婦人先嫁三月祖廟未毀教於公宮祖廟既毀教于宗室又文王世子曰五廟

之孫祖廟未毀雖庶人冠娶必告死必赴不忘親也親未絶而列於庶人賤無能也鄭注云赴告於君也實四廟言五者容顯考爲始封君子故也鄭君別其四廟理協二祭而四廟者在當世服屬之內可以與於子孫之位若廟毀服盡豈得同於此例乎敢竭愚昧請以四廟爲斷國子博士李琰之議案祭統曰有事於太廟羣昭羣穆咸在鄭氏注昭穆咸在謂同宗父子皆來古禮之制如是其廣而當今儀注唯限親廟四愚竊疑矣何以明之設使世祖之子男於今存者既身是戚蕃號爲重子可得賓於門外不預碑鼎之事哉又因宜變法禮有其說記言五廟之孫祖廟未毀爲庶人冠娶必告死必赴注曰實四廟而言五者容顯考始封之君子今因太祖之廟在仍通其曾玄侍祠與彼古記甚相符會且國家議親之律指取天子之玄孫乃不旁準於時后至於助祭必謂與世主相倫將難均一壽有短長世有延促終當何時可得齊同謂宜入廟之制率從議親之條祖祧之裔各聽盡其玄孫使得駿奔堂壇肅承禘祫則情理差通不宜復各爲例令事事舛駮侍中司空公領尙書令任城王澄侍中尙書左僕

射元暉奏臣等參量琰之等議雖爲始封君子又祭統曰有事於太廟羣昭羣
穆咸在而不失其倫鄭注云昭穆謂同宗父子皆來也言未毀及同宗則共四
廟之辭云未絶與父子明崇五屬之稱天子諸侯繼立無殊吉凶之赴同止四
廟祖祧雖存親級彌遠告赴拜薦典記無文斯由祖遷於上見仁親之義疎宗
易於下著五服之恩斷江陽之於今帝也計親而枝宗三易數世則廟應四遷
吉凶尙不告聞拜薦寧容輒預高祖孝文皇帝聖德玄覽師古立政陪拜止於
四廟哀恤斷自緦宗卽之人情冥然符一推之禮典事在難違此所謂明王相
沿今古不革者也太常少卿元端議禮記祭法云王立七廟曰考廟曰王考廟
曰皇考廟曰顯考廟曰祖考廟遠廟爲祧有二祧而祖考以功重不遷二祧以
盛德不毀迭遷之義其在四廟也祭統云祭有十倫之義六曰見親疎之殺焉
夫祭有昭穆昭穆者所以別父子遠近長幼親疎之序而無亂也是故有倫注
云昭穆咸在同宗父子皆來指謂當廟父子爲羣不繫於昭穆也若一公十子
便爲羣公子豈待數公而立稱乎文王世子云五廟之孫祖廟未毀雖爲有所

援引然與朝議不同如依其議匪直太祖曾玄諸廟子孫悉應預列既無正據竊謂太廣臣等愚見請同僧奇等議靈太后令曰議親律注云非唯當世之屬籍歷謂先帝之五世此乃明親親之義篤骨肉之恩重尚書以遠及諸孫太廣致疑百僚助祭可得言狹也祖廟未毀曾玄不預壇堂之敬便是宗人之昵反外於附庸王族之近更疎於羣辟先朝舊儀草剏未定刊制律憲垂之不朽琰之援據甚允情理可依所執

十二月丁未侍中司空公領尚書令任城王澄度支尚書崔亮奏謹案禮記曾子問曰諸侯旅見天子不得成禮者幾孔子曰四太廟火日蝕后之喪雨沾服失容則廢臣等謂元日萬國賀應是諸侯旅見之義若禘廢朝會孔子應云五而獨言四明不廢朝賀也鄭玄禮注云魯禮三年喪畢祫於太祖明年春禘羣廟又鄭志檢魯禮春秋昭公十一年夏五月夫人歸氏薨十三年五月大祥七月釋禫公會劉子及諸侯于平丘八月歸不及於祫冬公如晉明十四年春歸祫明十五年春乃禘經曰二月癸酉有事於武宮傳曰禘於武公謹案明堂位

曰魯王禮也喪畢祫禘似有退理詳考古禮未有以祭事廢元會者禮云吉事先近日脫不吉容改筮三旬尋攝太史令趙翼等列稱正月二十六日祭亦吉請移禘祀在中旬十四日時祭移二十六日猶曰春禘又非退義祭則無疏怠之譏三元有順軌之美旣被成旨宜卽宣行臣等伏度國之大事在祀與戎君舉必書恐貽後誚輒訪引古籍竊有未安臣等學缺通經識不稽古備位樞納可否必陳冒陳所見伏聽裁衷靈太后令曰可如所執

初世宗永平延昌中欲建明堂而議者或云五室或云九室頻屬年饑遂寢至是復議之詔從五室及元議執政遂改營九室值世亂不成宗配之禮迄無所設

神龜初靈太后父司徒胡國珍薨贈太上秦公時疑其廟制太學博士王延業議曰案王制云諸侯祭二昭二穆與太祖之廟而五又小記云王者立四廟鄭玄云高祖已下與始祖而五明立廟之正以親爲限不過於四其外有大功者然後爲祖宗然則無太祖者止於四世有太祖乃得爲五禮之正文也文王世

子云五廟之孫祖廟未毀雖爲庶人冠娶妻必告鄭玄云實四廟而言五廟者
容高祖爲始封君之子明始封之君在四世之外正位太祖乃得稱五廟之孫
若未有太祖已祀五世則鄭無爲釋高祖爲始封君之子也此先儒精義當今
顯證也又喪服傳曰若公子之子孫有封爲國君者則世世祖是人也不祖公
子鄭玄云謂後世爲君者祖此受封之君不得祀別子也公子若在高祖已下
則如其親服後世遷之乃毀其廟爾明始封猶在親限故祀止高祖又云如親
而遷尤知高祖之父不立廟矣此又立廟明法與今事相當者也又禮緯云夏
四廟至子孫五殷五廟至子孫六注云言至子孫則初時未備也此又顯在緯
籍區別若斯者也又晉初以宣帝是始封之君應爲太祖而以猶在祖位故唯
祀征西已下六世待世世相推宣帝出居太祖之位然後七廟乃備此又依準
前軌若重規襲矩者也竊謂太祖者功高業大百世不遷故親廟之外特更崇
立苟無其功不可獨居正位而遽見遷毀且三世已前廟及於五玄孫已後祀
止於四一與一奪名位莫定求之典禮所未前聞今太上秦公疏爵列土大啓

河山傳祚無窮永同帶礪實有始封之功方成不遷之廟但親在四世之內名班昭穆之序雖應爲太祖而尙在禰位不可遠探高祖之父以合五者之數太祖之室當須世世相推親盡之後乃出居正位以備五廟之典夫循文責實理貴允當考擬宗祊得禮爲美不可苟薦虛名取榮多數求之經記竊謂爲允又武始侯本無采地於皇朝制令名準大夫案如禮意諸侯奪宗武始四時蒸嘗宜於秦公之廟博士盧觀議案王制天子七廟三昭三穆與太祖之廟而七諸侯五廟二昭二穆與太祖之廟而五大夫三士一自上已下降殺以兩庶人無廟死爲鬼焉故曰尊者統遠卑者統近是以諸侯及太祖天子及其祖之所自出祭法曰諸侯立五廟一壇一墠曰考廟曰王考廟曰皇考廟皆月祭之顯考廟祖考廟享嘗乃止去祖爲壇去壇爲墠去墠爲鬼至於禘祫方合食太祖之宮大傳曰別子爲祖喪服傳曰公子不得禰先君公孫不得祖諸侯鄭說不得祖禰者不得立其廟而祭之也世世祖是人者謂世世祖受封之君不得祖公子者後世爲君者祖此受封之君不得祀別子也公子若在高祖以下則如其

親服後世遷之乃毀其廟耳愚以爲遷者遷於太祖廟毀者從太祖而毀之若
不遷於祖不須廢祖是人之文明非始封故復見乃毀之節何以知之案諸侯
有祖考之廟祭五世之禮五禮正祖爲輕一朝頓立而祖考之廟要待六世之
君六世已前虛而蔑主求之聖旨未爲通論曾子問曰廟無虛主虛主唯四祖
考不與焉明太祖之廟必不空置禮緯曰夏四廟至子孫五殷五廟至子孫六
周六廟至子孫七見夏無始祖待禹而五殷人郊契得湯而六周有后稷及文
王至武王而七言夏即大禹之身言子謂啓誦之世言孫是迭遷之時禹爲受
命不毀親湯爲始君不遷五主文武爲二祧亦不去三昭三穆三昭三穆謂通
文武若無文武親不過四觀遠祖漢侍中植所說云然鄭玄馬昭亦皆同爾且
天子逆加二祧得幷爲七諸侯預立太祖何爲不得爲五乎今始封君子之立
禰廟頗似成王之於二祧孫卿曰有天下者事七世有一國者事五世假使八
世天子乃得事七六世諸侯方通祭五推情準理不其謬乎雖王侯用禮文節
不同三隅反之自然昭灼且文宣公方爲太祖世居子孫今立五廟竊謂爲是

禮緯又云諸侯五廟親四始封之君或上或下雖未居正室無廢四祀之親小記曰王者禘其祖之所自出以其祖配之而立四廟此實殷湯時制不爲難也聊復標牓略引章條愚戇不足以待大問侍中太傅清河王懌議太學博士王延業及盧觀等各率異見案禮記王制天子七廟三昭三穆與太祖之廟而七諸侯五廟二昭二穆與太祖之廟而五並是後世追論備廟之文皆非當時據立神位之事也良由去聖久遠經禮殘缺諸儒注記典制無因雖稽考異聞引證古誼然用捨從世通塞有時折衷取正固難詳矣今相國秦公初構國廟追立神位唯當仰祀二昭二穆上極高曾四世而已何者秦公身是始封之君將爲不遷之祖若以功業隆重越居正室恐以卑臨尊亂昭穆也如其權立始祖以備五廟恐數滿便毀非禮意也昔司馬懿立功於魏爲晉太祖及至子晉公昭乃立五廟亦祀四世止於高曾太祖之位虛俟宣文待其後裔數滿乃止此亦前代之成事方今所殷鑒也又禮緯云夏四廟至子孫五殷五廟至子孫六周六廟至子孫七明知當時太祖之神仍依昭穆之序要待子孫世世相推然

後太祖出居正位耳遠稽禮緯諸儒所說近循晉公之廟故事宜依博士王延業議定立四主親止高曾且虛太祖之位以待子孫而備五廟焉又延業盧觀前經詳議並據許慎鄭玄之解謂天子諸侯作主大夫及士則無意謂此議雖出前儒之事實未允情禮何以言之原夫作主之禮本以依神孝子之心非主莫依今銘旌紀柩設重憑神祭必有尸神必有廟皆所以展事孝敬想象平存上自天子下逮於士如此四事並同其禮何至於主惟謂王侯禮云重主道也此爲理重則立主矣故王肅曰重未立主之禮也士喪禮亦設重則士有主明矣孔悝反祏載之左史饋食設主著於逸禮大夫及士既得有廟題紀祖考何可無主公羊傳君有事于廟聞大夫之喪去樂卒事大夫聞君之喪攝主而往今以爲攝主者攝神斂主而已不暇待徹祭也何休云宗人攝行主事而往也意謂不然君聞臣喪尚爲之不懌況臣聞君喪豈得安然代主終祭也又相國立廟設主依神主無貴賤紀座而已若位擬諸侯者則有主位爲大夫者則無主便是三神有主一位獨闕求諸情禮實所未安宜通爲主以銘神位懌又議

曰古者七廟廟堂皆别光武已來異室同堂故先朝祀堂令云廟皆四栿五架
北廂設座東昭西穆是以相國構廟唯制一室同祭祖考比來諸王立廟者自
任私造不依公令或五或一參差無準要須議行新令然後定其法制相國之
廟已造一室寔合朝令宜卽依此展其享祀詔依懌議
天平四年四月七帝神主既遷於太廟太社石主將遷於社宮禮官云應用幣
中書侍郎裴伯茂時爲祖祀文伯茂據故事太和中遷社宮高祖用牲不用幣
遂以奏聞于時議者或引大戴禮遷廟用幣今遷社宜不殊伯茂據尚書召誥
應用牲詔遂從之
武定六年二月將營齊獻武王廟議定室數形制兼度支尚書崔昂司農卿盧
元明祕書監王元景散騎常侍裴獻伯國子祭酒李渾御史中尉陸操黃門侍
郎李騫中書侍郎陽休之前南青州刺史鄭伯猷祕書丞崔劼國子博士邢峙
國子博士宗惠振太學博士張毓太學博士高元壽國子助教王顯季等議案
禮諸侯五廟太祖及親廟四今獻武王始封之君便是太祖既通親廟不容立

五室且帝王親廟亦不過四今宜四室二間兩頭各一頰室夏頭徘徊鴟尾又案禮圖諸侯止開南門而二王後祔祭儀法執事列於廟東門之外既有東門明非一門獻武禮數既隆備物殊等準據今廟宜開四門內院南面開三門餘面及外院四面皆一門其內院牆四面皆架爲步廊南出夾門各置一屋以置禮器及祭服內外門牆並用赭堊廟東門道南置齋坊道北置二坊西爲典祠廨并廚宰東爲廟長廨并置車輅其北爲養犧牲之所詔從之

魏書卷一百八之二

魏書卷一百八之二考證

初世宗永平延昌中欲建明堂及元議執政○元議應係元乂之訛

孝靜帝武定六年內外門牆並用赭堊○堊監本訛作聖今改正

魏書卷一百八之二考證

珍傲朱版邘

魏書卷一百八之三

齊　魏收　撰

志第十二

禮四之三

魏自太祖至於武泰帝及太皇太后皇太后皇后崩悉依漢魏既葬公除唯高祖太和十四年文明太后崩將營山陵九月安定王休齊郡王簡咸陽王禧河南王幹廣陵王羽潁川王雍始平王勰北海王詳侍中太尉錄尚書事東陽王丕侍中司徒淮陽王尉元侍中司空長樂王穆亮侍中尚書左僕射平原王陸叡等率百寮詣闕表曰上靈不弔大行太皇太后崩背溥天率土痛慕斷絕伏惟陛下孝思烝烝攀號罔極臣等聞先王制禮必有隨世之變前賢挧法亦務適時之宜良以世代不同古今異致故也三年之喪雖則自古然中代已後未之能行先朝成式事在可準聖后終制刊之金冊伏惟陛下至孝發衷哀毀過禮欲依上古喪終三年誠協大舜孝慕之德實非俯遵濟世之道今雖中夏穆

清庶邦康靜然萬機事殷不可暫曠春秋烝嘗事難廢闕伏願天鑒抑至孝之
深誠副億兆之企望喪期禮數一從終制則天下幸甚日月有期山陵將就請
展安兆域以備奉終之禮詔曰凶禍甫爾未忍所請休等又表曰臣等聞五帝
已前喪期無數三代相因禮制始立名雖虛置行之者寡高宗徒有諒闇之言
而無可遵之式康王既廢初喪之儀先行卽位之禮於是無改之道或虧三年
之喪有缺夫豈無至孝之君賢明之子皆以理貴隨時義存百姓是以君薨而
卽位不暇改年踰月而卽葬豈待同軌葬而卽吉不必終喪此乃二漢所以經
綸治道魏晉所以綱理政術伏惟陛下以至孝之性遭罔極之艱永慕崩號哀
過虞舜誠是萬古之高德曠世之絕軌然天下至廣萬機至殷曠之一朝庶政
必滯又聖后終制已有成典宗社廢禮其事尤大伏願天鑒抑哀毀之至誠思
在予之深責仰遵先志典冊之文俯哀百辟元元之請詔曰自遭禍罰慌惚如
昨奉侍梓宮猶悕髣髴山陵遷厝所未忍聞十月休等又表曰臣等頻煩上聞
仰申誠款聖慕惟遠未垂昭亮伏讀哀灼憂心如焚臣等聞承乾統極者宜以

濟世爲務經綸天下者特以百姓爲心故萬機在躬周康弗獲申其慕漢文作戒孝景不得終其禮此乃先代之成軌近世所不易伏惟太皇太后叡聖淵識慮及始終明誥垂於典策遺訓備於末命聿修厥德聖人所重遵承先式臣子攸尚陛下雖欲終上達之禮其如黎元何臣等不勝憂懼之誠敢冒重陳乞垂聽訪以副億兆之望詔曰仰尋遺旨俯聞所奏信增號絕山陵可依典冊如公卿所議衰服之宜情所未忍別當備叙在心旣葬休又表曰奉被癸酉詔書述遺誡之旨昭違從之義遵儉葬之重式稱孝思之深誠伏讀未周悲感交切日月有期山陵卽就伏惟陛下永慕崩號倍增摧絕臣等具位在官與國休戚庇心之至不敢不陳咸以爲天下之至尊莫尊於王業皇極之至重莫重於萬幾至尊故不得以常禮任己至重亦弗獲以世典申情是以二漢已降逮于魏晉葬不過踰月服不淹三旬良以叔世事廣禮隨時變不可以無爲之法行之於有爲之辰文質不同古今異制其來久矣自皇代革命多歷年祀四祖三宗相繼纂業上承數代之故實俯副兆民之企望豈伊不懷理宜然也文明太皇太

后欽明稽古聖思淵深所造終制事合世典送終之禮既明遺誥之文載備奉
而行之足以垂風百王軌儀萬葉陛下以至孝之誠哀毀過禮三御不充半溢
晝夜不釋絰帶永思纏綿滅性幾及百姓所以憂懼失守臣等所以肝腦塗地
王者之尊躬行一日固可以感徹上靈貫被幽顯況今山陵告終闕二字咸畢日
已淹月仍不卜練比之前世理爲過矣願陛下思大孝終始之義愍億兆悲惶
之心抑思割哀遵奉終制以時即吉一日萬機則天下蒙恩率土仰賴謹依前
式求定練日以備祔禫之禮詔曰比當別敘在心既而帝引見太尉丕及羣臣
等於太和殿前哭拜盡哀出幸思賢門右詔尚書李沖宣旨於王等仰惟先后
平日近集羣官共論政治平秩民務何圖一旦禍酷奄鍾獨見公卿言及喪事
追惟荼毒五內崩摧丕對曰伏奉明詔羣情圮絕臣與元等不識古義以老朽
之年歷奉累聖國家舊事頗所知聞伏惟遠祖重光世襲至有大諱之日唯侍
送梓宮者凶服左右盡皆從吉四祖三宗因而無改世祖高宗臣所目見唯先
帝升遐臣受任長安不在侍送之列竊聞所傳無異前式伏惟陛下以至孝之

性哀毀過禮伏聞所御三食不滿半溢臣等叩心絕氣坐不安席願暫抑至慕之情遵先朝成事思金冊遺令奉行前式無失舊典詔曰追惟慈恩昊天罔極哀毀常事豈足關言既不能待沒而朝夕食粥粗亦支任二公何足以至憂怖所奏先朝成事亦所具聞祖宗情專武略未修文教朕今仰稟聖訓庶習古道論時比事又與先世不同太尉等國老政之所寄於典記舊式或所未悉且可知朕大意其餘喪禮之儀古今異同漢魏成事及先儒所論朕雖在衰服之中以喪禮事重情在必行故暫抑哀慕躬自尋覽今且以所懷別問尚書游明根高閭等公且可聽之高祖謂明根曰朕丁罹酷罰日月推移山陵已過公卿又依金冊據案魏晉請除衰服重聞所奏倍增號哽前者事逼山陵哀疚頓敝未得論敘今故相引欲具通所懷卿前所表除釋衰麻聞之實用悲恨于時親侍梓宮匍匐筵几哀號痛慕情未暫闕而公卿何忍便有此言何於人情之不足夫聖人制卒哭之禮授練之變皆奪情以漸又聞君子不奪人之喪亦不可奪喪今則旬日之間言及即吉特成傷理明根對曰臣等伏尋金冊遺旨踰月而

葬葬而即吉故於卜葬之初因奏練除之事仰傷聖心伏增悲悚高祖曰卿等咸稱三年之喪雖則自古然中代以後未之能行朕謂中代所以不遂三年之喪蓋由君上違世繼主初立故身襲衮冕以行即位之禮又從儲宮而登極者君德未流臣義不洽天下顒顒未知所傒故頒備朝儀示皇極之尊及后之喪也因父在不遂即生情易之情踵以爲法諒知敦厚之化不易遵也朕少蒙鞠育慈嚴兼至臣子之情君父之道無不備誨雖自蒙昧粗解告旨庶望量行以免咎戾朕誠不德在位過紀雖未能恩洽四方化行萬國仰稟聖訓足令億兆知有君矣於此之日而不遂哀慕之心使情禮俱損喪紀圮壞者深可痛恨高閭對曰太古既遠事難襲用漢魏以來據有成事漢文繼高惠之蹤斷獄四百幾致刑措猶垂三旬之禮孝景承平遵而不變以此言之不爲即位之際有所逼懼也良是君臣之道理自宜然又漢稱文景雖非聖君亦中代明主今遺冊之旨同於前式伏願陛下述遵遺令以副羣庶之情杜預晉之碩學論自古天子無有行三年之喪者以爲漢文之制闇與古合雖叔世所行事可承踵是以

臣等慺慺干謁高祖曰漢魏之事與今不同備如向說孝景雖承昇平之基然由嫡子即位君德未顯無異前古又父子之親誠是天屬之重然聖母之德昊天莫報恩自殞滅豈從衰服而已竊尋金冊之旨所以告奪臣子之心令早即吉者慮遺絕萬機荒廢政事羣臣所以慺慺亦懼機務之不理矣今仰奉冊令俯順羣心不敢闇默不言以荒庶政唯欲存衰麻廢吉禮朔望盡哀寫泄悲慕上無失導誨之志下不乖衆官所請情在可許故專欲行之公卿宜審思朕懷不當固執至如杜預之論雖暫適時事於孺慕之君諒闇之主蓋亦誣矣孔聖稱喪與其易也寧戚而預於孝道簡略朕無取焉祕書丞李彪對曰漢明德馬后保養章帝母子之道無可間然及后之崩葬不淹旬尋以從吉然漢章不受譏於前代明德不損名於往史雖論功比德事有殊絕然母子之親抑亦可擬願陛下覽前世之成規遵金冊之遺令割哀從議以親萬機斯誠臣下至心兆庶所願高祖曰既言事殊固不宜仰匹至德復稱孝章從吉不受譏前代朕所以眷戀衰絰不從所議者仰感慈恩情不能忍故也蓋聞孝子之居喪見美麗

則感親故釋錦而服麤衰內外相稱非虛加也今者豈徒顧禮違議苟免嗤嫌
而已抑亦情發於衷而欲肆之於外金冊之意已具前答故不復重論又卒曰
奉旨不忍片言後事遂非嘿嘿在念不顯所懷今奉終之事一以仰遵遺冊於
令不敢有乖但痛慕之心事繫於予雖無丁蘭之感庶聖靈不奪至願是以謂
無違旨嫌諸公所表稱先朝成式事在可準朕仰惟太祖龍飛九五初定中原
及太宗承基世祖纂曆皆以四方未一羣雄競起故銳意武功未修文德高宗
顯祖亦心存武烈因循無改朕承累世之資仰聖善之訓撫和內外上下輯諧
稽參古式憲章舊典四海移風要荒革俗仰遵明軌庶無愆違而方於禍酷之
辰引末朝因循之則以爲前準非是所喻高閭對曰臣等以先朝所行頗同魏
晉又適於時故敢仍請高祖曰卿等又稱今雖中夏穆清庶邦康靜然萬機事
廣不可暫曠朕以卿苦見逼奪情不自勝尋覽喪儀見前賢論者稱卒哭之後
王者得理庶事依據此文又從遺冊之旨雖存衰服不廢萬機無闕庶政得展
罔極之思於情差申高閭對曰君不除服於上臣則釋衰於下從服之義有違

爲臣之道不足又親御衰麻復聽朝政吉凶事雜臣竊爲疑高祖曰卿等猶以朕之未除於上不忍專釋於下奈何令朕獨忍於親舊論云王者不遂三年之服者屈己以寬羣下也先后之撫羣下也念之若子視之猶傷卿等哀慕之思既不求寬朕欲盡罔極之慕何爲不可但逼遺冊不遂乃心將欲居廬服衰寫朝夕之慕升堂襲素理日昃之勤使大政不荒哀情獲遂吉不害於凶凶無妨於吉以心處之謂爲可爾遺旨之文公卿所議皆服終三旬釋衰襲吉從此而行情實未忍遂服三年重違旨誥今處二理之際唯望至期使四氣一周寒暑代易雖不盡三年之心得一終忌日情結差申案禮卒哭之後將受變服於朕受日庶民及小官皆命即吉內職羽林中郎已下虎賁郎已上及外職五品已上無衰服者素服以終三月內職及外臣衰服者變從練禮外臣三月而除諸王三都駙馬及內職至來年三月晦朕之練也除凶即吉侍臣比服斯服隨朕所降此雖非舊式推情即理有貴賤之差遠近之別明根對曰聖慕深遠孝情彌至臣等所奏已不蒙許願得踰年即吉既歷冬正歲序改易且足申至慕之

情又近遺誥之意何待期年高祖曰冊旨速除之意慮廣及百官久曠衆務豈於朕一人獨有違奪今既依次降除各不廢王政復何妨於事而猶奪期年之心高閭對曰昔王孫倮葬士安去棺其子皆從而不違不爲不孝此雖貴賤非倫事頗相似臣敢借以爲諭今親奉遺令而有所不從臣等所以頻煩干奏李彪亦曰三年不改其父之道可謂大孝今不遵冊令恐涉改道之嫌高祖曰王孫士安皆誨子以儉送終之事及其遵也豈異今日改父之道者蓋謂慢孝忘禮肆情違度今梓宮之儉玄房之約明器幃帳一無所陳如斯之事卿等所悉衰服之告乃至聖心卑己申下之意寧可苟順沖約之旨而頓絕創巨之痛縱有所涉甘受後代之譏未忍今日之請又表稱春秋蒸嘗事難廢闕朕聞諸夫子吾不與祭如不祭自先朝以來有司行事不必躬親比之聖言於事殆闕賴蒙慈訓之恩自行致敬之禮今昊天降罰殃禍上延人神喪恃幽顯同切想宗廟之靈亦輟歆祀脫行饗薦恐乖冥旨仰思成訓倍增痛絕豈忍身襲袞冕親行吉事高閭對曰古者郊天越紼行事宗廟之重次於郊祀今山陵已畢不可

久廢廟饗高祖曰祭祀之典事由聖經未忍之心具如前告脫至廟庭號慕自纏終恐廢禮公卿如能獨行事在言外李彪曰三年不爲禮禮必壞三年不爲樂樂必崩今欲廢禮闕樂臣等未敢高祖曰此乃宰予不仁之說已受責於孔子不足復言羣官前表稱高宗徒有諒闇之言而無可遵之式朕惟信闇默之難周公禮制自茲以降莫能景行言無可遵之式良可怪矣復云康王旣廢初喪之儀先行卽位之禮於是無改之道式虧三年之喪有缺朕謂服美不安先賢有論禮畢居喪著在前典或虧之言有缺之義深乖理衷高閭對曰臣等據案成事依附杜預多有未允至乃推校古今量考衆議實如明旨臣等切惟曾參匹夫七日不食夫子以爲非禮及錄其事唯書七日不稱三年蓋重其初慕之心伏惟陛下以萬乘之尊不食竟於五日旣御則三食不充半溢臣等伏用悲惶肝腦塗地躬行一日足以貫被幽顯豈宜衰服三年以曠機務夫聖人制禮不及者企而及之過之者俯而就之伏願陛下抑至慕之情俯就典禮之重誠是臣等慺慺之願高祖曰恩隆德厚則思戀自深雖非至情由所感發然曾

參之孝曠代而有豈朕今日所足論也又前表稱古者葬而卽吉不必終禮此乃二漢所以經綸治道魏晉所以綱理庶政朕以爲既葬卽吉蓋其季俗多亂權宜救世耳諒非光治興邦之化二漢之盛魏晉之興豈由簡略喪禮遺忘仁孝哉公卿偏執一隅便謂經治之要皆在於斯殆非義也昔平日之時公卿每奏稱當今四海晏安諸夏清泰禮樂日新政和民悅蹤侔軒唐事等虞禹漢魏已下固不足仰止聖治及至今日便欲苦奪朕志使不踰於魏晉如此之意未解所由昔文母上承聖主之資下有賢子之化唯助德宣政因風致穆而已當今衆事草刱萬務惟始朕以不德沖年踐祚而聖母匡訓以義方詔誨以政事經綸內外憂勤億兆使君臣協和天下輯穆上代以來何后之功得以仰比如有可擬則從衆議堯雖棄子禪舜而舜自有聖德不假堯成及其徂也猶四海遏密終於三年今慈育之恩詔教之德尋之曠代未有匹擬既受非常之恩寧忍從其常式況未殊一時而公卿欲令卽吉冠冕黼黻行禮廟庭臨軒設懸饗會萬國尋事求心實所未忍高閭對曰臣等遵承冊令因循前典惟願除衰卽

吉親理萬機至德所在陛下欽明稽古周覽墳籍孝性發於聖質至情出於自然斟酌古今事非臣等所及李彪曰當今雖治風緝穆民庶晏然江南有未賓之吳朔北有不臣之虜東西二蕃雖文表稱順情尚難測是以臣等猶懷不虞之慮高祖曰魯公帶絰從師晉侯墨衰敗寇往聖無譏前典所許如有不虞雖越紼無嫌而況衰麻乎豈可於晏安之辰豫念戎旅之事以廢喪紀哉李彪對曰昔太伯父死適越不失至德之名夫豈不懷有由然也伏願抑至慕之心從遺告之重臣聞知子莫若父母聖后知陛下至孝之性也難奪故豫造金冊明著遺禮今陛下孝慕深遠果不可奪臣等常辭知何所啓高祖曰太伯之言有乖今事諸情備如前論更不重敘古義亦有稱王者除衰而諒闇終喪者若不許朕衰朕則當除衰闇默委政冢宰二事之中惟公卿所擇明根對曰陛下孝侔高宗慕同大舜服衰麻以申至痛理萬機以從遺旨與曠世之廢禮制一代之高則臣等伏尋淵默不言則代政將曠仰順聖慕之心請從衰服之旨東陽王丕曰臣與尉元歷事五帝雖衰老無識敢奏所聞自聖世以來大諱之後三

月必須迎神於西攘惡於北具行吉禮自皇始以來未之或易高祖曰太尉國老言先朝舊事誠如所陳但聰明正直唯德是依若能以道不召自至苟失仁義雖請弗來大禍三月而備行吉禮深在難忍縱即吉之後猶所不行況數旬之中而有此理恐是先朝萬得之一失未可以爲常式朕在不言之地不應如此但公卿執奪朕情未忍從遂成往復追用悲絶上遂號慟羣官亦哭而辭出壬午詔曰公卿屢上啓事依據金冊遺旨中代成式求過葬即吉朕仰惟恩重不勝罔極之痛思遵遠古終三年之禮比見羣官具論所懷今依禮既虞卒哭剋此月二十日受服以葛易麻既衰服在上公卿不得獨釋於下故於朕之授變從練已下復爲節降斷度今古以情制衷但取遺旨速除之一節粗申臣子哀慕之深情欲令百官同知此意故用宣示便及變禮感痛彌深

十五年四月癸亥朔設薦於太和廟是日高祖及從服者仍朝夕臨始進蔬食上哀哭追感不飯侍中南平王馮誕等諫經宿乃膳甲子罷朝夕哭九月丙戌有司上言求卜祥日詔曰便及此期覽以摧絶敬祭卜祥乃古之成典但世失

其義筮曰永吉既乖敬事之志又違永慕之心今將屈禮厲衆不訪龜兆已企及此晦寧敢重違冊旨以異羣議尋惟永往言增崩裂丁亥高祖宿於廟至夜一刻引諸王三都大官駙馬三公令僕已下奏事中散已上及刺史鎮將立哭於廟庭三公令僕升廟既出監御令陳服笥於廟陛南近侍者奉而升列於聖室前席侍中南平王馮誕跽奏請易服進縞冠皁朝服革帶黑屨侍臣各易以黑介幘白絹單衣革帶烏履遂哀哭至乙夜盡戊子質明薦羞奏事中散已上冠服如侍臣刺史已下無變高祖薦酌神部尚書王諶讚祝訖哭拜遂出有司陽祥服如前侍中跽奏請易祭服進縞冠素紕白布深衣麻繩履侍臣去幘易帢羣官易服如侍臣又引入如前儀曹尚書游明根升廟跽慰復位哭遂出引太守外臣及諸部渠帥入哭次引蕭賾使幷雜客入至甲夜四刻侍御散騎常侍司衛監以上升廟哭既而出帝出廟停立哀哭久而乃還十月太尉丕奏曰竊聞太廟已就明堂功畢然享祀之禮不可久曠至於移廟之日須得國之大姓遷主安廟神部尚書王諶既是庶姓不宜參豫臣昔以皇室宗屬遷世祖之

主先朝舊式不敢不聞詔曰具聞所奏尋惟平日倍增痛絕今遵述先旨營建寢廟既而粗就先王制禮職司有分移廟之日遷奉神主皆太尉之事朕亦親自行事不得越局專委大姓王諶所司惟贊板而已時運流速奄及縞制復不得哀哭於明堂後當親拜山陵寫泄哀慕

是年高麗王死十二月詔曰高麗王璉守藩東隅累朝貢職年踰期頤勤德彌著今既不幸其赴使垂至將爲之舉哀而古者同姓哭廟異姓隨其方皆有服制今既久廢不可卒爲之衰且欲素委貌白布深衣於城東爲盡一哀以見其使也朕雖不嘗識此人甚悼惜之有司可申敕備辦事如別儀

十六年九月辛未高祖哭於文明太后陵左終日不絕聲慕越席爲次侍臣侍哭壬申高祖以忌日哭於陵左哀至則哭侍哭如昨帝二日不御膳癸酉朝中夕三時哭拜於陵前夜宿監玄殿是夜徹次甲戌帝拜哭辭陵還永樂宮

十九年太師馮熙薨有數子尚幼議者以爲童子之節事降成人謂爲衰而不裳免而不經又無腰麻繆垂唯有絞帶時博士孫惠蔚上書言臣雖識謝古人

然微涉傳記近取諸身遠取諸禮驗情以求理尋理以推制竊謂童子在幼之儀居喪之節冠杖之制有降成人衰麻之服略爲不異以玉藻二簡微足明之曰童子之節錦紳幷紐錦卽大帶既有佩觿之華又有錦紐之紳此明童子雖幼已備二帶以凶類吉則腰絰存焉又曰童子無緦服鄭注曰雖不服緦猶免深衣是許其有裳但不殊上下又深衣之制長幼俱服童子爲服之緦猶免深衣況居有服之斬而反無裳乎臣又聞先師舊說童子常服類深衣衰裳所施理或取象但典無成言故未敢孤斷又曰聽事則不麻則知不聽事麻矣故注曰無麻往給事此明族人之喪童子有事貫絰帶麻執事不易故暫聽去之以便其使往則不麻不往則絰如使童子本自無麻禮腰首聽與不聽俱闕兩經唯舉無麻足明不備豈得言聽事則不麻乎以此論之有絰明矣且童子不杖不廬之節理儉於責疑不裳不絰之制未覩其說又臣竊解童子不衣裳之記是有聞之言將謂童子時甫稚齡未就外傅出則不交族人內則事殊長者餕旨父母之前往來慈乳之手故許其無裳以便易之若在志學之後將冠之初

年居二九質並成人受道成均之學釋菜上庠之內將命孔氏之門執燭曾參
之室而唯有掩身之衣無蔽下之裳臣愚未之安矣又女子未許嫁二十則笄
觀祭祀納酒漿助奠廟堂之中視禮至敬之處其於婉容之服寧無其備以此
推之則男女雖幼理應有裳但男女未冠禮謝三加女子未出衣殊狄褖無名
之服禮文罕見童子雖不當室苟以成人之心則許其人服緦之經輕猶有經
斬重無麻是爲與輕而奪重非禮之意此臣之所以深疑也又衰傍有衽以掩
裳際如使無裳衽便徒設若復去衽衰又不備設有齊斬之故而便成童男女
唯服無衽之衰去其裳經此必識禮之所不行亦以明矣若不行於己而立制
於人是爲違制以爲法從制以誤人恕禮而行理將異此詔從其議

魏書卷一百八之三考證

禮志敘日已淹月仍不卜𦁠○日監本訛作自今改正

臨軒設懸饗會萬國○軒監本訛作宜今改正

魏書卷一百八之三考證

魏書卷一百八之四

齊　　魏　　收　　撰

志第十三

禮四之四

世宗永平四年冬十二月員外將軍兼尚書都令史陳終德有祖母之喪欲服齊衰三年以無世爵之重不可陵諸父若下同衆孫恐違後祖之義請求詳正國子博士孫景邕劉懷義封軌高綽太學博士袁昇四門博士陽寧居等議嫡孫後祖持重三年不爲品庶生二終德宜先諸父太常卿劉芳議案喪服乃士之正禮含有天子諸侯卿大夫之事其中時復下同庶人者皆別標顯至如傳重自士以上古者卿士咸多世位又士以上乃有宗廟世儒多云嫡孫傳重下通庶人以爲差謬何以明之禮稽命徵曰天子之元士二廟諸侯之上士亦二廟中下士一廟一廟者祖禰共廟祭法又云庶人無廟既如此分明豈得通於庶人也傳重者主宗廟非謂庶人祭於寢也兼累世承嫡方得爲嫡子嫡孫耳

不爾者不得繼祖也又鄭玄別變除云爲五世長子服斬也魏晉以來不復行
此禮矣案喪服經無嫡孫爲祖持重三年正文唯有爲長子三年嫡孫朞傳及
注因說嫡孫傳重之義今世既不復爲嫡子服斬卑位之嫡孫不陵諸叔而持
重則可知也且準終德資階方之於古未登下士庶人在官復無斯禮考之舊
典驗之今世則茲範罕行且諸叔見存喪主有寄宜依諸孫服朞爲允景邕等
又議云喪服雖以士爲主而必下包庶人何以論之自大夫以下每條標列逮
於庶人含而不述比同士制起後疑也唯有庶人爲國君此則明義服之輕重
不涉於孫祖且受國於曾祖廢疾之祖父亦無重可傳而猶三年不必由世重
也夫霜感露濡異識咸感承重主嗣寧甄寢廟嫡孫之制固不同殊又古自卿
以下皆不殊承襲末代僭妄不可以語通典是以春秋譏於世卿王制稱大夫
不世此明訓也喪服經雖無嫡孫爲祖三年正文而有祖爲嫡孫者豈祖以嫡
服己己與庶孫同爲祖服朞於義可乎服祖三年此則近世未嘗變也準古士
官不過二百石已上終德卽古之廟士也假令終德未班朝次苟曰志仁必也

斯遂況乃官歷士流當訓章之運而以庶叔之嫌替其嫡重之位未是成人之善也芳又議國子所云喪服雖以士爲主而必下包庶人本亦不謂一篇之內全不下同庶人正言嫡孫傳重專士以上此經傳之正文不及庶人明矣戴德喪服變除云父爲長子斬自天子達於士此皆士以上乃有嫡子之明據也且承重者以其將代己爲宗廟主廟主了不云寢又其證也所引大夫不世者此公羊穀梁近儒小道之書至如左氏詩易尚書論語皆有典證或是未籍許叔重五經異義云今春秋公羊穀梁說卿大夫世位則權幷一姓謂周尹氏齊崔氏也而古春秋左氏說卿大夫皆得世祿傳曰官族易曰食舊德舊德謂食父故祿也尚書曰世選爾勞予不絕爾善詩云惟周之士不顯奕世論語曰興滅國繼絕世國謂諸侯世謂卿大夫也斯皆正經及論語士以上世位之明證也士皆世祿也八品者一命斯乃信然但觀此據可謂覩其綱未照其目也案晉官品令所制九品皆正無從故以第八品準古下士今皇朝官令皆有正從若以其員外之資爲第十六品也豈得爲正八品之士哉推考古今謹如前議景

邕等又議喪服正文大夫以上每事顯列唯有庶人含而不言此通下之義了然無惑且官族者謂世爲其功食舊德者謂德侯者世位與滅國繼絕世主謂諸侯卿大夫無罪誅絕者耳且金貂七耗楊氏四公雖以位相承豈得言世祿乎晉太康中令史殷遂以父祥不及所繼求還爲祖母三年時政以禮無代父追服之文亦無不許三年之制此卽晉世之成規也尙書邢巒奏依芳議詔曰嫡孫爲祖母禮令者處士人通行何勞方致疑請也可如國子所議

延昌二年春偏將軍乙龍虎喪父給假二十七月而虎幷數閏月詣府求上領軍元珍上言案違制律居三年之喪而冒哀求仕五歲刑龍虎未盡二十七月而請宿衛依律結刑五歲三公郎中崔鴻駁曰三年之喪二十五月大祥諸儒或言祥月下旬而禫或言二十七月各有其義未知何者會聖人之旨龍虎居喪已二十六月若依王杜之義便是過禫卽吉之月如其依鄭玄二十七月禫中復可以從御職事禮云祥之日鼓素琴然則大祥之後喪事終矣旣可以從御職事求上何爲不可若如府判禫中鼓琴復有罪乎求之經律理實未允下

更詳辨珍又上言案士虞禮三年之喪朞而小祥又朞而大祥中月而禫鄭玄云中猶閒也自喪至此凡二十七月又禮言祥之日鼓素琴鄭云鼓琴者存樂也孔子祥後五日彈琴而不成十日而成笙歌鄭注與鄭志及踰月可以歌皆身自踰月可爲此謂存樂也非所謂樂樂者使工爲之晉博士許猛解三驗曰案黍離麥秀之歌小雅曰君子作歌惟以告哀魏詩曰心之憂矣我歌且謠若斯之類豈可謂之金石之樂哉是以徒歌謂之謠徒吹謂之和記曰比音而樂之及干戚羽毛謂之樂若夫禮樂之施於金石越於聲音者此乃所謂樂也至於素琴以示終笙歌以省哀者則非樂矣閑傳云大祥除衰杖而素縞麻衣大祥之服也雜記注云衣黃裳則是禫祭黃者未大吉也檀弓云祥而縞是月禫徙月樂鄭志趙商問鄭玄答云祥謂大祥二十五月是月禫謂二十七月非謂上祥之月也徙月而樂許猛釋六徵曰樂者自謂八音克諧之樂也謂在二十八月工奏金石之樂耳而駮云大祥之後喪事終矣脫如此駮禫復焉施又駮云禫中鼓琴復有罪乎然禫則黃裳未大吉也鼓琴存樂在禮所許若使工奏

八音融然成韻既未徙月不罪伊何又駮云禫中既得從御職事求上何爲不可檢龍虎居喪二十六月始是素縞麻衣大祥之中何謂禫乎三年沒閏理無可疑麻衣在體冒仕求榮寔爲大尤罪其焉捨又省依王杜禫祥同月全乖鄭義喪凶尙遠而欲速除何忽忽者哉下府愚量鄭爲得之何者禮記云吉事尙近日凶事尙遠日又論語云喪與其易寧戚而服限三年痛盡終身中月之解雖容二義尙遠寧戚又檢王杜之義起於魏末晉初及越騎校尉程猗贊成王肅駮鄭禫二十七月之失爲六徵三驗上言於晉武帝曰夫禮國之大典兆民所日用豈可二哉今服禫者各各不同非聖世一統之謂鄭玄說二十七月禫甚乖大義臣每難鄭失六有徵三有驗初未能破臣難而通玄說者如猗之意謂鄭義廢矣太康中許猛上言扶鄭釋六禫解三驗以鄭禫二十七月爲得猗及王肅爲失而博士宋昌等議猛扶鄭爲衷晉武從之王杜之義於是敗矣王杜之義見敗者晉武知其不可行故也而上省同猗而贊王欲虧鄭之成軌竊所未寧更無異義還從前處鴻又駮曰案三年之喪沒閏之義儒生學士猶或

病諸龍虎生自戎馬之鄉不蒙稽古之訓數月成年便懼違緩原其本非貪榮求位而欲責以義方未可便爾也且三年之喪再朞而大祥中月而禫鄭玄以中爲閒王杜以爲是月之中鄭亦未爲必會經旨王杜豈於必乖聖意既諸儒探賾先聖後賢見有不同晉武後雖從宋昌許猛之駮同鄭禫議然初亦從程猗贊成王杜之言二論得否未可知也聖人大祥之後鼓素琴成笙歌者以喪事既終餘哀之中可以存樂故也而樂府必以干戚羽毛施之金石然後爲樂樂必使工爲之庶民凡品於祥前鼓琴可無罪乎律之所防豈必爲貴士亦及凡庶府之此義彌不通矣督人朝祥而暮歌孔子以爲踰月則可矣爾則大祥之後喪事已終鼓琴笙歌經禮所許龍虎欲宿衛皇宮豈欲合刑五歲就如鄭義二十七月而禫二十六月十五升布深衣素冠縞紕及黃裳綵纓以居者此則三年之餘哀不在服數之內也衰絰則埋之於地杖則棄之隱處此非喪事終乎府以大祥之後不爲喪事之終何得復言素琴以示終也喪事尚遠曰誠如鄭義龍虎未盡二十七月而請宿衛實爲忽忽於戚之理合在情責便以深

衣素縞之時而罪同杖經苫凷之日於禮憲未允詳之律意冒喪求仕謂在斬焉草土之中不謂除衰杖之後也又龍虎具列居喪日月無所隱冒府應告之以禮遣還終月便幸彼昧識欲加之罪豈是遵禮敦風愛民之致乎正如鄭義龍虎罪亦不合刑怱怱之失宜科鞭五十

三年七月司空清河王懌第七叔母北海王妃劉氏薨司徒平原郡開國公高肇兄子太子洗馬員外亡並上言未知出入猶作鼓吹不請下禮官議決太學博士封祖胄議喪大記云朞九月之喪既葬飲酒食肉不與人樂之五月三月之喪比葬飲酒食肉不與人樂之世叔母故主宗子直云飲酒食肉不言不與人樂之鄭玄云義服恩輕以此推之明義服葬容有樂理又禮大功言而不議小功議而不及樂言論之間尚自不及其於聲作明不得也雖復功德樂在宜止四門博士蔣雅哲議凡三司之尊開國之重其於王服皆有厭絕若尊同體敵雖疏尚宜徹樂如或不同子姓之喪非嫡者既殯之後義不闕樂國子助教韓神固議闕可以展耳目之適絲竹可以肆遊宴之娛故於樂貴縣有哀則廢

至若德儉如禮升降有數文物昭旂旗之明錫鑾爲行動之響列明貴賤非措哀樂於其間矣謂威儀鼓吹依舊爲允兼儀曹郎中房景先駮曰案祖冑議以功德有喪鼓吹不作雅哲議齊衰卒哭簫管必陳準之輕重理用未安聖人推情以制服據服以副心何容拜虞生之奠於神宮襲衰麻而奏樂大燧一移哀情頓盡反心以求豈制禮之意也就如所言義服恩輕既虞而樂正服一朞何以爲斷或義服尊正服卑如此之比復何品節雅哲所議公子之喪非嫡者既殯之後義不闋樂案古雖有尊降不見作樂之文未詳此據竟在何典然君之於臣本無服體但恩誠相感致存惻隱是以仲遂卒垂笙籥不入智悼在殯杜蕢明言豈大倫之痛既殯而樂乎又神固等所議以爲笳鼓不在樂限鳴鐃以警衆聲笳而清路者所以辨等列明貴賤耳雖居哀恤施而不廢粗而言之似如可通考諸正典未爲符合案詩云鍾鼓既設鼓鍾伐鼛又云於論鼓鍾於樂辟雍言則相連豈非樂乎八音之數本無笳名推而類之簫管之比豈可以名稱小殊而不爲樂若以王公位重威飾宜崇鼓吹公給不可私辭者魏絳和戎

受金石之賞鍾公勳茂蒙五熟之賜若審功膺賞君命必行豈可陳嘉牢於齊殯之時擊鍾磬於疑祔之後尋究二三未有依據國子職兼文學令問所歸宜明據典謨曲盡斟酌率由必衷以辨深惑何容總議並申無所析剖更詳得失據典正議祕書監國子祭酒孫惠蔚太學博士封祖胄等重議司空體服衰麻心懷慘切其於聲樂本無作理但以鼓吹公儀致有疑論耳案鼓吹之制蓋古之軍聲獻捷之樂不常用也有重位茂勳乃得備作方之金石準之管絃其為音奏雖曰小殊然其大體與樂無異是以禮云鼓無當於五聲五聲不得不和竊惟今者加台司之儀蓋欲兼廣威華若有哀用之無變於吉便是一人之年悲樂並用求之禮情於理未盡二公雖受之於公用之非私出入聲作亦以娛己今既有喪心不在樂笳鼓之事明非欲聞其從寧戚之義廢而勿作但禮崇公卿出入之儀至有趨以采齊行以肆夏和鑾之聲佩玉之飾者所以顯槐鼎之至貴彰宰輔之為重今二公地處尊親儀殊百辟鼓吹之用無容全去禮有懸而不樂今陳之以備威儀不作以示哀痛述理節情愚謂為允詔曰可從國

子後議

清河王懌所生母羅太妃薨表求申齊衰三年詔禮官博議侍中中書監太子少傅崔光議喪服大功章云公之庶昆弟爲母傳曰先君餘尊之所厭不得過大功記公子爲其母練冠麻衣縓緣既葬除之傳曰何以不在五服中也君之厭不得申其罔極依禮大功據喪服厭降之例並無從厭之文今太妃既捨六宮之稱如太妃之號爲封君之母尊崇一國臣下固宜服朞不得以王服厭屈而更有降禮有從輕而重義包於此太學博士封偉伯等十人議案臣從君服降君一等君爲母三年臣則朞今司空以仰厭先帝俯就大功臣之從服不容有過但禮文殘缺制無正條竊附情理謂宜小功庶君臣之服不失其序升降之差頗會禮意清河國郎中令韓子熙議謹案喪服大功章云公之庶昆弟爲其母妻傳曰何以大功先君餘尊之所厭不敢過大功也夫以一國之貴子猶見厭況四海之尊固無申理頃國王遭太妃憂議者援引斯條降王之服尋究義例頗有一途但公之庶昆弟或爲士或爲大夫士之卑賤不得仰匹親王正

以餘厭共同可以奪情相擬然士非列士無臣從服今王有臣復不得一準諸士矣議者仍令國臣從服以朞嚚昧所見未曉高趣案不杖章云爲君之父母妻長子祖父母傳曰父母長子君服斬妻則小君父卒然後爲祖後者服斬傳所以深釋父卒爲祖服斬者蓋恐君爲祖朞臣亦同朞也明臣之後朞由君服斬若由君服斬然後朞則君服大功安得亦朞也若依公之庶昆弟不云有臣從朞若依爲君之父母則出應申三年此之二章殊不相干引彼則須去此引此則須去彼終不得兩服功朞渾雜一圖也議者見餘尊之厭不得過大功則令王依庶昆弟見不杖章有爲君之父母便令臣從服以朞此乃據殘文守一隅恐非先聖之情違禮之喪矣且從服之體自有倫貫雖秩微閽寺位卑室老未有君服細絰裁踰三時臣著疏衰獨涉兩歲案禮天子諸侯之大臣唯服君之父母妻長子祖父母其餘不服也唯近臣閽寺隨君而服耳若大夫之室老君之所服無所不從而降一等此三條是從服之通旨較然之明例雖近臣之賤不過隨君之服未有君輕而臣服重者也議者云禮有從輕而重臣之從君

義包於此愚謂服問所云有從輕而重公子之妻爲其皇姑直是禮記之異獨此一條耳何以知其然案服問經云有從輕而重公子之妻爲其皇姑而大傳云從服有六其六曰有從輕而重注曰公子之妻爲其皇姑若從輕而重不獨公子之妻者則鄭君宜更見流輩廣論所及不應還用服問之文以釋大傳之義明從輕而重唯公子之妻臣之從君不得包於此矣若復有君爲母大功臣從服朞當云有從輕而重公子之妻爲其皇姑爲母大功臣從服朞何爲不備書兩條以杜將來之惑而偏著一事彌結今日之疑且臣爲君母乃是徒從徒從之體君亡則已妻爲皇姑既非徒從雖公子早沒可得不制服乎爲君之父母妻子君已除喪而後聞喪則不稅蓋以恩輕不能追服假令妻在遠方姑沒遙域過朞而後聞喪復可不稅服乎若姑亡必不關公子有否聞喪則稅不許日月遠近者則與臣之從君聊自不同矣又案臣服君黨不過五人悉是三年其餘不服妻服夫黨可直五人乎朞功以降可得無服乎臣妻事殊邈然胡越苟欲引之恐非通例也愚謂臣有合離三諫待決妻無去就一醮終身親義既

有參差喪服固宜不等故見厭之婦可得申其本服君屈大功不可過從以朞所以從麻而齊專屬公子之妻隨輕而重何關從服之臣尋理求途儻或在此必以臣妻相準未覩其津也子熙誠不能遠探墳籍曲論長智請以情理校其得失君遭母憂巨創之痛臣之爲服從君之義如何君至九月便蕭然而即吉臣猶朞年仍衰哭於君第創巨而反輕從義而反重緣之人情豈曰是哉侍中崔光學洞今古達禮之宗頃探幽立義申三年之服雖經典無文前儒未辨然推例求旨理亦難奪若臣服從朞宜依侍中之論脫君仍九月不得如議者之談耳嬴氏焚坑禮經殘缺故今追訪靡據臨事多惑愚謂律無正條須準傍以定罪禮闕舊文定準類以作憲禮有朞同緦功而服如齊疏者蓋以在心實輕於義乃重故也今欲一依喪服不可從君九月而服周年如欲降一等兄弟之服不可以服君母詳諸二途以取折衷謂宜麻布可如齊衰除限則同小功所以然者重其衰麻尊君母蹙其日月隨君降如此衰麻猶重不奪君母之嚴日月隨降可塞從輕之責矣尚書李平奏以謂禮臣謂君黨妻爲夫黨俱爲從服

各降君夫一等故君服三年臣服一朞今司空臣懌自以尊厭之禮奪其罔極之心國臣厭所不及當無隨降之理禮記大傳云從輕而重鄭玄注云公子之妻爲其皇姑既舅不厭婦明不厭者還應服其本服此則是其例詔曰禮有從無服而有服何但從輕而重乎懌今自以厭故不得申其過隙衆臣古無疑厭之論而有從輕之據曷爲不得申其本制也可從尙書及景林等議尋詔曰比決清河國臣爲君母服朞以禮事至重故追而審之今更無正據不可背章生條但君服既促而臣服仍遠禮緣人情遇厭須變服可還從前判既葬除之

四年春正月丁巳夜世宗崩于式乾殿侍中中書監太子少傅崔光侍中領軍將軍于忠與詹事王顯中庶子侯剛奉迎肅宗於東宮入自萬歲門至顯陽殿哭踊久之乃復王顯欲須明乃行卽位之禮崔光謂顯曰天位不可暫曠何待至明顯曰須奏中宮光曰帝崩而太子立國之常典何須中宮令也光與于忠使小黃門曲集奏置兼官行事於是光兼太尉黃門郎元昭兼侍中顯兼吏部尙書中庶子裴儁兼吏部郎中書舍人穆弼兼謁者僕射光等請肅宗止哭立

于東序于忠元昭扶肅宗西向哭十數聲止服太子之服太尉光奉策進璽綬
肅宗跽受服皇帝用袞冕服御太極前殿太尉光等降自西階夜直羣官於庭
中北面稽首稱萬歲
熙平二年十一月乙丑太尉清河王懌表曰臣聞百王所尚莫尚於禮於禮之
重喪紀斯極世代沿革損益不同遺風餘烈景行終在至如前賢往喆商搉有
異或並證經文而論情別緒或各言所見而討事共端雖憲章祖述人自名家
而論議紛綸理歸羣正莫不隨時所宗各爲一代之典自上達下罔不遵用是
使叔孫之儀專擅於漢朝王肅之禮獨行於晉世所謂共同軌文四海畫一者
也至乃折旋俯仰之儀哭泣升降之節去來閭巷之容出入閨門之度尚須疇
諮禮官博訪儒士載之翰紙著在通法辯答乖殊證據不明即詆訶疵謬糾劾
成罪此乃簡牒成文可具閱而知者也未聞有皇王垂範國無一定之章英賢
贊治家制異同之式而欲流風作則永貽來世比學官雖建庠序未修稽考古
今莫專其任暨乎宗室喪禮百寮凶事冠服制裁日月輕重率令博士一人輕

爾議之廣陵王恭北海王顥同爲庶母服恭則治重居廬顥則齊期堊室論親則恭顥俱是帝孫語貴則二人並爲蕃國不知兩服之證據何經典俄爲舛駮莫有裁正懿王昵戚尙或如斯自茲已降何可紀極歷觀漢魏喪禮諸儀卷盈數百或當時名士往復成規或一代詞宗較然爲則況堂堂四海藹藹如林而令喪禮參差始於帝族非所以儀刑萬國綴旒四海臣忝官台傅備位喉脣不能秉國之鈞致斯爽缺具瞻所誚無所逃罪謹略擧恭顥二國不同之狀以明喪紀乖異之失乞集公卿樞納內外儒學博議定制班行天下使禮無異準得失有歸幷因事而廣永爲條例庶塵岳沾河微酬萬一靈太后令曰禮者爲政之本何得不同如此可依表定議事在張普惠傳

神龜元年九月尼高皇太后崩於瑤光寺肅宗詔曰崇憲皇太后德協坤儀徽符月晷方融壼化奄至崩殂朕幼集荼蓼夙憑德訓及翕虩定難是賴謨謀夫禮沿情制義循事立可特爲齊衰三月以申追仰之心有司奏案舊事皇太后崩儀自復魄斂葬百官哭臨其禮甚多今尼太后旣存委俗尊憑居道法凶事

餝速不依配極之典庭局狹隘非容百官之位但昔經奉接義成君臣終始情
禮理無廢絶輒準故式立儀如别内外羣官權改常服單衣邪巾奉送至墓列
位哭拜事訖而除止在京師更不宣下詔可
十一月侍中國子祭酒儀同三司崔光上言被臺祠部曹符文昭皇太后改葬
議至尊皇太后羣臣服制輕重四門博士劉季明議云案喪服記雖云改葬緦
文無指據至於注解乖異不同馬融王肅云本有三年之服者鄭及三重然而
後來諸儒符融者多與玄者少今請依馬王諸儒之議至尊宜服緦案記外宗
爲君夫人猶内宗鄭注云爲君服斬夫人齊衰不敢以親服至尊也今皇太后
雖上奉宗廟下臨朝臣至於爲姑不得過朞計應無服其清河汝南二王母服
三年亦宜有緦自餘王公百官爲君之母妻唯朞而已並應不服又太常博士
鄭六議云謹檢喪服幷中代雜論記云改葬緦鄭注臣爲君子爲父妻爲夫親
見屍柩不可以無服故服緦三年者緦則朞已下無服竊謂鄭氏得服緦之旨
謬三月之言如臣所見請依康成之服緦既葬而除愚以爲允詔可

二年正月二日元會高陽王雍以靈太后臨朝太上秦公喪制未畢欲罷百戲絲竹之樂清河王懌以爲萬國慶集天子臨享宜應備設太后訪之於侍中崔光光從雍所執懌謂光曰宜以經典爲證光據禮記縞冠玄武子姓之冠父母有重喪子不純吉安定公親爲外祖又有師恩太后不許公除衰麻在體正月朔日還家哭臨至尊輿駕奉慰記云朋友之墓有宿草焉而不哭是則朋友有朞年之哀子貢云夫子喪顏淵若喪子而無服喪子路亦然顏淵之喪饋練肉夫子受之彈琴而後食之若子之哀則容一朞不舉樂也孔子既大練五日彈琴父母之喪也由是喪夫子若喪父而無服心喪三年由此而制雖古義難追比來發詔每言師祖之尊是則一朞之內猶有餘哀且禮母有喪服聲之所聞子不舉樂今太后更無別宮所居嘉福去太極不爲大遠鼓鍾于宮聲聞于外況在內密邇也君之卿佐是謂股肱股肱或虧何痛如之智悼子喪未葬杜蕢所以諫晉平公也今相國雖已安厝裁三月爾陵墳未乾懌以理證爲然乃從雍議

孝靜武定五年正月齊獻武王薨時祕凶問六日孝靜皇帝舉哀於太極東堂服齊衰三月及將窆中練齊文襄王請自發喪之月帝使侍中陸子彰舉詔三往敦喻王固執詔不許乃從薨月

太祖天賜三年十月占授著作郎王宜弟造兵法

高宗和平三年十二月因歲除大儺之禮遂燿兵示武更爲制令步兵陳於南騎士陳於北各擊鍾鼓以爲節度其步兵所衣青赤黃黑別爲部隊楯矟矛戟相次周回轉易以相赴就有飛龍騰蛇之變爲函箱魚鱗四門之陳凡十餘法踞起前却莫不應節陳畢南北二軍皆鳴鼓角衆盡大譟各令騎將六人去來挑戰步兵更進退以相拒擊南敗北捷以爲盛觀自後踵以爲常

高祖太和十九年五月甲午冠皇太子恂於廟丙申高祖臨光極堂太子入見帝親詔之事在恂傳六月高祖臨光極堂引見羣官詔曰比冠子恂禮有所闕當思往失更順將來禮古今殊制三代異章近冠恂之禮有三失一朕與諸儒同誤二諸儒違朕故令有三誤今中原兆建百禮惟新而有此三失殊以愧歎

春秋襄公將至衞以同姓之國問其年幾而行冠禮古者皆灌地降神或有作樂以迎神昨失作樂至廟庭朕以意而行拜禮雖不得降神於理猶差完司馬彪云漢帝有四冠一緇布二進賢三武弁四通天冠朕見家語冠頌篇四加冠公也家語雖非正經孔子之言與經何異諸儒忽司馬彪志致使天子之子而行士冠禮此朝廷之失冠禮朕以爲有賓諸儒皆以爲無賓朕既從之復令有失孔所云斐然成章其斯之謂太子太傅穆亮等拜謝高祖曰昔裴頠作冠儀不知有四裴頠尙不知卿等復何愧

正光元年秋肅宗加元服時年十一既冠拜太廟大赦改元官有其注

輿服之制秦漢已降損益可知矣魏氏居百王之末接分崩之後典禮之用故有闕焉太祖世所制車輦雖參采古式多違舊章今案而書之以存一代之迹

乘輿輦輅龍輈十六四衡轂朱班繡輪有雕虬文虎盤螭之飾龍首銜扼鸞爵立衡圓蓋華蟲金雞樹羽蛟龍游蘇建太常十有二斿畫日月升龍郊天祭廟則乘之

乾象輦羽葆圓蓋華蟲金雞樹羽二十八宿天階雲罕山林雲氣仙聖賢明忠孝節義遊龍飛鳳朱雀玄武白虎青龍奇禽異獸可以爲飾者皆亦圖焉太皇太后皇太后皇后助祭郊廟則乘之

大樓輦輈十二加以玉飾衡輪雕綵與輦輅同駕牛十二

小樓輦輈八衡輪色數與大樓輦同駕牛十二天子太皇太后皇太后郊廟亦乘之

象輦左右鳳凰白馬仙人前却飛行駕二象羽葆旒蘇龍旂旍麾其飾與乾象同太皇太后皇太后助祭郊廟之副乘也

馬輦重級其飾皆如之繢漆直輈六左右騑駕天子籍田小祀時則乘之

臥輦其飾皆如之丹漆駕六馬

遊觀輦其飾亦如之駕馬十五匹皆白馬朱髦尾天子法駕行幸巡狩小祀時則乘之

七寶旃檀刻鏤輦金薄隱起

馬輦天子三駕所乘或爲副乘
緇漆蜀馬車金薄華蟲隱起
軺軒駕駟金銀隱起出挽解合
步挽天子小駕遊宴所乘亦爲副乘
金根車羽葆旒畫輈輪華首綵軒交落左右騑太皇太后皇太后皇后助祭郊
廟籍田先蠶則乘之長公主大貴公主封君諸王妃皆得乘但右騑而已太祖
初皇太子皇子皆鸞輅立乘畫輈龍首朱輪繡轂綵蓋朱裏龍旂九斿畫雲樓
皇子封則賜之皆駕駟又有軺車緇漆紫幰朱裏駕一馬爲副乘
公安車緇漆紫蓋朱裏畫輈朱雀青龍白虎龍旂八斿駕三馬軺車與王同
侯車與公同七斿紫蓋青裏駕二馬副車亦如之
子車緇漆草蠡文六斿皂蓋青裏駕一馬副車亦如之闕及公侯子陪列郊天
則乘之宗廟小祀乘軺軒而已至高祖太和中詔儀曹令李韶監造車輅一遵
古式焉

太祖天興二年命禮官捃採古事制三駕鹵簿一曰大駕設五輅建太常屬車八十一乘平城令代尹司隸校尉丞相奉引太尉陪乘太僕御從輕車介士千乘萬騎魚麗鴈行前驅皮軒闟戟芝蓋雲罕指南後殿豹尾鳴葭唱上下作鼓吹軍戎大祠則設之二曰法駕屬車三十六乘平城令代尹太尉奉引侍中陪乘奉車都尉御巡狩小祠則設之三曰小駕屬車十二乘平城令太僕奉引常侍陪乘奉車郎御遊宴離宮則設之二至郊天地四節祠五帝或公卿行事唯四月郊天帝常親行樂加鍾懸以爲迎送之節焉

天賜二年初改大駕魚麗鴈行更爲方陳鹵簿列步騎內外爲四重列櫺建旌通門四達五色車旗各處其方諸王導從在鉀騎內公在幢內侯在步矟內子在刀楯內五品朝臣使列乘輿前兩廂官卑者先引王公侯子車旒麾蓋信幡及散官構服一皆純黑

肅宗熙平元年六月中侍中劉騰等奏中宮僕刺列車輿朽敗自昔舊都禮物頗異遷京已來未復更造請集禮官以裁其制靈太后令曰付尚書量議太常

卿穆紹少卿元端博士鄭六劉臺龍等議案周禮王后之五輅重翟錫面朱總厭翟勒面繢總安車彫面鷖總皆有容蓋翟車貝面組總有握輦車組輓有翣羽蓋重翟后從王祭祀所乘厭翟后從王賓饗諸侯所乘安車后朝見於王所乘翟車后出桑則乘輦車后宮中所乘謹以周禮聖制不刊之典其禮文尤備孔子云其或繼周者雖百世可知也以其法不可踰以此言之後王輿服典章多放周式雖文質時變輅名宜存彫飾雖異理無全捨當今聖后臨朝親覽庶政輿駕之式宜備典禮臣等學缺通經叨豫議末輒率短見宜準周禮備造五輅彫飾之制隨時增減太學博士王延業議案周禮王后有五輅重翟以從王祠厭翟以從王饗賓客安車以朝見于王翟車以親桑輦車宮中所乘又漢輿服志云秦并天下閱三代之禮或曰殷瑞山車金根之色殷人以爲大輅於是始皇作金根之車漢承秦制御爲乘輿太皇太后皇太后皆御金根車加交絡帷裳非法駕則乘紫罽軿車雲檥文畫輈黃金塗五末蓋爪在右騑駕三馬阮諶禮圖弃載秦漢已來輿服亦云金根輅皇后法駕乘之以禮婚見廟乘輅后

法駕乘之以親桑安車后小駕乘之以助祭山軿車后行則乘之紺罽軿車后
小行則乘之以哭公主邑君王妃公侯夫人入閤輿后出入閤宮中小遊則乘
之晉先蠶儀注皇后乘雲母安車駕六騩案周秦漢晉車輿儀式互見圖書雖
名號小異其大較略相依擬金根車雖起自秦造即殷之遺制今之乘輿五輅
是其象也華飾典麗容觀莊美司馬彪以爲孔子所謂乘殷之輅即此之謂也
案阮氏圖桑車亦飾以雲母晉之雲母車即是一與周之翟車其用正同安車
既名同周制又用同重翟山軿車案圖飾之以紫紺罽軿車雖制用異於厭翟
而實同用於今入閤輿與輦其用又同案圖今之黑漆畫扇輦與周之輦車其
形相似竊以爲秦滅周制百事剗革官名軌式莫不殊異漢魏因循繼踵仍舊
雖時有損益而莫能反古良由去聖久遠典儀殊缺時移俗易物隨事變雖經
賢哲祖襲無改伏惟皇太后叡聖淵凝照臨萬物動循典故貽則後王今輒竭
管見稽之周禮考之漢晉採諸圖史驗之時事以爲宜依漢晉法駕則御金根
車駕四馬加交絡帷裳御雲母車駕四馬以親桑其非法駕則御紫罽軿車駕

三馬小駕則御安車駕三馬以助祭小行則御紺罽軿車駕三馬以哭公主王妃公侯夫人宮中出入則御畫扇輦車案舊事比之周禮唯闕從王饗賓客及朝見於王之乘竊以爲古者諸侯有朝會之禮故有從饗之儀今無其事宜從省略又今之皇居宮掖相逼就有朝見理無結駟卽事考實亦宜闕廢又哭公主及王妃周禮所無施之於今寔合事要損益不同用捨隨時三代異制其道然也又金根及雲母駕馬或三或六訪之經禮無駕六之文今之乘輿又皆駕四義符古典宜仍駕四其餘小駕宜從駕三其制用形飾備見圖志司空領尚書令任城王澄尚書左僕射元暉尚書右僕射李平尚書齊王蕭寶夤尚書元欽尚書元昭尚書左丞盧同右丞元洪超考功郎中劉懋北主客郎中源子恭南主客郎中游思進三公郎中崔鴻長兼駕部郎中薛悅起部郎中杜遇左主客郎中元韡騎兵郎中房景先外兵郎中石士基長兼右外兵郎中鄭幼儒都官郎中李秀之兼尚書左士郎中朱元旭度支郎中谷穎左民郎中張均金部郎中李仲東庫部郎中賈思同國子博士薛禎邢晏高諒奚延太學博士邢湛

崔瓚韋朏鄭季期國子助教韓神固四門博士楊那羅唐荆寶王令儁吳珍之宋婆羅劉燮高顯邕杜靈儁張文和陳智顯楊渴侯趙安慶賈天度艾僧櫺呂太保王當百槐貴等五十人議以爲皇太后稱制臨朝躬親庶政郊天祭地宗廟之禮所乘之車宜同至尊不應更有製造周禮魏晉雖有文辭不辨形制假令欲作恐未合古制而不可以爲一代典臣以太常國子二議爲疑重集羣官並從今議唯恩裁決靈太后令曰羣官以後議折中者便可如奏

太祖天興元年冬詔儀曹郎董謐撰朝覲饗宴郊廟社稷之儀六年又詔有司制冠服隨品秩各有差時事未暇多失古禮世祖經營四方未能留意仍世以武力爲事取於便習而已至高祖太和中始考舊典以制冠服百寮六宮各有差次早世升遐猶未周洽肅宗時又詔侍中崔光安豐王延明及在朝名學更議之條章粗備焉

熙平元年九月侍中儀同三司崔光表奏詔定五時朝服案北京及遷都以來未有斯制輒勒禮官詳據太學博士崔瓚議云周禮及禮記三冠六冕承用區

分璪玉五綵配飾亦別都無隨氣春夏之異唯月令有青旂赤玉黑衣白輅隨
四時而變復不列弁冕改用之玄黃以此而推五時之冠禮既無文若求諸正
典難以經證案司馬彪續漢書輿服及祭祀志云迎氣五郊自永平中以禮讖
幷月令迎氣服色因采元始故事兆五郊於洛陽又云五郊衣幘各如方色又
續漢禮儀志立春京都百官皆著青衣服青幘秋夏悉如其色自漢逮於魏晉
迎氣五郊用幘從服改色隨氣斯制因循相承不革冠冕仍舊未聞有變今皇
魏憲章前代損益從宜五時之冠愚謂如漢晉用幘爲允靈太后令曰太傅博
學洽通多識前載既綜朝儀彌悉其事便可諮訪以決所疑二年九月太傅清
河王懌給事黃門侍郞韋延祥奏謹案前勑制五時朝服嘗訪國子議其舊式
太學博士崔瓚等議自漢逮于魏晉迎氣五郊用幘從服改色隨氣斯制因循
相承不革冠冕仍舊未聞有變今皇魏憲章前代損益從宜五時之冠謂如漢
晉用幘爲允尚書以禮式不經請訪議事奉勑付臣令加考決臣以爲帝王服
章方爲萬世則不可輕裁請更集禮官下省定議蒙勑聽許謹集門下及學官

以上四十三人尋考史傳量古校今一同國子前議幘隨服變冠冕弗改又四
門博士臣王僧奇蔣雅哲二人以爲五時冠冕宜從衣變臣等謂從國子前議
爲允靈太后令曰依議

魏書卷一百八之四

魏書卷一百八之四考證

世宗永平四年且金貂七旄〇旄監本訛作旄今改正

高祖太和十九年問其𡖖幾而行冠禮〇𡖖監本訛作季今改正

輿服之制大樓輦駕牛一十〇南監本作駕牛十二覩下文小樓輦駕牛十二則知此大樓輦駕牛一十之爲訛矣

魏書卷一百八之四考證

魏書卷一百九

齊　魏收　撰

志第十四

樂五

氣質初分聲形立矣聖者因天然之有爲入用之物緣喜怒之心設哀樂之器蕢桴葦籥其來自久伏羲絃琴農皇制瑟垂鐘和磬女媧之簧隨感而作其用稍廣軒轅桴阮瑜之管定小一之律以成咸池之美次以六莖五英大章韶夏護武之屬聖人所以移風易俗也故在易之豫義明崇德書云詩言志歌詠言聲依永律和聲八音克諧神人以和周禮圜鐘爲宮黃鐘爲角太簇爲徵姑洗爲羽靁鼓靁鼗孤竹之管雲和之琴瑟雲門之舞奏之六變天神可得而降矣函鐘爲宮太簇爲角姑洗爲徵南呂爲羽靈鼓靈鼗孫竹之管空桑之琴瑟咸池之舞奏之八變地祇可得而禮矣黃鐘爲宮大呂爲角太簇爲徵應鐘爲羽路鼓路鼗陰竹之管龍門之琴瑟九德之歌九聲之舞奏之九變人鬼可得而

禮矣此所以協三才寧萬國也凡音宮爲君商爲臣角爲民徵爲事羽爲物五者不亂則無怗懘之音宮亂則荒其君驕商亂則陂其官壞角亂則憂其民怨徵亂則哀其事勤羽亂則危其財匱姦聲感人逆氣應之逆氣成象而淫樂興焉正氣感人順氣應之順氣成象而和樂興焉先王恥其亂故制雅頌之聲以道之使其聲足樂而不流使其文足論而不息使其曲直繁瘠廉肉節奏足以感動人之善心而已不使放心邪氣得接焉樂在宗廟之中君臣上下同聽之莫不和敬在族長鄉里之中長幼同聽之莫不和順閨門之內父子兄弟同聽之莫不和親又有韎昧任禁之樂以娛四夷之民斯蓋立樂之方也三代之衰邪音間起則有爛漫靡靡之樂與焉周之衰也諸侯力爭澆僞萌生淫慝滋甚競其邪忘其正廣其器蔑其禮或奏之而心疾或撞之不令晉平公聞清角而顛隕魏文侯聽古雅而眠睡鄭宋齊衛流宕不反於是正樂虧矣大樂感於風化與世推移治國之音安以樂亡國之音哀以思隨時隆替不常厥聲延陵歷聽諸國盛衰必舉蓋所感者著所識者深也樂之崩矣秦始滅學經亡義絕莫

採其真人重協俗世貴順耳則雅聲古器幾將淪絕漢興制氏但識其鏗鏘鼓舞不傳其義而於郊廟朝廷皆協律新變雜以趙代秦楚之曲故王禹宋曄上書切諫丙強景武顯著當時通儒達士所共歎息矣後漢東平王蒼總議樂事頗有增加大抵循前而已及黃巾董卓以後天下喪亂諸樂亡缺魏武既獲杜夔令其考會古樂而柴玉左延年終以新聲寵愛晉世荀勗典樂與郭夏宋識之徒共加研集謂爲合古而阮咸譏之金行不永以至亡敗哀思之來便爲驗矣夫大樂與天地同和苟非達識至精何以體其妙極自漢以後舞稱歌名代相改易服章之用亦有不同斯則不襲之義也永嘉已下海內分崩伶官樂器皆爲劉聰石勒所獲慕容儁平冉閔遂克之王猛平鄴入於關右苻堅既敗長安紛擾慕容永之東也禮樂器用多歸長子及垂平永並入中山自始祖內和魏晉二代更致音伎穆帝爲代王愍帝又進以樂物金石之器雖有未周而絃管具矣逮太祖定中山獲其樂縣既初撥亂未遑刱改因時所行而用之世歷分崩頗有遺失

天興元年冬詔尚書吏部郎鄧淵定律呂協音樂及追尊皇曾祖皇祖皇考諸帝樂用八佾舞皇始之舞皇始舞太祖所作也以明開大始祖之業後更制宗廟皇帝入廟門奏王夏太祝迎神于廟門奏迎神曲猶古降神之樂乾豆上奏登歌猶古清廟之樂曲終下奏神祚嘉神明之饗也皇帝行禮七廟奏陛步以爲行止之節皇帝出門奏總章次奏八佾舞次奏送神曲又舊禮孟秋祀天西郊兆內壇西備列金石樂具皇帝入兆內行禮咸奏舞八佾之舞孟夏有事于東廟用樂略與西郊同太祖初冬至祭天于南郊圜丘樂用皇矣奏雲和之舞事訖奏維皇將燎夏至祭地祇於北郊方澤樂用天祚奏大武之舞正月上日饗羣臣宣布政教備列宮懸正樂兼奏燕趙秦吳之音五方殊俗之曲四時饗會亦用焉凡樂者樂其所自生禮不忘其本掖庭中歌真人代歌上敘祖宗開基所由下及君臣廢興之跡凡一百五十章昏晨歌之時與絲竹合奏郊廟宴饗亦用之

六年冬詔太樂總章鼓吹增修雜伎造五兵角觝麒麟鳳皇仙人長蛇白象白

虎及諸畏獸魚龍辟邪鹿馬仙車高絙百尺長趫緣橦跳丸五案以備百戲大
饗設之於殿庭如漢晉之舊也太宗初又增修之撰合大曲更爲鐘鼓之節世
祖破赫連昌獲古雅樂及平涼州得其伶人器服並擇而存之後通西域又以
悅般國鼓舞設於樂署
高宗顯祖無所改作諸帝意在經營不以聲律爲務古樂音制罕復傳習舊工
更盡聲曲多亡太和初高祖垂心雅古務正音聲時司樂上書典章有闕求集
中祕羣官議定其事幷訪吏民有能體解古樂者與之修廣器數甄立名品以
諧八音詔可雖經衆議於時卒無洞曉聲律者樂部不能立其事彌缺然方樂
之制及四夷歌舞稍增列于太樂金石羽旄之飾爲壯麗於往時矣
五年文明太后高祖並爲歌章戒勸上下皆宣之管絃
七年秋中書監高允奏樂府歌詞陳國家王業符瑞及祖宗德美又隨時歌謠
不準古舊辨雅鄭也
十一年春文明太后令曰先王作樂所以和風改俗非雅曲正聲不宜庭奏可

集新舊樂章參探音律除去新聲不典之曲禪增鍾縣鏗鏘之韻

十五年冬高祖詔曰樂者所以動天地感神祇調陰陽通人鬼故能關山川之風以播德於無外由此言之治用大矣逮乎末俗陵遲正聲頓廢多好鄭衛之音以悅耳目故使樂章散缺伶官失守今方釐革時弊稽古復禮庶令樂正雅頌各得其宜今置樂官實須任職不得仍令濫吹也遂簡置焉

十六年春又詔曰禮樂之道自古所先故聖王作樂以和中制禮以防外然音聲之用其致遠矣所以通感人神移風易俗至乃簫韶九奏鳳皇來儀擊石拊石百獸率舞有周之季斯道崩缺故夫子忘味於聞韶正樂於返魯逮漢魏之間樂章復闕然博採音韻粗有篇條自魏室之興太祖之世尊崇古式舊典無墜但干戈仍用文教未淳故令司樂失治定之雅音習不典之繁曲比太樂奏其職司求與中書參議覽其所請愧感兼懷然心喪在躬未忍闕此但禮樂事大乃爲化之本自非通博之才莫能措意中書監高閭器識詳富志量明允每閱陳奏樂典頗體音律可令與太樂詳採古今以備茲典其內外有堪此用者

任其參議也闓歷年考度粗以成立遇遷洛不及精盡未得施行尋屬高祖崩未幾闓卒

先是闓引給事中公孫崇共考音律景明中崇乃上言樂事正始元年秋詔曰太樂令公孫崇更調金石燮理音準其書二卷幷表悉付尚書夫禮樂之事有國所重可依其請八座已下四門博士以上此月下旬集太樂署考論同異博採古今以成一代之典也十月尚書李崇奏前被旨勑以兼太樂令公孫崇更調金石幷其書表付外考試登依旨勑以去八月初詣署集議但六樂該深五聲妙遠至如仲尼淵識故將忘味吳札善聽方可論辨自斯已降莫有詳之今既草創悉不窮解雖微有詰論略無究悉方欲商搉淫濫作範將來寧容聊爾一試便垂竹帛今請依前所召之官幷博聞通學之士更申一集考其中否研窮音律辨括權衡若可施用別以聞請制可時亦未能考定也

四年春公孫崇復表言伏惟皇魏龍躍鳳舉配天光宅世祖太武皇帝蕈靜荒嵎廓寧宇內兇醜尙繁戎軒仍動制禮作樂致有闕如高祖孝文皇帝德鍾後

仁之期道協先天之日顧雲門以興言感簫韶而忘味以故中書監高閭博識
明敏文思優洽紹蹤成均實允所寄乃命閭廣程儒林究論古樂依據六經參
諸國志錯綜陰陽以制聲律鐘石管絃略以完具八音聲韻事別粗舉值遷邑
嵩瀍未獲周密五權五量竟不就果自爾迄今率多褫落金石虛懸宮商未會
伏惟陛下至聖承天纂戎鴻烈以金石未協詔臣緝理謹卽廣搜秬黍選其中
形又採梁山之竹更裁律呂制磬造鐘依律並就但權量差謬其來久矣頃蒙
付并州民王顯進所獻古銅權稽之古範考以今制鐘律準度與權參合昔造
猶新始掛若舊異世同符如合規矩樂府先正聲有王夏肆夏登歌鹿鳴之屬
六十餘韻又有皇始五行勺舞太祖初興置皇始之舞復有吳夷東夷西戎之
舞樂府之內有此七舞太和初郊廟但用文始五行皇始三舞而已竊惟周之
文武頌聲不同漢之祖宗廟樂又別伏惟皇魏四祖三宗道邁隆周功超鴻漢
頌聲廟樂宜有表章或文或武以旌功德自非懿望茂親雅量淵遠博識洽聞
者其孰能識其得失衛軍將軍尚書右僕射臣高肇器度徽雅神賞入微淹讚

大猷聲光海內宜委之監就以成皇代典謨之美昔晉中書監荀勗前代名賢受命成均委以樂務崇述舊章儀刑古典事光前載豈遠乎哉又先帝明詔內外儒林亦任高閭申請今之所須求依前比世宗知肇非才詔曰王者功成治定制禮作樂以宣風化以通明神理萬品贊陰陽光功德治之大本所宜詳之可令太常卿劉芳亦與主之永平二年秋尚書令高肇尚書僕射清河王懌等奏言案太樂令公孫崇所造八音之器并五度五量太常卿劉芳及朝之儒學執諸經傳考辨合否尺寸度數悉與周禮不同問其所以稱必依經文聲則不協以情增減殊無準據竊惟樂者皇朝治定之盛事光贊祖宗之茂功垂之後王不刊之制宜憲章先聖詳依經史且二漢魏晉歷諸儒哲未聞器度依經而聲調差謬臣等參議請使臣芳準依周禮更造樂器事訖之後集議並呈從其善者詔可芳上尚書言詞樂諧音本非所曉且國之大事亦不可決於數人今請更集朝彥衆辨是非明取典據資決元凱然後營制肇及尚書邢巒等奏許詔可於是芳主修營時揚州民張陽子義陽民兒鳳鳴陳孝孫戴當千吳殿陳

文顯陳成等七人頗解雅樂正聲八佾文武二舞鐘聲管絃登歌聲調芳皆請
令教習參取是非
永平三年冬芳上言觀古帝王罔不據功象德而制舞名及諸樂章今欲教文
武二舞施之郊廟請參制二舞之名竊觀漢魏已來鼓吹之曲亦不相緣今亦
須制新曲以揚皇家之德美詔芳與侍中崔光郭祚黃門游肇孫惠蔚等四人
參定舞名幷鼓吹諸曲其年冬芳又上言臣聞樂者感物移風諷氓變俗先王
所以教化黎元湯武所以闕一版請依京房立準以調八音神龜二年夏有司問
狀仲儒言前被符問京房準定六十之律後雖有存曉之者尠至熹平末張光
等猶不能定絃之急緩聲之清濁仲儒授自何師出何典籍而云能曉但仲儒
在江左之日頗授琴文嘗覽司馬彪所撰續漢書見京房準術成數昞然而張
光等不能定仲儒不量庸昧竊有意焉遂竭愚思鑽研甚久雖未能測其機妙
至於聲韻頗有所得度量權歷出自黃鐘雖造管察氣經史備有但氣有盈虛
黍有巨細差之毫釐失之千里自非管應時候聲驗吉凶則是非之原諒亦難

定此則非仲儒淺識所敢聞之至於準者本以代律取其分數調校樂器則宮商易辨若尺寸小長則六十宮商相與微濁若分數加短則六十徵羽類皆小清語其大本居然微異至於清濁相宣諧會歌管皆得應合雖積黍驗氣取聲之本清濁諧會亦須有方若閑準意則辨五聲清濁之韻若善琴術則知五調調音之體參此二途以均樂器則自然應和不相奪倫如不練此必有乖謬案後漢順帝陽嘉二年冬十月行禮辟雍奏應鍾始復黃鍾作樂器隨月律是爲十二之律必須次第爲宮而商角徵羽以類從之尋調聲之體宮商宜濁徵羽用清若公孫崇止以十二律聲而云還相爲宮清濁悉足非唯未練五調調器之法至於五聲次第自是不足何者黃鍾爲聲氣之元其管最長故以黃鍾爲宮太簇爲商林鍾爲徵則宮徵相順若均之八音猶須錯採衆聲配成其美若以應鍾爲宮大呂爲商蕤賓爲徵則徵濁而宮清雖有其韻不成音曲若以夷則爲宮則十二律中唯得取中呂爲徵其商角羽並無其韻若以中呂爲宮則十二律內全無所取何者中呂爲十二之窮疑變律之首依京房書中呂爲宮

乃以去減爲商執始爲徵然後方韻而崇乃以中呂猶用林鐘爲商黃鐘爲徵何由可諧仲儒以調和樂器文飾五聲非準不妙若如嚴嵩父子心賞清濁是則爲難若依案見尺作準調絃緩急清濁可以意推耳但音聲精微史傳簡略舊志唯云準形如瑟十三絃隱間九尺以應黃鐘九寸調中一絃令與黃鐘相得案盡以求其聲遂不辨準須柱以不柱有高下絃有粗細餘十二絃復應若爲致令攬者望風拱手又案房準九尺之內爲一十七萬七千一百四十七分一尺之內爲萬九千六百八十三分又復十之是爲於準一寸之內亦爲萬九千六百八十三分然則於準一分之內乘爲二十分又爲小分以辨彊弱中間至促雖復離朱之明猶不能窮而分之雖然仲儒私曾考驗但前却中柱使入準常尺分之內則相生之韻已自應合分數旣微器宜精妙其準面平直須如停水其中絃一柱高下須與二頭臨岳一等移柱上下之時不使離絃不得舉絃又中絃粗細須與琴宮相類中絃須施軫如琴以軫調聲令與黃鐘一管相合中絃下依數盡出六十律清濁之節其餘十二絃須施柱如箏又凡絃皆須

豫張使臨時不動卽於中絃案盡一周之聲度著十二絃上然後依相生之法以次運行取十二律之商徵商徵既定又依琴五調調聲之法以均樂器其瑟調以宮爲主清調以商爲主平調以宮爲主五調各以一聲爲主然後錯採衆聲以文飾之方如錦繡上來消息調準之方並史文所略出仲儒所思若事有乖此聲則不和仲儒尋準之分數精微如彼定絃緩急艱難若此而張光等親掌其事尙不知藏中有準既未識其器又焉能施絃也且燧人不師資而習火延壽不束脩以變律故云知之者欲教而無從心達者體知而無師苟有一毫所得皆關心抱豈必要經師授然後爲奇哉但仲儒自省膚淺才非一足正可粗識音韻纔言其理致耳時尙書蕭寶夤奏言金石律呂制度調均中古已來鮮或通曉仲儒雖粗述書文頗有所說而學不師授云出己心又言舊器不任必須更造然後克諧上違成敕用舊之旨輒持己心輕欲制作臣竊思量不合依許詔曰禮樂之事蓋非常人所明可如所奏

正光中侍中安豐王延明受詔監修金石博採古今樂事令其門生河間信都

芳考算之屬天下多難終無制造芳後乃撰延明所集樂說并諸器物準圖二十餘事而注之不得在樂署考正聲律也

普泰中前廢帝詔錄尚書長孫稚太常卿祖瑩營理金石永熙二年春稚瑩表曰臣聞安上治民莫善於禮移風易俗莫善於樂易曰先王以作樂崇德殷薦之上帝以配祖考書曰戛擊鳴球搏拊琴瑟以詠祖考來格詩言志律和聲敦敘九族平章百姓天神於焉降歆地祇可得而禮故樂以象德舞以象功干戚所以比其形容金石所以發其歌頌薦之宗廟則靈祇饗其和用之朝廷則君臣協其志樂之時義大矣哉雖復沿革異時晦明殊位周因殷禮百世可知也
太祖道武皇帝應圖受命光宅四海義合天經德符地緯九戎薦舉五禮未詳
太宗世祖重輝累耀恭宗顯祖誕隆丕基而猶經營四方匪遑制作高祖孝文
皇帝承太平之緒纂無為之運帝圖既遠王度惟新太和中命故中書監高閭草創古樂閭尋去世未就其功閭亡之後故太樂令公孫崇續修遺事十有餘載崇敷奏其功時太常卿劉芳以崇所作體制差舛不合古義請更修營被旨

聽許芳又釐綜久而申呈時故東平王元匡共相論駁各樹朋黨爭競紛綸竟
無底定及孝昌已後世屬艱虞內難孔殷外敵滋甚永安之季胡賊入京燔燒
樂庫所有之鐘悉畢賊手其餘磬石咸爲灰燼普泰元年臣等奉勅營造樂器
責問太樂前來郊丘懸設之方宗廟施安之分太樂令張乾龜答稱芳所造六
格北廂黃鐘之均實是夷則之調其餘三廂宮商不和共用一笛施之前殿樂
人尚存又有姑洗太簇二格用之後宮檢其聲韻復是夷則於今尚在而芳一
代碩儒斯文攸屬討論之日必應考古深有明證乾龜之辨恐是歷歲稍遠伶
官失職芳久殂沒遺文銷毀無可遵訪臣等謹詳周禮分樂而序之凡樂圜鐘
爲宮黃鐘爲角太簇爲徵姑洗爲羽若樂六變天神可得而禮函鐘爲宮太簇
爲角姑洗爲徵南呂爲羽若樂八變地祇可得而禮黃鐘爲宮大呂爲角太簇
爲徵應鐘爲羽若樂九變人鬼可得而禮至於布置不得相生之次兩均異宮
並無商聲而同用一徵書曰於予擊石拊石百獸率舞八音克諧神人以和計
五音不具則聲豈成文七律不備則理無和韻八音克諧莫曉其旨聖道幽玄

微言已絶漢魏以來未能作者案春秋魯昭公二十年晏子言於齊侯曰先王之濟五味和五聲也以平其心成其政也聲亦如味一氣二體三類四物五聲六律七音八風九歌以相成也服子愼注云黄鐘之均黄鐘爲宮太簇爲商姑洗爲角林鐘爲徵南呂爲羽應鐘爲變宮蕤賓爲變徵一懸十九鐘十二懸二百二十八鐘八十四律卽如此義乃可尋究今案周禮小胥之職樂懸之法鄭注云鐘磬編縣之二八十六枚漢成帝時犍爲郡於水濱得古磬十六枚獻呈漢以爲瑞復依禮圖編懸十六去正始中徐州薛成送玉磬十六枚亦是一懸之器檢太樂所用鐘磬各一懸十四不知何據魏侍中繆襲云周禮以六律六同五聲八音六舞大合樂以致鬼神今之樂官徒知古有此制莫有明者又云樂制既亡漢成謂韶武武德武始大鈞可以備四代之樂奏黄鐘舞文始以祀天地奏太簇舞大武以祀五郊明堂奏姑洗舞武德巡狩以祭四望山川奏蕤賓舞武始大鈞以祀宗廟祀圜丘方澤羣廟祫祭之時則可兼舞四代之樂漢亦有雲翹育命之舞罔識其源漢以祭天魏時又以雲翹兼祀圜丘天郊育命

兼祀方澤地郊今二舞久亡無復知者臣等謹依高祖所制尺周官考工記鳧氏爲鐘鼓之分磬氏爲磬倨闕之法禮運五聲十二律還相爲宮之義以律呂爲之劑量奏請制度經紀營造依魏晉所用四廂宮懸鐘磬各十六懸塤篪箏筑聲韻區別蓋理三稔於茲始就五聲有節八音無爽笙鏞和合不相奪倫元日備設百僚允矚雖未極萬古之徽蹤實是一時之盛事竊惟古先哲王制禮作樂各有所稱黃帝有咸池之樂顓頊作承雲之舞大章大韶堯舜之異名大夏大濩禹湯之殊稱周言大武秦曰壽人及焚書絕學之後舊章淪滅無可準據漢高祖時叔孫通因秦樂人制宗廟樂迎神廟門奏嘉至皇帝入廟門奏永至登歌再終下奏休成之樂通所作也高祖六年有昭容樂禮容樂又有房中祠樂高祖唐山夫人所作也孝惠二年使樂府令夏侯寬備其簫管更名安世樂高祖廟奏武德文始五行之舞孝文廟奏昭德文始四時五行之舞孝武廟奏盛德文始四時五行之舞武德者高祖四年作也以象天下樂已行武以除亂也文始舞者舜韶舞高祖六年更名曰文始以示不相襲也五行舞者本周

舞秦始皇二十六年更名曰五行也四時舞者孝文所作以明天下之安和也孝景以武德舞爲昭德孝宣以昭德舞爲盛德光武廟奏大武諸帝廟並奏文始五行四時之舞及卯金不祀當塗勃興魏武廟樂改云韶武用虞之大韶周之大武總號大鈞也曹失其鹿典午乘時晉氏之樂更名正德自昔帝王莫不損益相緣徽號殊別者也而皇魏統天百三十載至於樂舞迄未立名非所以聿宣皇風章明功德贊揚懋軌垂範無窮者矣案今后宮饗會及五郊之祭皆用兩懸之樂詳攬先誥大爲紕繆古禮天子宮懸諸侯軒懸大夫判懸士特懸皇后禮數德合王者名器所資豈同於大夫哉孝經言嚴父莫大於配天宗祀文王於明堂以配上帝卽五精之帝也禮記王制庶羞不踰牲燕衣不踰祭服論語禹卑宮室盡力於溝洫惡衣服致美於黻冕何有殿庭之樂過於天地乎失禮之差遠於千里昔漢孝武帝東巡狩封禪還祀泰一於甘泉祭后土於汾陰皆盡用明其無減普泰元年前侍中臣孚及臣瑩等奏求造十二懸六懸裁訖續復營造尋蒙旨判令六懸旣成臣等思鐘磬各四鉦鎛相從十六格宮懸

已足今請更營二懸通前爲八宮懸兩具矣一具備於太極一具列於顯陽若圜丘方澤上辛四時五郊社稷諸祀雖時日相礙用之無闕孔子曰周道四達禮樂交通傳曰魯有禘樂賓祭用之然則天地宗廟同樂之明證也其升斗權量當時未定請即刊校以爲長準周存六代之樂雲門咸池韶夏濩武用於郊廟各有所施但世運遙緬隨時亡缺漢世唯有虞韶周武魏爲武始咸熙錯綜風聲爲一代之禮晉無改造易名正德今聖朝樂舞未名舞人冠服無準稱之文武舞而已依魏景初三年以來衣服制其祭天地宗廟武舞執干戚著平冕黑介幘玄衣裳白領袖絳領袖中衣絳合幅袴袜黑韋鞮文舞執羽籥冠委貌其服同上其奏於廟庭武舞武弁赤介幘生絳袍單衣練領袖皂領袖中衣虎文畫合幅袴白布袜黑韋鞮文舞者進賢冠黑介幘生黃袍單衣白合幅袴服同上其魏晉相因承用不改古之神室方各別所故聲歌各異今之太廟連基接棟樂舞同奏於義得通自中煩喪亂晉室播蕩永嘉已後舊章湮沒太武皇帝破平統萬得古雅樂一部正聲歌五十曲工伎相傳間有施用自高祖遷居

世宗晏駕內外多事禮物未周今日所有王夏肆夏之屬二十三曲猶得擊奏足以闡累聖之休風宣重光之盛美伏惟陛下仁格上皇義光下武道契玄機業隆寶祚思服典章留心軌物反堯舜之淳風復文武之境土飾宇宙之儀刑納生人於福地道德熙泰樂載新聲天成地平於是乎在樂舞之名乞垂旨判臣等以愚昧參廁問道呈御之日伏增惶懼詔其樂名付尚書博議以聞其年夏集羣官議之瑩復議曰夫樂所以乘靈通化舞所以象物昭功金石播其風聲絲竹申其歌詠郊天祠地之道雖百世而可知奉神育民之理經千載而不昧是以黃帝作咸池之樂顓頊有承雲之舞堯為大章舜則大韶禹為大夏湯為大濩周曰大武秦曰壽人漢為大予魏名大鈞晉曰正德雖三統互變五運代降莫不述作相因徽號殊別者也皇魏道格三才化清四宇奕世載德累葉重光或以文教興邦或以武功平亂功成治定於是乎在及主上龍飛載造景命惟新書軌自同典刑罔二覆載均於兩儀仁澤被於四海五聲有序八音克諧樂舞之名宜以詳定案周兼六代之樂聲律所施咸有次第滅學以後經禮

散亡漢來所存二舞而已請以韶武爲崇德武舞爲章烈總名曰嘉成漢樂章云高張四縣神來燕饗宗廟所設宮懸明矣計五郊天神尊於人鬼六宮陰極體同至尊理無減降宜皆用宮懸其舞人冠服制裁咸同舊式庶得以光贊鴻功敷揚大業錄尚書事長孫稚已下六十人同議申奏詔曰王者功成作樂治定制禮以成爲號良無間然又六代之舞者以大爲名今可準古爲大成也凡音樂以舞爲主故干戈羽籥禮亦無別但依舊爲文舞武舞而已餘如議

初侍中崔光臨淮王彧並爲郊廟歌詞而迄不施用樂人傳習舊曲加以訛失了無章句後太樂令崔九龍言於太常卿祖瑩曰聲有七聲調有七調以今七調合之七律起於黃鐘終於中呂今古雜曲隨調舉之將五百曲恐諸曲名後致亡失今輒條記存之於樂府瑩依而上之九龍所錄或雅或鄭至於淫俗四夷雜歌但記其聲折而已不能知其本意又名多謬舛莫識所由隨其淫正而取之樂署今見傳習其中復有所遺至於古雅尤多亡矣

初高祖討淮漢世宗定壽春收其聲役江左所傳中原舊曲明君聖主公莫白

鳩之屬及江南吳歌荊楚四聲總謂清商至於殿庭饗宴兼奏之其圜丘方澤
上辛地祇五郊四時拜廟三元冬至社稷馬射籍田樂人之數各有差等焉

魏書卷一百九

魏書卷一百九考證

樂志敘軒轅桴阮瑜之管定小一之律○呂氏春秋伶倫自大夏之西乃之阮隃之陰是瑜當作隃小一當作十二

磬氏為磬倨闕之法○考工記磬有倨句則此所闕當是一句字也

魏書卷一百九考證

魏書卷一百一十

齊　魏　收　撰

志第十五

食貨六

夫爲國爲家者莫不以穀貨爲本故洪範八政以食爲首其在易曰聚人曰財周禮以九職任萬民以九賦斂財賄是以古先哲王莫不敬授民時務農重穀躬親千畝貢賦九州且一夫不耕一女不織或受其飢寒者飢寒迫身不能保其赤子攘竊而犯法以至於殺身迹其所由王政所陷也夫百畝之內勿奪其時易其田疇薄其稅斂民可使富也既飽且富而仁義禮節生焉亦所謂衣食足識榮辱也晉末天下大亂生民道盡或死於干戈或斃於饑饉其幸而自存者蓋十五焉

太祖定中原接喪亂之敝兵革並起民廢農業方事雖殷然經略之先以食爲本使東平公儀墾闢河北自五原至于棝陽塞外爲屯田初登國六年破衞辰

收其珍寶畜產名馬三十餘萬牛羊四百餘萬漸增國用既定中山分徙吏民及徒何種人工伎巧十萬餘家以充京都各給耕牛計口授田天興初制定京邑東至代郡西及善無南極陰館北盡參合爲畿內之田其外四方四維置八部帥以監之勸課農耕量校收入以爲殿最又躬耕籍田率先百姓自後比歲大熟匹中八十餘斛是時戎車不息雖頻有年猶未足以久贍矣

太宗永興中頻有水旱詔簡宮人非所當御及非執作伎巧自餘出賜鰥民神瑞二年又不熟京畿之內路有行饉帝以飢將遷都於鄴用博士崔浩計乃止於是分簡尤貧者就食山東敕有司勸課留農者曰前志有之人生在勤勤則不匱凡庶民之不畜者祭無牲不耕者祭無盛不樹者死無槨不蠶者衣無帛不績者喪無衰教行三農生殖九穀教行園囿毓長草木教行虞衡山澤作材教行藪牧養蕃鳥獸教行百工飭成器用教行商賈阜通貨賄教行嬪婦化治絲枲教行臣妾事勤力役自是民皆力勤故歲數豐穰畜牧滋息

泰常六年詔六部民羊滿百口調戎馬一匹

世祖卽位開拓四海以五方之民各有其性故修其教不改其俗齊其政不易其宜納其方貢以充倉廩收其貨物以實庫藏又於歲時取鳥獸之登於俎用者以物膳府

先是禁網疏闊民多逃隱天興中詔採諸漏戶令輸綸綿自後諸逃戶占爲細繭羅縠者甚衆於是雜營戶帥遍於天下不隸守宰賦役不周戶口錯亂始光三年詔一切罷之以屬郡縣

神䴥二年帝親御六軍略地廣漠分命諸將窮追蠕蠕東至瀚海西接張掖北度燕然山大破之虜其種落及馬牛雜畜方物萬計其後復遣成周公萬度歸西伐焉耆其王鳩尸卑那單騎奔龜茲舉國臣民負錢懷貨一時降款獲其奇寶異玩以巨萬駝馬雜畜不可勝數度歸遂入龜茲復獲其殊方瓌詭之物億萬已上是時方隅未剋帝屢親戎駕而委政於恭宗真君中恭宗下令修農職之教事在帝紀此後數年之中軍國用足矣

高宗時牧守之官頗爲貨利太安初遣使者二十餘輩循行天下觀風俗視民

所疾苦詔使者察諸州郡墾殖田畝飲食衣服閭里虛實盜賊劫掠貧富彊劣而罰之自此牧守頗改前弊民以安業

自太祖定中原世祖平方難收獲珍寶府藏盈積和平二年秋詔中尚方作黃金合盤十二具徑二尺二寸鏤以白銀鈿以玫瑰其銘曰九州致貢殊域來賓乃作茲器錯用具珍鍛以紫金鏤以白銀範圍擬載吐燿含真纖文麗質若化若神皇王御之百福惟新其年冬詔出內庫綾綿布帛二十萬匹令內外百官分曹賭射四年春詔賜京師之民年七十已上大官廚食以終其身

顯祖即位親行儉素率先公卿思所以賑益黎庶至天安皇興間歲頻大旱絹匹千錢劉彧淮北青冀徐兗司五州告亂請降命將率衆以援之既臨其境青冀懷貳進軍圍之數年乃拔山東之民咸勤於征戍轉運帝深以爲念遂因民貧富爲租輸三等九品之制千里內納粟千里外納米上三品戶入京師中三品入他州要倉下三品入本州

先是太安中高宗以常賦之外雜調十五頗爲煩重將與除之尚書毛法仁曰

此是軍國資用今頓罷之臣愚以爲不可帝曰使地利無窮民力不竭百姓有餘吾孰與不足遂免之未幾復調如前至是乃終罷焉於是賦斂稍輕民復贍矣

舊制民間所織絹布皆幅廣二尺二寸長四十尺爲一匹六十尺爲一端令任服用後乃漸至濫惡不依尺度高祖延興三年秋七月更立嚴制令一準前式違者罪各有差有司不檢察與同罪

太和八年始準古班百官之祿以品第各有差先是天下戶以九品混通戶調帛二匹絮二斤絲一斤粟二十石又入帛一匹二丈委之州庫以供調外之費至是戶增帛三匹粟二石九斗以爲官司之祿後增調外帛滿二匹所調各隨其土所出其司冀雍華定相秦洛豫懷兗陝徐青齊濟南豫東兗東徐十九州貢綿絹及絲幽平幷肆岐涇荊涼梁汾秦安營豳夏光郢東秦司州萬年鴈門上谷靈丘廣寧平涼郡懷州邵郡上郡之長平白水縣青州北海郡之膠東縣平昌郡之東武平昌縣高密郡之昌安高密夷安黔陬縣秦州河東之蒲坂汾

陰縣東徐州東莞郡之莒諸東莞縣雍州馮翊郡之連芍縣咸陽郡之寧夷縣
北地郡之三原雲陽銅官宜君縣華州華山郡之夏陽縣徐州北濟郡之離狐
豐縣東海郡之贛楡襄賁縣皆以麻布充稅九年下詔均給天下民田諸男夫
十五以上受露田四十畝婦人二十畝奴婢依良丁牛一頭受田三十畝限四
牛所授之田率倍之三易之田再倍之以供耕作及還受之盈縮諸民年及課
則受田老免及身沒則還田奴婢牛隨有無以還受諸桑田不在還受之限但
通入倍田分於分雖盈沒則還田不得以充露田之數不足者以露田充倍諸
初受田者男夫一人給田二十畝課蒔餘種桑五十樹棗五株楡三根非桑之
土夫給一畝依法課蒔楡棗奴各依良限三年種畢不畢奪其不畢之地於桑
楡地分雜蒔餘果及多種桑楡者不禁諸應還之田不得種桑楡棗果種者以
違令論地入還分諸桑田皆爲世業身終不還恆從見口有盈者無受無還不
足者受種如法盈者得賣其盈不足者得買所不足不得賣其分亦不得買過
所足諸麻布之土男夫及課別給麻田十畝婦人五畝奴婢依良皆從還受之

法諸有舉戶老小癃殘無授田者年十一已上及癃者各授以半夫田年踰七十者不還所受寡婦守志者雖免課亦授婦田諸還受民田恆以正月若始受田而身亡及賣買奴婢牛者皆至明年正月乃得還受諸土廣民稀之處隨力所及官借民種蒔役有土居者依法封授諸地狹之處有進丁受田而不樂遷者則以其家桑田爲正田分又不足不給倍田又不足家內人別減分無桑之鄉準此爲法樂遷者聽逐空荒不限異州他郡唯不聽避勞就逸其地足之處不得無故而移諸民有新居者三口給地一畝以爲居室奴婢五口給一畝男女十五以上因其地分口課種菜五分畝之一諸一人之分正從正倍從倍不得隔越他畔進丁受田者恆從所近若同時俱受先貧後富再倍之田放此爲法諸遠流配讁無子孫及戶絕者墟宅桑榆盡爲公田以供授受授受之次給其所親未給之間亦借其所親諸宰民之官各隨地給公田刺史十五頃太守十頃治中別駕各八頃縣令郡丞六頃更代相付賣者坐如律

魏初不立三長故民多蔭附蔭附者皆無官役豪彊徵斂倍於公賦十年給事

中李沖上言宜準古五家立一鄰長五鄰立一里長五里立一黨長長取鄉人彊謹者鄰長復一夫里長二黨長三所復復征戍餘若民三載亡愆則陟用陟之一等其民調一夫一婦帛一匹粟二石民年十五以上未娶者四人出一夫一婦之調奴任耕婢任績者八口當未娶者四耕牛二十頭當奴婢八其麻布之鄉一夫一婦布一匹下至牛以此爲降大率十匹爲工調二匹爲調外費三匹爲內外百官俸此外雜調民年八十以上聽一子不從役孤獨癃老篤疾貧窮不能自存者三長內迭養食之書奏諸官通議稱善者衆高祖從之於是遣使者行其事乃詔曰夫任土錯貢所以通有無井乘定賦所以均勞逸有無通則民財不匱勞逸均則人樂其業此自古之常道也又鄰里鄉黨之制所由來久欲使風教易周家至日見以大督小從近及遠如身之使手幹之總條然後口算平均義與訟息是以三典所同隨世汚隆貳監之行從時損益故鄭僑復丘賦之術鄒人獻盍徹之規雖輕重不同而當時俱適自昔以來諸州戶口籍貫不實包藏隱漏廢公罔私富彊者幷兼有餘貧弱者餬口不足賦稅齊等無

輕重之殊力役同科無衆寡之别雖建九品之格而豐塉之土未融雖立均輸之楷而蠶績之鄉無異致使淳化未樹民情偷薄朕每思之良懷深慨今改舊從新爲里黨之法在所牧守宜以喻民使知去煩卽簡之要初百姓咸以爲不若循常豪富并兼者尤弗願也事施行後計省昔十有餘倍於是海內安之十一年大旱京都民飢加以牛疫公私闕乏時有以馬驢及橐駝供駕輓耕載詔聽民就豐行者十五六道路給糧稟至所在三長贍養之遣使者時省察焉留業者皆令主司審覈開倉賑貸其有特不自存者悉檢集爲粥於街衢以救其困然主者不明牧察郊甸間甚多餧死者時承平日久府藏盈積詔盡出御府衣服珍寶太官雜器太僕乘具內庫弓矢刀鉾十分之八外府衣物繒布絲纊諸所供國用者以其太半班賚百司下至工商皁隸逮于六鎮邊戍畿內鰥寡孤獨貧癃者皆有差十二年詔羣臣求安民之術有司上言請析州郡常調九分之二京都度支歲用之餘各立官司豐年糴貯於倉時儉則加私之一糶之於民如此民必力田以買絹積財以取粟官年登則常積歲凶則直給又别立

農官取州郡戸十分之一以爲屯民相水陸之宜斷頃畝之數以贓贖雜物市
牛科給令其肆力一夫之田歲責六十斛甄其正課幷征戍雜役行此二事數
年之中則穀積而民足矣帝覽而善之尋施行焉自此公私豐贍雖時有水旱
不爲災也
世祖之平統萬定秦隴以河西水草善乃以爲牧地畜產滋息馬至二百餘萬
匹橐駝將半之牛羊則無數高祖卽位之後復以河陽爲牧場恆置戎馬十萬
匹以擬京師軍警之備每歲自河西徙牧於幷州以漸南轉欲其習水土而無
死傷也而河西之牧彌滋矣正光以後天下喪亂遂爲羣寇所盜掠焉
世宗延昌三年春有司奏長安驪山有銀鑛二石得銀七兩其年秋桓州又上
言白登山有銀鑛八石得銀七兩錫三百餘斤其色潔白有踰上品詔並置銀
官常令採鑄又漢中舊有金戸千餘家常於漢水沙淘金年終總輸後臨淮王
或爲梁州刺史奏罷之其鑄鐵爲農器兵刃在所有之然以相州牽口冶爲工
故常鍊鍛爲刀送於武庫

自魏德既廣西域東夷貢其珍物充於王府又於南垂立互市以致南貨羽毛齒革之屬無遠不至神龜正光之際府藏盈溢靈太后曾令公卿已下任力負物而取之又數賚禁內左右所費無貲而不能一丏百姓也自徐楊內附之後仍世經略江淮於是轉運中州以實邊鎮百姓疲於道路乃令番戍之兵營起屯田又收內郡兵資與民和糴積爲邊備有司又請於水運之次隨便置倉乃於小平右門白馬津漳涯黑水濟州陳郡大梁凡八所各立邸閣每軍國有須應機漕引自此費役微省三門都將薛欽上言計京西水次汾華二州恆農河北河東正平平陽五郡年常綿絹及貲麻皆折公物雇車牛送京道險人敝費公損私略計華州一車官酬絹八匹三丈九尺別有私民雇價布六十匹河東一車官酬絹五匹二丈別有私民雇價布五十匹自餘州郡雖未練多少推之遠近應不減此今求車取雇絹三匹市材造船不勞採斫計船一艘舉十三車車取三匹合有三十九匹雇作手并匠及船上雜具食直足以成船計一船剩絹七十八匹布七百八十匹又租車一乘官格四十斛成載私民雇價遠者五

斗布一匹近者一石布一匹準其私費一車布遠者八十匹近者四十匹造船
一艘計舉七百石準其雇價應有一千四百匹今取布三百匹造船一艘并船
上覆治雜事計一船有剩布一千一百匹又其造船之處皆須鋸材人功并削
船茹依功多少卽給當州郡門兵不假更召汾州有租調之處去汾不過百里
華州去河不滿六十並令計程依舊酬價車送船所船之所運唯達雷陂其陸
路從雷陂至倉庫調一車雇絹一匹租一車布五匹則於公私爲便尚書度支
郎中朱元旭計稱效立於公濟民爲本政列於朝潤國是先故大禹疏決以通
四載之宜有漢穿引受納百川之用厥績顯於當時嘉聲播於圖史今校薛欽
之說雖跡驗未彰而指況甚善所云以船代車是其策之長者若以門兵造舟
便爲闕彼防禦無容全依宜令取雇車之物市材執作及倉庫所須悉以營辦
七月之始十月初旬令州郡綱典各租調於將所然後付之十車之中留車士
四人佐其守護粟帛上船之日隨運至京將共監慎如有耗損其陪徵河中闕
失專歸運司輸京之時聽其卽納不得雜合違失常體必使量上數下謹其受

入自餘一如其列計底柱之難號爲天險迅驚千里未易其功然既陳便利無容輒抑若效充其說則附例酬庸如其不驗徵塡所損今始開刱不可懸生減折且依請營立一年之後須知贏費歲遣御史校其虛實脫有乖越別更裁量尙書崔休以爲刳木爲舟用與上代鑿渠通運利盡中古是以漕輓河渭留侯以爲偉談方舟蜀漢酈生稱爲口實豈直張純之奏見美東都陳勰之功事高晉世其爲利益所從來久矣案欽所列實允事宜郎中之計備盡公理但舟檝所通遠近必至苟利公私不宜止在前件昔人乃遠通褒斜以利關中之漕南達交廣以增京洛之饒況乃漳洹夷路河濟平流而不均彼省煩同茲巨益且鴻溝之引宋衞史牒具存討虜之通幽冀古迹備在舟車省益理實相懸水陸難易力用不等昔忝東州親逕闕驗斯損益不可同年而語請諸通水運之處皆宜率同此式縱復五百三百里車運水次校計利饒猶爲不少其欽所列州郡如請與造東路諸州皆先通水運今年租調悉用舟檝若船數有闕且賃假充事比之僦車交成息耗其先未通流宜遣檢行閑月修治使理有可通必無

壅滯如此則發召匪多爲益實廣一爾暫勞久安永逸錄尙書高陽王雍尙書
僕射李崇等奏曰運漕之利今古攸同舟車息耗實相殊絶欽之所列關西而
已若域內同行足爲公私巨益謹輒參量備如前計庶徵召有減勞止小康若
此請蒙遂必須溝洫通流卽求開興修築或先以開治或古跡仍在舊事可因
用功差易此冬閑月令疎通咸訖比春水之時使運漕無滯詔從之而未能盡
行也
正光後四方多事加以水旱國用不足預折天下六年租調而徵之百姓怨苦
民不堪命有司奏斷百官常給之酒計一歲所省合米五萬三千五十四斛九
升孽穀六千九百六十斛麪三十萬五百九十九斤其四時郊廟百神羣祀依
式供營遠蕃使客不在斷限爾後寇賊轉衆諸將出征相繼奔敗所亡器械資
糧不可勝數而關西喪失尤甚帑藏益以空竭有司又奏內外百官及諸蕃客
稟食及肉悉二分減一計終歲省肉百五十九萬九千八百五十六斤米五萬
三千九百三十二石

孝昌二年終稅京師田租畝五升借賃公田者畝一斗又稅市入者人一錢其店舍又爲五等收稅有差

莊帝初承喪亂之後倉廩虛罄遂班入粟之制輸粟八千石賞散侯六千石散伯四千石散子三千石散男職人輸七百石賞一大階授以實官白民輸五百石聽依第出身一千石加一大階無第者輸五百石聽正九品出身一千石加一大階諸沙門有輸粟四千石入京倉者授本州統若無本州者授大州都若不入京倉入外州郡倉者三千石畿郡都統依州格若輸五百石入京倉者授本郡維那其無本郡者授以外郡粟入外州郡倉七百石者京倉三百石者授縣維那

孝靜天平初以遷民草創資產未立詔出粟一百三十萬石以賑之三年夏又賑遷民稟各四十日其年秋幷肆汾建晉泰陝東雍南汾九州霜旱民飢流散四年春詔所在開倉賑恤之而死者甚衆時諸州調絹不依舊式齊獻武王以其害民興和三年冬請班海內悉以四十尺爲度天下利焉

河東郡有鹽池舊立官司以收稅利是時罷之而民有富彊者專擅其用貧弱者不得資益延興末復立監司量其貴賤節其賦入於是公私兼利世宗卽位政存寬簡復罷其禁與百姓共之其國用所須別爲條制取足而已自後豪貴之家復乘勢占奪近池之民又輒障吝彊弱相陵聞於遠近神龜初太師高陽王雍太傅清河王懌等奏鹽池天藏資育羣生仰惟先朝限者亦不苟與細民競茲贏利但利起天池取用無法或豪貴封護或近者吝守卑賤遠來超然絕望是以因置主司令其裁察彊弱相兼務令得所且十一之稅自古及今取輒以次所濟爲廣自爾霑洽遠近齊平公私兩宜儲益不少及鼓吹主簿王後興等詞稱請供百官食鹽二萬斛之外歲求輸馬千匹牛五百頭以此而推非可稍計後中尉甄琛啓求罷禁被敕付議尚書執奏稱琛啓坐談則理高行之則事闕請依常禁爲允詔依琛計乃爲繞池之民尉保光等擅自固護語其障禁倍於官司取與自由貴賤任口若無大宥罪合推斷詳度二三深乖王法臣等商量請依先朝之詔禁之爲便防姦息暴斷遣輕重亦準前旨所置監司一同

往式於是復置監官以監檢焉其後更罷更立以至於永熙自遷鄴後於滄瀛
幽青四州之境傍海煮鹽滄州置竈一千四百八十四瀛州置竈四百五十二
幽州置竈一百八十青州置竈五百四十六又於邯鄲置竈四計終歲合收鹽
二十萬九千七百二斛四升軍國所資得以周贍矣

魏初至於太和錢貨無所周流高祖始詔天下用錢焉十九年冶鑄粗備文曰
太和五銖詔京師及諸州鎮皆通行之內外百官祿皆準絹給錢絹匹爲錢二
百在所遣錢工備爐冶民有欲鑄聽就鑄之銅必精練無所和雜世宗永平三
年冬又鑄五銖錢肅宗初京師及諸州鎮或鑄或否或有止用古錢不行新鑄
致商貨不通貿遷頗隔熙平初尚書令任城王澄上言臣聞洪範八政貨居二
焉易稱天地之大德曰生聖人之大寶曰位何以守位曰仁何以聚人曰財財
者帝王所以聚人守位成養羣生奉順天德治國安民之本也夏殷之政九州
貢金以定五品周仍其舊太公立九府之法於是國貨始行定銖兩之楷齊桓
循用以霸諸侯降及秦始漢文遂有輕重之異吳濞鄧通之錢收利遍於天下

河南之地猶甚多焉逮于孝武乃更造五銖其中毀鑄隨利改易故使錢有大
小之品竊尋太和之錢高祖留心𠜂制後與五銖並行此乃不刊之式但臣竊
聞之君子行禮不求變俗因其所宜順而致用太和五銖雖利於京邑之肆而
不入徐揚之市土貨既殊貿鬻亦異便於荆郢之邦者則礙於兖豫之域致使
貧民有重困之切王道貽隔化之訟去永平三年都座奏斷天下用錢不依準
式者時被敕云不行之錢雖有常禁其先用之處權可聽行至年末悉令斷之
延昌二年徐州民儉刺史啓奏求行土錢旨聽權依舊用謹尋不行之錢律有
明式指謂雞眼鐶鑿更無餘禁計河南諸州今所行者悉非制限昔來繩禁愚
竊惑焉又河北州鎮既無新造五銖設有舊者而復禁斷並不得行專以單絲
之縑疎縷之布狹幅促度不中常式裂匹爲尺以濟有無至今徒成杼軸之勞
不免飢寒之苦良由分截布帛壅塞錢貨實非救恤凍餒子育黎元謹惟自古
以來錢品不一前後累代易變無常且錢之爲名欲泉流不已愚意謂今之太
和與新鑄五銖及諸古錢方俗所便用者雖有大小之異並得通行貴賤之差

自依鄉價庶貨環海內公私無壅其不行之錢及盜鑄毀大爲小巧僞不如法者據律罪之詔曰錢行已久今東尚有事且依舊用澄又奏臣猥屬樞衡庶磬心力常願貨物均通書軌一範謹詳周禮外府掌邦布之入出布猶泉也其藏曰泉其流曰布然則錢之興也始於一品欲令世匠均同圜流無極爰暨周景降逮亡新易鑄相尋參差百品遂令接境乖商連邦隔質臣比奏求宣下海內依式行錢登被旨敕錢行已久且可依舊謹重參量以爲太和五銖乃大魏之通貨不朽之恆模寧可專貿於京師不行於天下但今戎馬在郊江疆未一東南之州依舊爲便至於京西京北域內州鎮未有錢處行之則不足爲難塞之則有乖通典何者布帛不可尺寸而裂五穀則有負擔之難錢之爲用貫繦相屬不假斗斛之器不勞秤尺之平濟世之宜謂爲深允請並下諸方州鎮其太和及新鑄五銖并古錢內外全好者不限大小悉聽行之雞眼鐶鑿依律而禁河南州鎮先用錢者既聽依舊不在斷限唯太和五銖二錢得用公造新者其餘雜種一用古錢生新之類普同禁約諸方之錢通用京師其聽依舊之處與

太和錢及新造五銖並行若盜鑄者罪重常憲既欲均齊物品廛井斯和若不
繩以嚴法無以肅茲違犯符旨一宣仍不遵用者刺史守令依律治罪詔從之
而河北諸州舊少錢貨猶以他物交易錢略不入市也二年冬尚書崔亮奏恆
農郡銅青谷有銅鑛計一斗得銅五兩四銖葦池谷鑛計一斗得銅五兩鸞帳
山鑛計一斗得銅四兩河內郡王屋山鑛計一斗得銅八兩南青州苑燭山齊
州商山並是往昔銅官舊迹見在謹按鑄錢方興用銅處廣既有冶利並宜開
鑄詔從之自後所行之錢民多私鑄稍就小薄價用彌賤建義初重盜鑄之禁
開糾賞之格至永安二年秋詔更改鑄文曰永安五銖官自立爐起自九月至
三年正月而止官欲貴錢乃出藏絹分遣使人於二市賣之絹匹止錢二百而
私市者猶三百利之所在盜鑄彌衆巧僞既多輕重非一四方州鎮用各不同
遷鄴之後輕濫尤多武定初齊文襄王奏革其弊於是詔遣使人詣諸州鎮收
銅及錢悉更改鑄其文仍舊然姦僥之徒越法趨利未幾之間漸復細薄六年
文襄王以錢文五銖名須稱實宜稱錢一文重五銖者聽入市用計百錢重一

斤四兩二十銖自餘皆準此爲數其京邑二市天下州鎭郡縣之市各置二稱
懸於市門私民所用之稱皆準市稱以定輕重凡有私鑄悉不禁斷但重五銖
然後聽用若入市之錢重不五銖或雖重五銖而多雜鉛鑞並不聽用若有輒
以小薄雜錢入市有人糾獲其錢悉入告者其小薄之錢若即禁斷恐人交乏
絕畿內五十日外州百日爲限羣官參議咸以時穀頗貴請待有年上從之而
止

魏書卷一百一十

魏書卷一百一十考證

十年給事中李沖上言○十年上脫年號今考本書李沖傳當是高祖太和十
年

魏書卷一百一十考證

魏書卷一百一十一

齊　魏收　撰

志第十六

刑罰七

二儀既判，彙品生焉，五才兼用，廢一不可。金木水火土，咸相愛惡。陰陽所育，稟氣呈形，鼓之以雷霆，潤之以雲雨，春夏以生長之，秋冬以殺藏之。斯則德刑之設，著自神道。聖人處天地之間，率神祇之意。生民有喜怒之性，哀樂之心，應感而動。動而逾變，淳化所陶，下以悖朴。故異章服，畫衣冠，示恥申禁，而不敢犯。其流既銳，姦黠萌生。是以明法令，立刑賞。故書曰：「象以典刑，流宥五刑，鞭作官刑，扑作教刑，金作贖刑。怙終賊刑，眚災肆赦。」舜命咎繇曰：「五刑有服，五服三就；五流有宅，五宅三居。」夏刑則大辟二百，臏辟三百，宮辟五百，劓墨各千，殷因於夏，蓋有損益。周禮建三典，刑邦國，以五聽求民情，八議以申之，三刺以審之。左嘉石，平罷民；右肺石，達窮民。宥不識，宥過失，宥遺忘；赦幼弱，赦耄耋，赦惷愚。周道既衰穆王荒耄命呂侯度作祥刑以詰四方五刑之屬增矣夫疑獄汎問與衆共之衆疑赦之必察小大之比以成之先王之愛民如此刑成而不可變故君子盡心焉逮於戰國競任威刑以相呑噬商君以法經六篇入說於秦議參夷之誅連相坐之法風俗凋薄號爲虎狼及於始皇遂兼天下毀先王之典制挾書之禁法繁於秋荼網密於凝脂姦僞並生赭衣塞路獄犴淹積囹圄成市於是天下怨叛十室而九漢祖入關蠲削煩苛致三章之約文帝以仁厚斷獄四百幾致刑措孝武世以姦宄滋甚增律五十餘篇宣帝時路溫舒上書曰夫獄者天下之命書曰與其殺不辜寧失有罪今治獄吏非不慈仁也上下相敺以刻爲明深者獲公名平者多後患故治獄吏皆欲人死非憎人也自安之道在人之死夫人情安則樂生痛則思死捶楚之下何求而不得故囚人不勝痛則飾辭以示人吏治者利其然則指導以明之上奏畏卻則鍛鍊而周內之雖咎繇聽之猶以爲死有餘罪何則文致之罪故也故天下之患莫深於獄宣帝善之痛乎獄吏之害也久矣故曰古之立獄所以求生今之立獄所以求殺人不

可不愼也于定國爲廷尉集諸法律凡九百六十卷大辟四百九十條千八百八十二事死罪決比凡三千四百七十二條諸斷罪當用者合二萬六千二百七十二條後漢二百年閒律章無大增減魏武帝造甲子科條犯鈦左右趾者易以木械明帝改士民罰金之坐除婦人加笞之制晉武帝以魏制峻密又詔車騎賈充集諸儒學刪定名例爲二十卷幷合二千九百餘條晉室喪亂中原蕩然魏氏承百王之末屬崩散之後典刑泯棄禮俗澆薄自太祖撥亂蕩滌華夏至于太和然後吏清政平斷獄省簡所謂百年而後勝殘去殺故榷舉行事以著于篇

魏初禮俗純朴刑禁疏簡宣帝南遷復置四部大人坐王庭決辭訟以言語約束刻契記事無囹圄考訊之法諸犯罪者皆臨時決遣神元因循亡所革易穆帝時劉聰石勒傾覆晉室帝將平其亂乃峻刑法每以軍令從事民乘寬政多以違命得罪死者以萬計於是國落騷駭平文承業綏集離散

昭成建國二年當死者聽其家獻金馬以贖犯大逆者親族男女無少長皆斬

男女不以禮交皆死民相殺者聽與死家馬牛四十九頭及送葬器物以平之無繫訊連逮之坐盜官物一備五私則備十法令明白百姓晏然

太祖幼遭艱難備嘗險阻具知民之情僞及在位躬行仁厚協和民庶既定中原患前代刑網峻密乃命三公郎王德除其法之酷切於民者約定科令大崇簡易是時天下民久苦兵亂畏法樂安帝知其若此乃鎮之以玄默罰必從輕兆庶欣戴焉然於大臣持法不捨季年災異屢見太祖不豫綱紀褫頓刑罰頗爲濫酷

太宗卽位修廢官恤民隱命南平公長孫嵩北新侯安同對理民訟庶政復有敘焉帝既練精庶事爲吏者浸以深文避罪

世祖卽位以刑禁重神䴥中詔司徒崔浩定律令除五歲四歲刑增一年刑分大辟爲二科死斬死入絞大逆不道腰斬誅其同籍年十四已下腐刑女子沒縣官害其親者轘之爲蠱毒者男女皆斬而焚其家巫蠱者負羖羊抱犬沉諸淵當刑者贖貧則加鞭二百畿內民富者燒炭於山貧者役於圊溷女子入舂

藁其固疾不逮于人守苑囿王官階九品得以官爵除刑婦人當刑而孕產後百日乃決年十四已下降刑之半八十及九歲非殺人不坐拷訊不踰四十九論刑者部主具狀公車鞫辭而三都決之當死者部案奏聞以死不可復生懼監官不能平獄成皆呈帝親臨問無異辭怨言乃絕之諸州國之大辟皆先讞報乃施行闕左懸登聞鼓人有窮冤則撾鼓公車上奏其表是後民官瀆貨帝思有以肅之太延三年詔天下吏民得舉告牧守之不法於是凡庶之凶悖者專求牧宰之失迫脅在位取豪於閭閻而長吏咸降心以待之苟免而不恥貪暴猶自若也時輿駕數親征討及行幸四方真君五年命恭宗總百揆監國少傅游雅上疏曰殿下親覽百揆經營內外昧旦而興諮詢國老臣職忝疑承司是獻替漢武時始啓河右四郡議諸疑罪而謫徙之十數年後邊郡充實並修農戍孝宣因之以服北方此近世之事也帝王之於罪人非怒而誅之欲其徙善而懲惡謫徙之苦其懲亦深自非大逆正刑皆可從徙雖舉家投遠忻喜赴路力役終身不敢言苦且遠流分離心或思善如此姦邪可息邊垂足備恭宗

善其言然未之行

六年春以有司斷法不平詔諸疑獄皆付中書依古經義論決之初盜律贓四十匹致大辟民多慢政峻其法贓三匹皆死正平元年詔曰刑網太密犯者更衆朕甚愍之其詳案律令務求厥中有不便於民者增損之於是游雅與中書侍郎胡方回等改定律制盜律復舊加故縱通情止舍之法及他罪凡三百九十一條門誅四大辟一百四十五刑二百二十一條有司雖增損條章猶未能

闡明刑典

高宗初仍遵舊式太安四年始設酒禁是時年穀屢登士民多因酒致酗訟或議王政帝惡其若此故一切禁之釀沽飲皆斬之吉凶賓親則開禁有日程增置內外候官伺察諸曹外部州鎮至有微服雜亂於府寺閒以求百官疵失其所窮治有司苦加訊惻而多相誣逮輒劾以不敬諸司官贓二丈皆斬又增律七十九章門房之誅十有三大辟三十五刑六十二和平末冀州刺史源賀上言自非大逆手殺人者請原其命謫守邊戍詔從之

顯祖卽位除口誤開酒禁帝勤於治功百寮內外莫不震肅及傳位高祖猶躬覽萬機刑政嚴明顯拔清節沙汰貪鄙牧守之廉潔者往往有聞焉延與四年詔自非大逆干紀者皆止其身罷門房之誅自獄付中書覆案後頗上下法遂罷之獄有大疑乃平議焉先是諸曹奏事多有疑請又口傳詔敕或致矯擅於是事無大小皆令據律正名不得疑奏合則制可失衷則彈詰之盡從中墨詔自是事咸精詳下莫敢相罔

顯祖末年尤重刑罰言及常用惻愴每於獄案必令覆鞫諸有囚繫或積年不斷羣臣頗以爲言帝曰獄滯雖非治體不猶愈乎倉卒而濫也夫人幽苦則思善故囹圄與福堂同居朕欲其改悔而加以輕恕耳由是囚繫雖淹滯而刑罰多得其所又以赦令屢下則狂愚多僥幸故自延與終於季年不復下赦理官鞫囚杖限五十而有司欲免之則以細捶欲陷之則先大杖民多不勝而誣引或絶命於杖下顯祖知其若此乃爲之制其捶用荊平其節訊囚者其本大三分杖背者二分撻脛者一分拷悉依令皆從於輕簡也

高祖馭宇留心刑法故事斬者皆裸形伏質入死者絞雖有律未之行也太和
元年詔曰刑法所以禁暴息姦絶其命不在裸形其參詳舊典務從寛仁司徒
元丕等奏言聖心垂仁恕之惠使受戮者免裸骸之恥普天感德莫不幸甚臣
等謹議大逆及賊各棄市袒斬盜及吏受賕各絞刑踣諸甸師又詔曰民由化
穆非嚴刑所制防之雖峻陷者冞甚今犯法至死同入斬刑去衣裸體男女媟
見豈齊之以法示之以禮者也今具為之制
三年下詔曰治因政寛弊由網密今候職千數姦巧弄威重罪受賕不列細過
吹毛而舉其一切罷之於是更置謹直者數百人以防諠鬬於街術吏民安其
職業先是以律令不具姦吏用法致有輕重詔中書令高閭集中祕官等修改
舊文隨例增減又勑羣官參議厥衷經御刊定五年冬訖凡八百三十二章門
房之誅十有六大辟之罪二百三十五刑三百七十七除羣行剽劫首謀門誅
律重者止梟首時法官及州郡縣不能以情折獄乃為重枷大幾圍復以縋石
懸於囚頸傷內至骨更使壯卒迭搏之囚率不堪因以誣服吏持此以為能帝

聞而傷之乃制非大逆有明證而不款辟者不得大枷律枉法十匹義贓二百匹大辟至八年始班祿制更定義贓一匹枉法無多少皆死是秋遣使者巡行天下糾守宰之不法坐贓死者四十餘人食祿者跼蹐賕謁之路殆絕帝哀矜庶獄至於奏讞率從降恕全命徙邊歲以千計京師決死獄歲竟不過五十州鎮亦簡

十一年春詔曰三千之罪莫大於不孝而律不遜父母罪止髡刑於理未衷可更詳改又詔曰前命公卿論定刑典而門房之誅猶在律策違失周書父子異罪推古求情意甚無取可更議之刪除繁酷秋八月詔曰律文刑限三年便入極默坐無太半之校罪有死生之殊可詳案律條諸有此類更一刊定冬十月復詔公卿令參議之

十二年詔犯死罪若父母祖父母年老更無成人子孫又無期親者仰案後列奏以待報著之令格

世宗即位意在寬政正始元年冬詔曰議獄定律有國攸慎輕重損益世或不

同先朝垂心典憲刊革令軌但時屬征役未之詳究施於時用猶致疑舛尚書
門下可於中書外省論律令諸有疑事斟酌新舊更加思理增減上下必令周
備隨有所立別以申聞庶於循變協時永作通制
永平元年秋七月詔尚書檢枷杖大小違制之由科其罪失尚書令高肇尚書
僕射清河王懌尚書邢巒尚書李平尚書江陽王繼等奏曰臣等聞王者繼天
子物爲民父母導之以德化齊之以刑法小大必以情哀矜而勿喜務於三訊
五聽不以木石定獄伏惟陛下子愛蒼生恩侔天地疏網改祝仁過商后以枷
杖之非度愍民命之或傷爰降慈旨廣垂昭恤雖有虞慎獄之深漢文惻隱之
至亦未可共日而言矣謹案獄官令諸察獄先備五聽之理盡求情之意又驗
諸證信事多疑似猶不首實者然後加以拷掠諸犯年刑已上枷鎖流徙已上
增以杻械迭用不俱非大逆外叛之罪皆不大枷高杻重械又無用石之文而
法官州郡因緣增加遂爲恆法進乖五聽退違令文誠宜案劾依旨科處但踵
行已久計不推坐檢杖之小大鞭之長短令有定式但枷之輕重先無成制臣

等參量造大枷長一丈三尺喉下長一丈通頰木各方五寸以擬大逆外叛杻械以掌流刑已上諸臺寺州郡大枷請悉焚之枷本掌囚非拷訊所用從今斷獄皆依令盡聽訊之理量人彊弱加之拷掠不聽非法拷人兼以拷石自是枷杖之制頗有定準未幾獄官肆虐稍復重大法例律五等列爵及在官品令從第五以階當刑二歲免官者三載之後聽仕降先階一等延昌二年春尚書邢巒奏竊詳王公已下或析體宸極或著勳當時咸胙土授民維城王室至於五等之爵亦以功錫雖爵秩有異而號擬河山得之至難失之永墜刑典既同名復殊絕請議所宜附爲永制詔議律之制與八座門下參論皆以爲官人若罪本除名以職當刑猶有餘資復降階而敘至於五等封爵除刑若盡永即甄削便同之除名於例實爽愚謂自王公以下有封邑罪除名三年之後宜各降本爵一等王及郡公降爲縣公公爲侯侯爲伯伯爲子子爲男至于縣男則降爲鄉男五等爵者亦依此而降至於散男其鄉男無可降授者三年之後聽依其本品之資出身詔從之其年秋符璽郎中高賢弟員外散騎侍郎仲賢叔司徒

府主簿六珍等坐弟季賢同元愉逆除名爲民會赦之後被旨勿論尚書邢巒
奏案季賢既受逆官爲其傳檄規扇幽瀛遘茲禍亂據律準犯罪當孥戮兄叔
坐法法有明典賴蒙大宥身命獲全除名還民於其爲幸然反逆坐重故支屬
相及體既相及事同一科豈有赦前皆從流斬之罪赦後獨除反者之身又緣
坐之罪不得以職除流且貨賕小愆寇盜微戾贓狀露驗者會赦猶除其名何
有罪極裂冠釁均毀冕父子齊刑兄弟共罰赦前同斬從流赦後有復官之理
依律則罪合孥戮準赦則例皆除名古人議無將之罪者毀其室洿其宮絕其
蹤滅其類其宅猶棄而況人乎請依律處除名爲民詔曰死者既在赦前又員
外非在正侍之限便可悉聽復仕
三年尚書李平奏冀州阜城民費羊皮母亡家貧無以葬賣七歲子與同城人
張回爲婢回轉賣於鄃縣民梁定之而不言良狀案盜律掠人掠賣人和賣人
爲奴婢者死回故買羊皮女謀以轉賣依律處絞刑詔曰律稱和賣人者謂兩
人詐取他財今羊皮賣女告回稱良張回利賤知良公買誠於律俱乖而兩各

非詐此女雖父賣爲婢體本是良回轉賣之日應有遲疑而賣者旣以有罪買者不得不坐但賣者以天性難奪支屬易遺尊卑不同故罪有異買者知良故買又於彼無親若買同賣者卽理不可何者賣五服內親屬在尊長者死此亦非掠從其真買曁於致罪刑死大殊明知買者之坐自應一例不得全如鈞議云買者之罪不過賣者之咎也且買者於彼無天性支屬之義何故得有差等之理又案別條知人掠盜之物而故買者以隨從論依此律文知人掠良從其宜買罪止於流然其親屬相賣坐殊凡掠至於買者亦宜不等若處同流坐於法爲深準律斟降合刑五歲至如買者知是良人決便真賣不語前人得之由緒前人謂真奴婢更或轉賣因此流漂罔知所在家人追贖求訪無處永沉賤隸無復良期案其罪狀與掠無異且法嚴而姦易息政寬而民多犯水火之喻先典明文今謂買人親屬而復決賣不告前人良狀由緒處同掠罪太保高陽王雍議曰州處張回專引盜律檢回所犯本非和掠保證明然去盜遠矣今引以盜律之條處以和掠之罪原情究律實爲乖當如臣鈞之議知買掠良人者

本無罪文何以言之羣盜彊盜無首從皆同和掠之罪故應不異明此自無正
條引類以結罪臣鴻以轉賣流漂罪與掠等可謂罪人斯得案賊律云謀殺人
而發覺者流從者五歲刑已傷及殺而還蘇者死從者流已殺者斬從而加功
者死不加者流詳沉賤之與身死流漂之與腐骨一存一亡爲害孰甚然賊律
殺人有首從之科盜人賣買無唱和差等謀殺之與和掠同是良人應爲準例
所以不引殺人減之降從彊盜之一科縱令謀殺之與彊盜俱得爲例而似從
輕其義安在又云知人掠盜之物而故賣者以隨從論此明禁暴掠之原遏姦
盜之本非謂市之於親尊之手而同之於盜掠之刑竊謂五服相賣俱是良人
所以容有差等之罪者明去掠盜理遠故從親疏爲差級尊卑爲輕重依律諸
共犯罪皆以發意爲首明賣買之元有由魁末之坐宜定若羊皮不云賣則回
無買心則羊皮爲元首張回爲從坐首有沾刑之科從有極默之戾推之憲律
法刑無據買者之罪宜各從賣者之坐又詳臣鴻之議有從他親屬買得良人
而復真賣不語後人由狀者處同掠罪既一爲婢賣與不賣俱非良人何必以

不賣爲可原轉賣爲難恕張回之愆宜鞭一百賣子葬親孝誠可美而表賞之
議未聞刑罰之科已降恐非敦風厲俗以德導民之謂請免羊皮之罪公酬賣
直詔曰羊皮賣女葬母孝誠可嘉便可特原張回雖買之於父不應轉賣可刑
五歲先是皇族有譴皆不持訊時有宗士元顯富犯罪須鞫宗正約以舊制尚
書李平奏以帝宗磐固周布於天下其屬籍疏遠蔭官卑末無良犯憲理須推
究請立限斷以爲定式詔曰雲來綿遠繁衍世滋植籍宗氏而爲不善量亦多
矣先朝既無不訊之格而空相矯恃以長違暴諸在議請之外可悉依常法其
年六月兼廷尉卿元志監王靖等上言檢除名之例依律文獄成謂處罪案成
者寺謂犯罪逕彈後使覆檢鞫證定刑罪狀彰露案署分兩獄理是成若使案
雖成雖已申省事下廷尉或寺以情狀未盡或邀駕撾鼓或門下立疑更付別
使者可從未成之條其家人陳訴信其專辭而阻成斷便是曲遂於私有乖公
體何者五詐既窮六備已立僥倖之輩更起異端進求延罪於漏刻退希不測
之恩宥辨以惑正曲以亂直長民姦於下隳國法於上竊所未安大理正崔纂

評楊機丞甲休律博士劉安元以爲律文獄已成及決竟經所綰而疑有姦欺
不直於法及訴寃枉者得攝訊覆治之檢使處罪者雖已案成御史風彈以痛
誣伏或拷不承引依證而科或有私嫌彊逼成罪家人訴枉辭案相背刑憲不
輕理須訊鞫既爲公正豈疑於私如謂規不測之澤抑絶訟端則枉滯之徒終
無申理若從其案成便乖覆治之律然未判經赦及覆治理狀真僞未分承前
以來如此例皆得復職愚謂經奏遇赦及已覆治得爲獄成尚書李韶奏使雖
結案處上廷尉解送至省及家人訴枉尚書納辭連解下鞫未檢遇宥者不得
爲案成之獄推之情理謂崔纂等議爲允詔從之
熙平中有冀州妖賊延陵王買負罪逃亡赦書斷限之後不自歸首廷尉卿裴
延儁上言法例律諸逃亡赦書斷限之後不自歸首者復罪如初依賊律謀反
大逆處置梟首其延陵法權等所謂月光童子劉景暉者妖言惑衆事在赦後
闕 合死坐正崔纂以爲景暉云能變爲蛇雉此乃傍人之言雖殺暉爲無理恐
赦暉復惑衆是以依違不敢專執當今不諱之朝不應行無罪之戮景暉九歲

小兒口尙乳臭舉動云爲並不關己月光之稱不出其口皆姦吏無端横生粉墨所謂爲之者巧殺之者能若以妖言惑衆據律應死然更不破闞惑衆赦令之後方顯其律令之外更求其罪赦律何以取信於天下天下焉得不疑於赦律乎書曰與殺無辜寧失有罪又案法例律八十已上八歲已下殺傷論坐者上請議者謂悼耄之罪不用此律愚以老智如尙父少惠如甘羅此非常之士可如其議景暉愚小自依凡律靈太后令曰景暉既經恩宥何得議加横罪可謫略陽民餘如奏

時司州表河東郡民李憐生行毒藥案以死坐其母訴稱一身年老更無期親例合上請檢籍不謬未及判申憐母身喪州斷三年服終後乃行決司徒曹參軍許琰謂州判爲允主簿李瑒駮曰案法例律諸犯死罪若祖父母父母年七十已上無成人子孫旁無期親者具狀上請流者鞭笞留養其親終則從流不在原赦之例檢上請之言非應府州所決毒殺人者斬妻子流計其所犯實重餘憲準之情律所虧不淺且憐既懷酖毒之心謂不可參隣人任計其母在猶

宜闔門投畀況今死也引以三年之禮乎且給假殯葬足示仁寛今已卒哭不
合更延可依法處斬流其妻子實足誡彼氓庶肅是刑章尚書蕭寶夤奏從場
執詔從之
舊制直閤直後直齋武官隊主隊副等以比視官至於犯譴不得除罪尚書令
任城王澄奏案諸州中正亦非品令所載又無祿恤先朝已來皆得當刑直閤
等禁直上下有宿衛之勤理不應異靈太后令準中正
神龜中蘭陵公主駙馬都尉劉輝坐與河陰縣民張智壽妹容妃陳慶和妹慧
猛姦亂耽惑毆主傷胎輝懼罪逃亡門下處奏各入死刑智壽慶和並以知情
不加防限處以流坐詔曰容妃慧猛恕死髡鞭付宮餘如奏尚書三公郎中崔
纂執曰伏見旨募若獲劉輝者職人賞二階白民聽出身進一階廝役免役奴
婢爲良案輝無叛逆之罪賞同反人劉宣明之格又尋門下處奏以容妃慧猛
與輝私姦兩情耽惑令輝俠忿毆主傷胎雖律無正條罪合極法並處入死其
智壽等二家配敦煌爲兵天慈廣被不卽施行雖恕其命竊謂未可夫律令高

皇帝所以治天下不為喜怒增減不由親疎改易案鬭律祖父母父母忿怒以兵刃殺子孫者五歲刑毆殺者四歲刑若心有愛憎而故殺者各加一等雖王姬下降貴殊常妻然人婦之孕不得非一夕生永平四年先朝舊格諸刑流及死皆首罪判官後決從者事必因本以求支獄若以輝逃避便應懸處未有捨其首罪而成其末從流死參差或時未允門下中禁大臣職在敷奏昔邴吉為相不存鬭斃而問牛喘豈不以司別故也案容妃等罪止於姦私若擒之穢席衆證分明即律科處不越刑坐何得同宮掖之罪齊奚官之顧 案智壽口訴妹適司士曹參軍羅顯貴已生二女於其夫則他家之母禮云婦人不二夫猶曰不二天若私門失度罪在於夫釁非兄弟昔魏晉未除五族之刑有免子戮母之坐何曾諍之謂在室之女從父母之刑已醮之婦從夫家之刑斯乃不刊之令軌古今之通議律期親相隱之謂凡罪況姦私之醜豈得以同氣相證論刑過其所犯語情又乖律憲案律姦罪無相緣之坐不可借輝之忿加兄弟之刑夫刑人於市與衆棄之爵人於朝與衆共之明不私於天下無欺於耳目何得

以非正刑書施行四海刑名一失駟馬不追既有詔旨依卽行下非律之案理
宜更請尚書元脩議以爲昔哀姜悖禮於魯齊侯取而殺之春秋所譏又夏姬
罪濫於陳國但責徵舒而不非父母明婦人外成犯禮之愆無關本屬況出適
之妹釁及兄弟乎右僕射游肇奏言臣等謬參樞轄獻替是司門下出納謨明
常則至於無良犯法職有司存劾罪結案本非其事容犯等姦狀罪止於刑並
處極法準律未當出適之女坐及其兄推據典憲理實爲猛又輝雖逃刑罪非
孥戮募同大逆亦謂加重乖律之案理宜陳請乞付有司重更詳議詔曰輝悖
法者之罪不可縱厚賞懸募必望擒獲容妃慧猛與輝私亂因此耽惑主致非
常此而不誅將何懲肅且已醮之女不應坐及昆弟但智壽慶和知妹姦情初
不防禦招引劉輝共成淫醜敗風穢化理深其罰特敕門下結獄不拘恆司豈
得一同常例以爲通準且古有詔獄寧復一歸大理而尚書治本納言所屬弗
究悖理之淺深不詳損化之多少違彼義途苟存執憲殊乖任寄深合罪責崔
纂可免郎都坐尚書悉奪祿一時

孝昌已後天下淆亂法令不恆或寬或猛及尒朱擅權輕重肆意在官者多以深酷爲能至遷鄴京畿羣盜頗起有司奏立嚴制諸强盜殺人者首從皆斬妻子同籍配爲樂戶其不殺人及贓不滿五匹魁首斬從者死妻子亦爲樂戶小盜贓滿十匹已上魁首死妻子配驛從者流侍中孫騰上言謹詳法若畫一理尚不二不可喜怒由情而致輕重案律公私劫盜罪止流刑而比執事苦違好爲穿鑿律令之外更立餘條通相糺之路班捉獲之賞斯乃刑書徒設獄訟更煩法令滋彰盜賊多有非所謂不嚴而治遵守典故者矣臣以爲升平之美義在省刑陵遲之弊必由峻法是以漢約三章天下歸德秦酷五刑率土瓦解禮訓君子律禁小人舉罪定名國有常辟至如眚災肆赦怙終賊刑經典垂言國朝成範隨時所用各有司存不宜巨細滋煩令民豫備恐防之彌堅攻之彌甚請諸犯盜之人悉准律令以明恆憲庶使刑殺折衷不得棄本從末詔從之

天平後遷移草刱百司多不奉法貨賄公行興和初齊文襄王入輔朝政以公平肅物大改其風至武定中法令嚴明四海知治矣

魏書卷一百一十一

魏書卷一百一十一考證

熙平中事在赦後 闕 合死坐○闕一本作亦

神龜中齊奚官之 闕 ○闕一本作律

魏書卷一百一十一考證

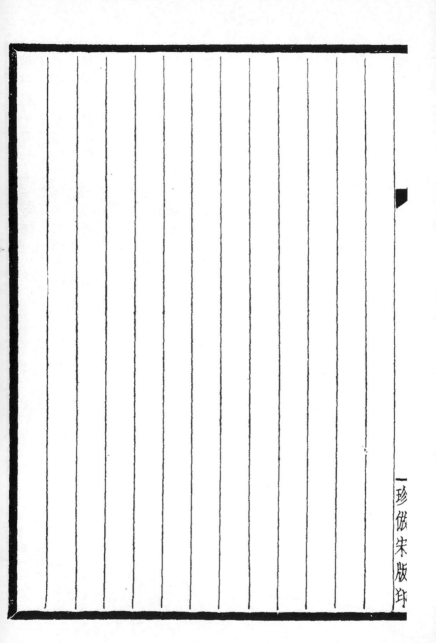

魏書卷一百一十二上

齊　魏收　撰

志第十七

靈徵八上

帝王者配德天地協契陰陽發號施令動關幽顯是以克躬脩政畏天敬神雖休勿休而不敢怠也化之所感其徵必至善惡之來報應如響斯蓋神祇眷顧告示禍福人主所以仰瞻俯察戒德愼行弭譴咎致休禎圓首之類咸納於仁壽然則治世之符亂邦之孽隨方而作厥迹不同眇自百王不可得而勝數矣今錄皇始之後災祥小大總爲靈徵志

地震

洪範論曰地陰類大臣之象陰靜而不當動動者臣下彊盛將動而爲害之應也

太宗泰常四年二月甲子司州地震屋室盡搖動

世祖太延二年十一月丁卯幷州地震
四年三月乙未京師地震
十一月丁亥幽兗二州地震
眞君元年五月丙午河東地震
高祖延興四年五月鴈門崎城有聲如雷自上西引十餘聲聲止地震
十月己亥京師地震
太和元年四月辛酉京師地震
五月統萬鎮地震有聲如雷
閏月秦州地震殷殷有聲四年正月雍州氐民齊男王反
二年二月丙子兗州地震四年十月蘭陵民桓富反殺其縣令
七月丁卯幷州地震有聲
三年三月戊辰平州地震有聲如雷野雉皆雊
十月丁卯京師地震五年二月沙門法秀謀反

四年五月己酉幷州地震
五年二月戊戌秦州地震
六年五月癸未秦州地震有聲
八月甲午秦州地震有聲如雷乙未又震
七年三月甲子秦州地震有聲
四月丁卯肆州地震有聲
六月甲子東雍州地震有聲
八年十一月丙申幷州地震
十年正月辛未幷州地震殷殷有聲
閏月丙午秦州地震
二月甲子京師地震丙寅又震
丙午秦州地震有聲
三月壬子京師及營州地震十二年三月中散梁衆保謀反

十九年二月己未光州地震東萊之牟平䖍丘山陷五所一處有水
二十年正月辛未幷州地震
四月乙未營州地震十二月桓州刺史穆泰等在州謀反誅
二十二年三月癸未營州地震
八月戊子兗州地震
九月辛卯幷州地震
二十三年六月乙未京師地震
世宗景明元年六月庚午秦州地震
四年正月辛酉涼州地震
壬申幷州地震
六月丁亥秦州地震
十二月辛巳秦州地震正始三年正月秦州民王智等聚衆二千自號王公尋
推秦州主簿呂苟兒爲主

正始元年四月庚辰京師地震
六月乙巳京師地震
二年九月己丑恆州地震
三年七月己丑涼州地震殷殷有聲城門崩
八月庚申秦州地震九月夏州長史曹明謀反
永平元年春正月庚寅秦州地震三年二月秦州沙門劉光秀謀反
九月壬辰青州地震殷殷有聲
二年正月壬寅青州地震
四年五月庚戌恆定二州地震殷殷有聲
十月己巳恆州地震有聲如雷
延昌元年四月庚辰京師及并朔相冀定瀛六州地震恆州之繁畤桑乾靈丘
肆州之秀容鴈門地震陷裂山崩泉湧殺五千三百一十人傷者二千七百二
十二人牛馬雜畜死傷者三千餘後尒朱榮彊擅之徵也

十月壬申秦州地震有聲
十一月己酉定肆二州地震
十二月辛未京師地震東北有聲
二年三月己未濟州地震有聲
闕月丙戌京師地震
三年正月辛亥有司奏肆州上言秀容郡敷城縣自延昌二年四月地震於今不止尒朱榮徵也
四年正月癸丑華州地震
十一月甲午地震從西北來殷殷有聲丁酉又地震從東北來
肅宗熙平二年十二月乙巳秦州地震有聲
正光二年六月秦州地震有聲東北引五年莫折念生反
三年六月庚辰徐州地震孝昌元年元法僧反
孝靜武定三年冬幷州地震

七年夏幷州鄉郡地震

山崩

鴻範論曰山陽君也水陰民也天戒若曰君道崩壞百姓將失其所也

太祖天賜六年春三月恆山崩

世祖太延四年四月己酉華山崩其占曰山嶽配天猶諸侯之係天子山嶽崩諸侯有亡者沮渠牧犍將滅之應

世宗景明元年五月乙丑齊州山茌縣太陰山崩飛泉湧出殺一百五十九人

四年十一月丁巳恆山崩

正始元年十一月癸亥恆山崩

延昌三年八月辛巳兗州上言泰山崩頹石湧泉十七處泰山帝王告成封禪之所也而山崩泉湧陽黜而陰盛岱又齊地也天意若曰當有繼齊而興受禪讓者齊代魏之徵也

大風

京房易傳曰衆逆同志至德乃潛厥異風
太宗永興三年二月甲午京師大風五月己巳昌黎王慕容伯兒謀反伏誅
十一月丙午又大風五年河西叛胡曹龍張大頭等各領部衆二萬入蒲子
四年正月癸卯元會而大風晦冥乃罷
五年十一月庚寅京師大風起自西方
神瑞元年四月京師大風
二年正月京師大風三月河西飢胡反屯聚上黨推白亞栗斯爲盟主
世祖太延二年四月甲申京師暴風宮牆倒殺數十人
三年十二月京師大風揚沙折樹
眞君元年二月京師有黑風竟天廣五丈餘四月庚辰沮渠無諱寇張掖禿髮
保周屯于刪丹嶺
高宗和平二年三月壬午京師大風晦暝
高祖延興五年五月京師赤風

太和二年七月庚申武川鎮大風吹失六家羊角而上不知所在
壬戌雍州赤風
三年六月壬辰相州大風從酉上來發屋折樹
七年四月相豫二州大風
八年三月冀定相三州暴風
四月濟光幽肆雍齊六州暴風
九年六月庚戌濟洛肆相四州及靈丘廣昌鎮暴風折木
十二年五月壬寅京師連日大風甲辰尤甚發屋拔樹
六月壬申京師大風
十四年七月丁酉朔京師大風拔樹發屋
二十三年八月徐州自甲寅至己未大風拔樹
閏月庚申河州暴風大雨雹
世宗景明元年二月癸巳幽州暴風殺一百六十一人

三年閏月甲午京師大風拔樹發屋吹折閶闔門闕
九月丙辰幽岐梁東秦州暴風昏霧拔樹發屋
四年三月己未司州之河北河東正平平陽大風拔樹
正始元年七月戊辰東秦州暴風拔樹發屋
二年二月癸卯有黑風羊角而上起於柔玄鎮蓋地一頃所過拔樹甲辰至於營州東入於海
四年五月甲子京師大風
永平元年四月壬申京師大風拔樹八月癸亥冀州刺史京兆王愉據州反
三年五月己亥南秦州廣業仇池郡大風發屋拔樹
延昌四年三月癸亥京師暴風從西北來發屋折樹
肅宗熙平二年九月瀛州暴風大雨自辛酉至於乙丑
正光三年四月癸酉京師暴風大雨發屋拔樹
四年四月辛巳京師大風

孝昌二年五月丙寅京師暴風拔樹發屋吹平昌門扉壞永寧九層塔折於時天下所在兵亂

前廢帝普泰元年夏大風雨吹普光寺門屋於地

孝靜武定七年三月穎川大風

大水

鴻範論曰大水者皆君臣治失而陰氣稸積盛彊生水雨之災也

太祖天賜三年八月霖雨大震山谷水溢

太宗泰常三年八月河內大水

世祖延和元年六月甲戌京師水溢壞民廬舍數百家

真君八年七月平州大水

高祖太和二年夏四月南豫徐兗州大霖雨

六年七月青雍二州大水

八月徐東徐兗濟平豫光七州平原枋頭廣阿臨濟四鎮大水

九年九月南豫朔二州各大水殺千餘人
二十二年戊午兗豫二州大霖雨
二十三年六月青齊光南青徐豫兗東豫八州大水
世宗景明元年七月青齊南青光徐兗豫東豫司州之潁川汲郡大水平隰一
丈五尺民居全者十四五
正始二年三月青徐州大雨霖海水溢出於青州樂陵之隰沃縣流漂一百五
十二人
永平三年七月州郡二十大水
延昌元年夏京師及四方大水
二年五月壽春大水
肅宗熙平元年六月徐州大水
二年九月冀瀛滄三州大水
正光二年夏定冀瀛相四州大水

孝昌三年秋京師大水
出帝太昌元年六月庚午京師大水穀水汎溢壞三百餘家
孝靜元象元年定冀瀛滄四州大水
興和四年滄州大水
湧泉
太宗泰常五年十二月壬辰湧泉出于平城
高宗和平五年十一月鴈門泉水穿石湧出
前廢帝普泰元年秋司徒府太倉前井並溢占曰民遷流之象永熙三年十月
都遷於鄴
孝靜天平四年七月泰州井溢
元象元年二月鄴城西南有枯井溢
雨雹
鴻範論曰陽之專氣為雹陰之專氣為霰此言陽專而陰脅之陰專而陽薄之

不能相入則專而爲雹猶臣意不合於君心也
高祖延興四年四月庚午涇州大雹傷稼
承明元年四月辛酉青齊徐兗大風雹
八月庚申幷州鄉郡大雹平地尺草木禾稼皆盡
癸未定州大雹殺人大者方圓二尺
世宗景明元年六月雍青二州大雨雹殺麞鹿
四年五月癸酉汾州大雨雹
六月乙巳汾州大雨雹草木禾稼雉兎皆死
七月甲戌暴風大雨雹起自汾州經幷相司兗至徐州而止廣十里所過草木無遺
正始二年三月丁丑齊濟二州大雹雨雪
永平三年五月庚子南秦廣業郡大雨雹殺鳥獸禾稼
雪

鴻範論曰春秋之大雨雪猶庶徵之恆雨也然尤甚焉夫雨陰也雪又陰也大雪者陰之稸積盛甚也一曰與大水同冬故爲雪耳

世祖始光二年十月大雪數尺

真君八年五月北鎮寒雪人畜凍死是時爲政嚴急

高祖太和四年九月甲子朔京師大風雨雪三尺

世宗正始元年五月壬戌武川鎮大雨雪

四年二月乙卯司相二州暴風大雨雪

九月壬申大雪

肅宗正光二年四月柔玄鎮大雪

霜

京房易傳曰興兵妄誅茲謂亡法厥災霜夏殺五穀冬殺麥誅不原情茲謂不仁夏先大霜

太祖天賜五年七月冀州實霜

世祖太延元年七月庚辰大隕霜殺草木
高宗和平六年四月乙丑隕霜
高祖太和三年七月雍朔二州及枹罕吐京薄骨律敦煌仇池鎮並大霜禾豆盡死
六年四月潁州郡隕霜
七年三月肆州風霜殺菽
九年四月雍青二州隕霜
六月洛肆相三州及司州靈丘廣昌鎮隕霜
十四年八月乙未汾州隕霜
世宗景明元年四月丙子夏州隕霜殺草
六月丁亥建興郡隕霜殺草
八月乙亥雍幷朔夏汾五州司州之正平平陽頻暴風隕霜
二年三月辛亥齊州隕霜殺桑麥

四年三月壬戌雍州隕霜殺桑麥
辛巳青州隕霜殺桑麥
正始元年五月壬戌武川鎮隕霜
六月辛卯懷朔鎮隕霜
七月戊辰東秦州隕霜
八月庚子河州隕霜殺稼
二年四月齊州隕霜
五月壬申恆汾二州隕霜殺稼
七月辛巳豳岐二州隕霜
乙未敦煌隕霜
戊戌恆州隕霜
三年六月丙申安州隕霜
四年三月乙丑豳州頻隕霜

四月乙卯敦煌頻霣霜
八月河州霣霜
永平元年三月乙酉岐豳二州霣霜
己丑幷州霣霜
四月戊午敦煌霣霜
二年四月辛亥武州鎮霣霜
延昌四年三月癸亥河南八州霣霜
肅宗熙平元年七月河南北十一州霜

無雲而雷

鴻範論曰雷陽也雲陰也有雲然後有雷有臣然後有君也雷託於雲君託於臣陰陽之合也故無雲而雷示君獨處無臣民也
顯祖皇興元年七月東北無雲而雷
二年七月東北有聲如雷

世宗延昌元年二月己酉有聲起東北南引殷殷如雷二聲而止

鼓妖

世祖太延四年十月辛酉北有聲如大鼓西北行

雷

鴻範論曰陽用事百八十三日而終陰用事亦百八十三日而終雷出地百八十三日而入地入地百八十三日而復出地是其常經也故雷安萬物安雷害萬物害猶國也君安國亦安君害國亦害不當雷而雷皆失節也

世祖神𪊲元年十月己酉雨雷電

太延三年十月癸丑雷

四年十一月丁亥雷

高祖太和三年十一月庚戌豫州雷雨

戊申豫州大雷雨平地水三寸

四年十月戊戌雷

七年十一月辛巳幽州雷電城內盡赤
世宗景明二年十一月辛卯涼州雷七發聲
三年十二月己巳夜雷九發聲
正始元年十一月甲寅秦齊荆朔四州雷電
肅宗正光元年正月壬寅雷
震
春秋震夷伯之廟左丘明謂展氏有隱慝焉劉向以爲夷伯世大夫天戒若曰
勿使大夫世官將專事也
太祖天賜六年四月震天安殿東序帝惡之令左校以衝車攻殿東西兩序屋
毀之帝竟暴崩
顯祖皇興二年十一月夜震電
高祖太和三年五月戊午震東廟東中門屋南鴟尾
霧

班固說上不寬大包容臣下則不能居聖位貌言視聽以心爲主四者皆失則
區瞀無識故其咎霧
世祖太延四年正月庚子雨土如霧于洛陽
高祖太和十二年十一月丙戌土霧竟天六日不開到甲夜仍復濃密勃勃如
火烟辛慘人鼻
世宗景明三年二月己丑秦州黃霧雨土覆地
八月己酉濁氣四塞
四年八月辛巳涼州雨土覆地亦如霧
正始二年正月己丑夜陰霧四塞初黑後赤
三年正月辛丑土霧四塞
九月壬申黑霧四塞
延昌元年二月甲戌黃霧蔽塞時高肇以外戚見寵兄弟受封同漢之五侯也
桃李花

庶徵之恆燠劉向班固以冬亡冰及霜不殺草之應京房易傳曰夏暑殺人冬則物華實
世祖真君五年八月華林園諸果盡花
高祖延興五年八月中山桃李花
承明元年九月幽州民齊淵家杜樹結實既成一朝盡落花葉復生七日之中蔚如春狀
世宗景明四年十一月齊州東清河郡桃李花
延昌四年閏十月辛亥京師柰樹花
火不炎上
鴻範傳曰棄法律逐功臣殺太子以妾爲妻則火不炎上謂火失其性而爲災
高宗太安五年春三月肥如城內大火官私廬舍焚燒略盡唯有東西二寺佛圖像舍火獨不及
高祖太和八年五月戊寅河內沁縣澤自然稍增至百餘步五日乃滅

世宗景明元年三月乙巳恆岳祠災
肅宗正光元年五月鈎盾禁災
孝昌二年夏幽州遒縣地然
三年春瀛州城內大火燒三千餘家
出帝永熙三年二月永寧寺九層佛圖災既而時人咸言有人見佛圖飛入東海中永寧佛圖靈像所在天意若曰永寧見災魏不寧矣渤海齊獻武王之本封也神靈歸海則齊室將興之驗也
三月幷州三級寺南門災
孝靜天平四年秋鄴閶闔門東闕火
武定三年冬汾州西河北山有火潛行地下熱氣上出
黑眚黑祥
世祖始光二年正月甲寅夜天東南有黑氣廣一丈長十丈占有兵二月慕容渴悉鄰反於北平

顯祖皇興三年正月河濟起黑雲廣數里掩東陽城上昏暗如夜既而東陽城潰

世宗景明三年九月己卯黑氣四塞甲辰揚州破蕭衍將張囂之斬級二千

赤眚

高祖太和二年十一月丁未夜有三白氣從地出須臾變爲黃赤光明照地

十六年九月丁巳昏時赤氣見於西北長二十丈廣八九尺食頃乃滅

世宗延昌元年三月丙申有赤氣見於天自卯至戌

肅宗正光元年十一月辛未西北赤氣竟天畔似火氣京師不見涼州以聞

三年九月甲辰夜西北有赤氣似火爛東西一匹餘北鎮反亂之徵

五年五月癸酉申時北有赤氣東西竟天如火爛

莊帝永安三年十一月己丑有赤氣如霧從顯陽殿階西南角斜屬步廊高一丈許連地如絳紗幔自未至戌不滅帝見而惡之終有幽崩之禍

孝靜天平三年正月己亥戌時東方有赤氣可三丈餘三食頃而滅

青眚

莊帝永安三年六月甲子申時辰地有青氣廣四尺東頭緣山西北引至天半止西北戌地有黑赤黃雲如山峯頭有青氣廣四尺許東南引至天半二氣相接東南氣前散西北氣後滅亦帝執崩之徵也

夜妖

班固說夜妖者雲風並起而杳冥故與常風同象也溫而風則生螟螣之孽

世宗正始元年六月乙巳晦

八月甲辰晝晦

人痾

劉歆說貌之不恭是謂不肅上嫚下暴則陰氣勝水傷百穀衣食不足姦宄並作故其極惡也一曰民多被刑貌醜惡也班固以爲六畜謂之禍言其著也及人謂之痾痾病貌言寢深也

太宗永興三年民烏蘭喉下生骨狀如羊角長一尺餘

高祖太和十六年五月尚書李沖奏定州中山郡毋極縣民李班虎女獻容以
去年九月二十日右手大拇指甲下生毛九莖至十月二十日長一尺二寸
肅宗熙平二年十一月己未并州表送祁縣民韓僧真女令姬從母右脇而生
靈太后令付掖庭
正光元年五月戊戌南兗州下蔡郡有大人跡見行七步跡長一尺八寸廣七
寸五分
高祖延興三年秋秀容郡婦人一產四男四產十六男
莊帝永安三年十一月丁卯京師民家妻產男一頭二身四手四脚三耳
太和十六年十一月乙亥高祖與沙門道登幸侍中省日入六鼓見一鬼衣黃
褶袴當戶欲入帝以爲人叱之而退問諸左右咸言不見唯帝與道登見之
顯祖皇興二年十月豫州疫民死十四五萬
世宗永平三年四月平陽之禽昌襄陵二縣大疫自正月至是月死者二千七
百三十人

金沴

太和十九年六月徐州表言丈八銅像汗流於地

永安普泰永熙中京師平等寺定光金像每流汗國有事變時咸畏異之

永安三年二月京師民家有二銅像各長尺餘一頭下生白毫四一頰傍生黑毛一

龍虵之孽

鴻範論曰龍鱗蟲也生於水雲亦水之象陰氣盛故其象至也人君下悖人倫上亂天道必有篡殺之禍

世祖神䴥三年三月有白龍二見于京師家人井中

真君六年二月丙辰有白龍見于京師家人井中龍神物也而屈於井中皆世祖暴崩之徵也

肅宗正光元年八月有黑龍如狗南走至宣陽門躍而上穿門樓下而出魏衰之徵也

莊帝永安二年晉陽龍見於井中久不去莊帝暴崩晉陽之徵也
前廢帝普泰元年四月甲寅有龍跡自宣陽門西出復入城乙卯羣臣入賀帝曰國將興聽於民將亡聽於神但當君臣上下克己爲治未足恃此爲慶
馬禍
鴻範論曰馬者兵象也將有寇戎之事故馬爲怪也
肅宗熙平二年十一月辛未恆州送馬駒肉尾長一尺騣處不生毛
正光元年九月沃野鎮官馬爲蟲入耳死者十四五蟲似蝿長五寸已下大如
㨨
牛禍
鴻範論易曰坤爲牛坤土也土氣亂則牛爲怪一曰牛禍其象宗廟將滅一曰轉輸煩則牛生禍
世宗景明二年五月冀州上言長樂郡牛生犢一頭二面二口三目三耳
羊禍

鴻範論曰君不明失政之所致
高祖太和二十三年三月肆州上言陽曲縣羊生羔一頭二身一牝一牡三耳
八足尋高祖崩六輔專事
世宗正始元年七月鄯善鎮送羊羔一頭兩身八脚
二年正月鄯善鎮送八脚羊
延昌四年五月薄骨律鎮上言羊羔一頭六足兩尾
豕禍
京房傳曰凡妖象其類足多者所任邪也京房易妖曰豕生人頭豕身者邑且
亂亡
高祖延興元年九月有司奏豫州刺史臨淮公王讓表有豬生子一頭二身八
足
世宗景明四年九月梁州上言犬豕交
正始四年八月京師豬生子一頭四耳兩身八足

延昌四年七月徐州上言陽平戍睹生子頭面似人頂有肉髻體無毛靈太后幼主傾覆之徵也

鷄禍

鴻範論曰京房傳曰鷄小畜猶小臣也角者兵之象在上君之威也此小臣執事者將秉君之威以生亂不治之害

高祖太和元年夏五月有司奏京師有雌鷄二頭上生冠如角與衆鷄異是時文明太后臨朝信用羣小之徵

世宗正始元年四月河南有鷄雛四足四翼語在崔光傳

八月司州上言河內民席衆家鷄雛近尾上復有一頭口目具二頭皆從頸後各有二翼二足旁行是時世宗頗任羣小更有朋黨邪佞于政之驗

延昌四年十二月洛州上言魏與太守常矯家黃雌鷄頭上肉角大如棗長寸三分角上生聚毛長寸半

肅宗正光元年正月虎賁中郎將蘭兜家鷄雄雌二各頭上生兩角其毛雜色

上聳過冠時靈太后臨朝專政
羽蟲之孽
鴻範論曰視不明聽不聰之罰也
太宗泰常三年十一月京師獲白梟
肅宗正光二年八月己卯獲禿鶖鳥於殿內
孝昌二年四月民有送死鴨雛一頭兩身四足四翅兩尾
孝靜天平二年三月雄雉飛入尙書省殿中獲之
蝗蟲螟
鴻範論曰刑罰暴虐取利於下貪饕無猒以興師動衆取邑治城而失衆心則
蟲爲害矣
高祖太和五年七月敦煌鎭蝗秋稼略盡
六年七月青雍二州虸蚄害稼
八月徐東徐兗濟平豫光七州平原枋頭廣阿臨濟四鎭蝗害稼

七年四月相豫二州蝗害稼
八年三月冀州相三州蚜蚄害稼
四月濟光幽肆雍齊平七州蝗
六月乙巳相齊光青四州蚜蚄害稼
十六年十月癸巳枹罕鎮蝗害稼
世宗景明元年五月青齊徐兖光南青六州蚜蚄害稼
四年三月壬午河州大螟二麥無遺
五月光州蚜蚄害稼
六月河州大蝗
七月東萊郡蚜蚄害稼
正始元年六月夏司二州蝗害稼
四年四月青州步屈蟲害棗花
八月涇州黃鼠蝗蟲班蟲河州蚜蚄班蟲涼州司州恆農郡蝗蟲並爲災

永平元年六月己巳涼州蝗害稼
五年五月青州步屈蟲害棗花
七月蝗蟲京師蚜蛢
八月青齊光三州蚜蛢害稼三分食二
肅宗熙平元年六月青齊光南青四州蚜蛢害稼
顯祖天安元年六月兗州有黑蟻與赤蟻交鬬長六十步廣四寸赤蟻斷頭而死黑主北赤主南十一月劉彧兗州刺史畢衆敬遣使內屬詔鎮南大將軍尉元納之大破賊將周凱等
高祖太和十年七月幷州治中張萬壽表建興獲澤縣民賈日成以去四月中養蠶有絲綱成幕中有卷物似絹帶長四尺廣三寸薄上復得黃繭二狀如履形
世宗正始二年三月徐州蠶蛾喫人尼殘者一百一十餘人死者二十二人
毛蟲之孽

謂變常而爲異也
太祖登國中河南有虎七臥於河側三月乃去後一年蚍蜉白鹿盡渡河北後
一年河水赤如血此衞辰滅亡之應及誅其族類悉投之河中其地遂空
孝靜元象元年正月有狼入城至硤石曹疑獲之
武定五年十二月北城銅爵臺上獲豹一
高祖太和元年五月辛亥有狐魅截人髮時文明太后臨朝行多不正之徵也
肅宗熙平二年自春京師有狐魅截人髮人相驚恐六月壬辰靈太后召諸截
髮者使崇訓衞尉劉騰鞭之於千秋門外事同太和也
瑞圖外鎮王公刺史二千石令長酷暴百姓人民怨嗟則白鼠至
太宗永興三年二月京師民趙温家有白鼠以獻
三年春於北苑獲白鼠一尋死割之腹中有三子盡白
四年三月上幸西宮獲白鼠一
八月御府民張安獲白鼠一

神瑞二年五月帝獵于檻崙山獲白鼠一平城獲白鼠三
六月平城獲白鼠二
八月豫章王夔獲白鼠一
泰常元年十一月京師民獲白鼬一以獻
二年六月中山獲白鼠二
三年三月京師獲白鼠一
十一月京師獲白鼠一
世祖始光三年八月相州魏郡獲白鼠
太延元年八月鴈門獻白鼠
高祖太和二十三年八月京師獲白鼠
世宗景明四年五月京師獲白鼠
正始元年六月京師獲白鼠
肅宗熙平元年四月肆州表送白鼠

魏書卷一百一十二上

魏書卷一百一十二上考證

世宗延昌二年闕月丙戌京師地震○本書世宗紀延昌二年有閏二月或以爲闕字應爲閏字又下文云自延昌二年四月地震則此闕字應爲四字也

世宗永平五年七月蝗蟲京師蚜蚄○蝗蟲不載地名當有脫字

孝靜元象元年曹疑獲之○曹下舊注一疑字詩大雅乃造其曹傳曹羣也史記平準書分曹循行郡國注曹輩也則此曹字作羣字輩字解似無可疑者

魏書卷一百一十二上考證

魏書卷一百一十二下

齊　魏　收　撰

志第十八

靈徵八下

魏氏世居幽朔至獻帝世有神人言應南遷於是傳位於子聖武帝命令南徙山谷阻絕仍欲止焉復有神獸其形似馬其聲類牛先行導引積年乃出始居匈奴之故地

高祖延興元年十一月肆州秀容民獲麟以獻王者不刳胎剖卵則至

世祖神䴥三年七月冀州獻白龜王者不私人以官尊耆任舊無偏黨之應

高宗興安二年六月營州進大龜

高祖延興元年十二月徐州竹邑戍士邢德於彭城南一百二十里得蓍一株四十九枝下掘得大龜獻之詔曰龜蓍與經文相合所謂靈物也德可賜爵五等

三年六月京師獲大龜
肅宗神龜元年二月獲龜於九龍殿靈芝池大赦改元
孝靜武定三年十月有司奏南兗州陳留郡民賈興達於家庭得毛龜一
天平四年八月有巨象至於南兗州碭郡民陳天愛以告送京師大赦改年王
者自養有節則至
高祖太和二年十一月徐州獻黑狐周成王時治致太平而黑狐見
三年五月獲白狐王者仁智則至
六月撫冥獲白狐以獻
八年六月徐州獲黑狐以獻
十年三月冀州獲九尾狐以獻王者六合一統則見周文王時東夷歸之曰王
者不傾於色則至德至鳥獸亦至
十一年十一月冀州獲九尾狐以獻
二十三年正月司州河州各獻白狐狸

十九年六月司州平陽郡獲白狐以獻
世宗景明三年二月河州獻白狐
永平三年十月白狐見于汲郡
延昌四年四月兗州獻白狐
九月相州獻白狐
閏月汾州獻白狐二
肅宗正光二年三月南青州獻白狐二
三年六月平陽郡獻白狐
八月光州獻九尾狐
五年五月平陽郡獻白狐
孝靜天平四年四月西兗州獻白狐
六月光州獻九尾狐
元象元年四月光州獻九尾狐

二年二月光州獻九尾狐
與和三年五月司州獻九尾狐
十二月魏郡獻白狐
四年四月瀛州獻白狐二
武定元年七月幽州獲白狐以獻上
三年七月瀛州獻白狐二牡一牝一
九月西兗州獻白狐
太和二年十一月辛未泰州獻五色狗
三年三月齊州獻五色狗其五色如畫
太祖天興四年五月魏郡斥丘縣獲白鹿王者惠及下則至
太宗永興四年九月建興郡獻白鹿
世祖神䴥元年二月定州獲白䴥白麛鹿又見于樂陵因以改元
三年二月白鹿見于代郡倒刺山

太延四年十二月相州獻白鹿
真君八年五月洛州送白鹿
高宗太安二年十月白鹿見於京師西苑
高祖承明元年六月秦州獻白鹿
太和元年正月白鹿見於秦州
三月白鹿見於青州
四年正月南豫州獻白鹿
十九年七月司州獲白鹿麑以獻
二十年六月司州獻白鹿
世宗景明元年四月荆州獻白鹿
永平四年八月平州獻白鹿
延昌二年五月齊州獻白鹿
四年六月司州獻白鹿

肅宗熙平元年五月濟州獻白鹿
二年五月司州獻白鹿
神龜二年六月徐州獻白鹿
孝靜元象元年六月齊獻武王獲白鹿以獻
武定元年六月兗州獻白鹿
太祖登國六年十二月上獵親獲鹿一角召問羣臣皆曰鹿當二角今一是諸
國將幷之應也
高祖太和三年三月肆州獻一角鹿
神龜元年七月徐州獻一角鹿
世宗正始二年九月後軍將軍尒朱新興獻一角獸天下平一則至
肅宗熙平元年十一月肆州獻一角獸
神龜二年九月徐州獻一角獸
高宗太安三年三月有白狼一見於太平郡議者曰古今瑞應多矣然白狼見

於成湯之世故殷道用興太平嘉名也又先帝本封之國而白狼見焉無窮之
徵也周宣王得之而犬戎服
太宗永興四年十二月章安子封懿獻白麠王者刑罰理則至
高祖太和二年十二月懷州獻白麠
三年五月白麠見於豫州
二十三年正月華州獻白麠
肅宗熙平二年三月徐州獻白麠
神龜二年七月徐州獻白麠
孝靜武定七年七月瀛州獻白麠
高祖太和七年六月青州獻三足烏王者慈孝天地則至
十三年十一月滎陽獻三足烏
十四年六月懷州獻三足烏
十五年閏月濟州獻三足烏

十七年五月冀州獻三足烏
二十年六月豫州獻三足烏
二十三年六月冀州獻三足烏
世宗景明元年五月徐州獻三足烏
三年二月豫州獻三足烏
四年六月幽州獻四足烏
正始元年二月冀州獻三足烏
五月幽州獻三足烏
是月相州獻三足烏
六月定州獻三足烏
二年五月肆州獻三足烏
三年三月豫州獻三足烏
是月豫州又獻三足烏

永平元年四月豫州獻三足烏
延昌三年二月冀州獻三足烏
肅宗熙平元年四月汲郡獻三足烏
二年四月東郡獻三足烏
是月豫州獻三足烏
南兗州又獻三足烏
神龜元年八月雍州獻三足烏
二年五月頳州郡獻三足烏
正光元年四月濟州獻三足烏
是月濟州又獻三足烏
二年閏月東郡獻三足烏
三年五月東郡獻三足烏
頳川郡許昌縣獻三足烏

肆州獻三足烏
六月冀州獻三足烏
四年六月瀛州獻三足烏
出帝太昌元年五月齊獻武王獲三足烏以獻
孝靜元象二年四月京師獲三足烏
武定三年五月瀛州獻三足烏
四年四月頴州獻三足烏
五月頴州又獻三足烏
高祖太和二年七月白烏見於涼州王者宗廟肅敬則至
九月白烏見於京師
三年五月白烏見於豫州
九月白烏見於秦州
十七年六月兗州獻白烏

二十三年十二月司州獻白烏
世宗正始二年五月司州獻白烏
三年九月頴川郡獻白烏
四年七月頴川又獻白烏
永平元年四月頴川獻白烏
延昌二年八月平陽郡獻白烏
三年六月冀州獻白烏
肅宗正光元年十月幽州獻白烏
孝靜天平二年七月齊獻武王獲白烏以獻
元象元年五月冀州獲白烏
二年八月徐州表濟陰郡廳事前槐樹烏巢於上烏母死有鵲銜食餔烏兒不失其時並皆長大賞太守帛十匹
興和四年四月魏郡貴鄉縣獲白烏鶵

五月京師獲白烏是月陽夏郡獻白烏
七月北豫州獻白烏
十月瀛州獻白烏
武定元年六月東郡民獻白烏
三年五月北豫州獻白烏
是月廣宗郡獻白烏
潁州又獻白烏
六月滄州獻白烏
四年四月梁州獻白烏
五月濟州獻白烏
八月陽夏郡獻白烏
高祖太和二年二月涼州獻赤烏周武王時銜麥至而克殷
肅宗熙平元年二月赤烏見肆州秀容郡

神龜元年四月赤烏見并州之晉陽縣
世宗景明二年十二月南青州獻蒼烏君修行孝慈萬姓不好殺生則至
正始二年五月雍州獻蒼烏
六月雍州又獻蒼烏
永平二年四月河內獻蒼烏
肅宗熙平元年六月冀州獻蒼烏
前廢帝普泰元年五月河內獻蒼烏
孝靜興和四年五月濟州獻蒼烏
七月瀛州又獻蒼烏
武定元年四月兗州獻蒼烏
五月濟州又獻蒼烏
二年五月京師獲蒼烏
三年六月京師獲蒼烏

十月光州獻蒼烏

高祖延興二年四月幽州獻白鵲

四年九月白鵲見於中山

承明元年八月定冀二州俱獻白鵲

十一月定州又獻白鵲

太和二年十一月洛州獻白鵲

肅宗熙平元年正月定州獻白鵲

正光四年正月京師獲白鵲

孝靜興平二年五月京師獲白鵲

武定二年七月林慮獻白鵲

三年六月京師獲白鵲

世祖太平真君二年七月天有黃光洞照議者僉謂榮光也

高宗興光元年二月有雲五色所謂景雲太平之應也

景明二年六月有雲五色見於申酉之間
出帝太昌元年六月日初出有大黃氣成抱
世祖始光四年六月甘露降于太學王者德至天和氣盛則降又王者敬老則
柏受甘露王者尊賢愛老不失細微則竹葦受
神䴥元年二月甘露降于范陽郡
二年四月甘露降于鄴
六月甘露降于平城宮
三年三月甘露降于鄴
四年五月甘露降于河西
太平真君元年四月甘露降于平原郡
高宗太安二年七月甘露降于常山郡
和平二年七月甘露降于京師
世宗景明三年八月甘露降于青州新城縣

永平元年十月甘露降于青州益都縣
延昌二年九月甘露降于齊州清河郡
三年十月齊州上言甘露降
四年七月甘露降于京師
肅宗正光三年十月甘露降華林園栢樹
四年八月甘露降顯美縣
孝靜元象二年三月甘露降于京師
武定五年十月甘露降齊文襄王第門柳樹
六年三月甘露降于京師
四月太山郡上言甘露降
太祖天興二年七月獲嘉禾於平城縣異莖同頴
八月廣甯送嘉禾一莖十一穗平城南十里郊嘉禾一莖九穗告于宗廟
太宗永興二年十月嘉禾生于清河郡

泰常三年八月嘉禾生于渤海郡東光縣
世祖神䴥二年七月嘉禾生于魏郡安陽縣三本同穎
高祖承明元年八月齊州獻嘉禾
太和三年九月齊州獻嘉禾
五年八月常山獻嘉禾
七年八月定州獻嘉禾
世宗景明元年七月齊州獻嘉禾
三年七月齊州獻嘉禾
四年八月冀州獻嘉禾
正始元年八月濟州獻嘉禾
二年六月齊州獻嘉禾七月魯陽郡獻嘉禾八月司州獻嘉禾
三年七月冀州獻嘉禾
永平三年八月滎陽獻嘉禾

肅宗熙平二年八月幽州獻嘉禾三本同穗
正光二年七月朔州獻嘉禾
三年八月肆州獻嘉禾一根生六穗
孝靜天平三年七月魏郡獻嘉禾
四年八月并州獻嘉禾
是月京師又獲嘉禾
虞曹郎中司馬仲璨又獻嘉禾一莖五穗
元象元年八月東雍州獻嘉禾
興和二年八月南青州獻嘉禾
四年八月京師再獲嘉禾
武定二年八月京師獲嘉禾
三年八月并州獻嘉禾
高祖太和三年十月徐州獻嘉瓠一蔕兩實

太祖天興二年七月并州獻白兔一王者敬耆老則見
三年五月車駕東巡幸廣甯有白兔見於乘輿前獲之
四年正月并州獻白兔
太宗永興三年上獵於西山獲白兔
八月京師獲白兔
泰常元年十一月定州安平縣獻白兔
二年六月京師獲白兔
三年六月頓丘郡獲白兔
世祖始光三年五月洛州獻黑兔
神䴥元年九月章武郡獻白兔
四年二月渤海郡獻白兔
真君七年二月青州獻白兔二
高宗和平三年十月雲中獲白兔

四年閏月鄴縣獲白兔
高祖延興五年四月白兔見于代郡
承明元年八月白兔見于雲中
太和元年六月雍州周城縣獻白兔
三年三月吐京鎮獻白兔
八年六月徐州獻白兔
十八年十月瀛州獻白兔
二十年七月汲郡獻黑兔
七月京師獲白兔
二十三年獲黑兔
世宗景明元年十一月河州獻白兔
三年四月頛川郡獻白兔
八月河內郡獻白兔

四年六月河內郡獻白兎
七月夏州獻黑兎
正始元年三月河南郡獻黑兎
四月魯陽郡獻白兎
二年八月東郡獻白兎
九月河內郡獻黑兎
是月肆州獻白兎東郡又獻白兎
三年七月薄骨律鎮獻白兎
九月肆州獻白兎
四年四月河內郡獻白兎
永平元年四月濟州獻白兎
五月河內獻黑兎
十月樂安郡獲白兎

二年二月相州獻白兎
延昌三年七月豫州獻白兎
四年三月河南獻白兎
八月河南又獻白兎
九月河內又獻白兎
肅宗熙平二年四月豫州獻白兎
五月東郡獻白兎
六月京師獲白兎
十一月鄯善鎮獻白兎
神龜元年六月京師獲黑兎
二年八月正平郡獻白兎
九月正平郡又獻白兎
十月京師獲黑兎

正光元年正月徐州獻白兔
五月冀州獻白兔
三年五月徐州獻白兔二
是月冀州獻白兔
孝靜天平二年八月光州獻白兔
四年十月光州獻白兔
元象元年五月徐州獲白兔
六月齊獻武王獲白兔以獻
是月濮陽郡獻白兔
興和二年四月徐州獻白兔
六月京師獲白兔
四年正月光州獻白兔
武定元年三月瀛州獻白兔

闕字月汲郡獻白兔
六年十一月武平鎮獻白兔
太祖天興五年八月上曜軍覽谷見白鷰一
太宗永興三年六月京師獲白鷰
四年閏月京師又獲白鷰
泰常二年六月京師獲白鷰
高祖太和二年三月白鷰見于幷州
八年四月白鷰集于京師
是月代郡獻白鷰
二十三年八月荆州獻白鷰
閏月正平郡獻白鷰
世宗景明三年六月涇州獻白鷰
肅宗熙平元年七月京師獲白鷰

孝靜元象元年八月西中府獻白鷰
興和二年三月京師獲白鷰
武定三年六月北豫州獻白鷰
太宗泰常八年五月鴈門獻白雀王者爵祿闕則白雀至
世祖神䴥元年九月滄水郡獻白雀
十月魏郡獻白雀
真君八年五月鴈門郡獻白雀
高祖延興二年二月白雀見于扶風郡
三年五月白雀見于代郡
四年正月青州獻白雀
太和三年五月白雀見於豫州
十三年正月清河武城縣獻白雀
世宗景明三年六月滎陽郡獻白雀

十月薄骨律鎮獻白雀
四年三月敦煌鎮獻白雀
五月京師獲白雀
六月恆農郡獻白雀
七月京師獲白雀
正始二年七月薄骨律鎮獻白雀
三年四月獲白雀於京師
十月河州獻白雀
十二月雍州獻白雀
四年二月豫州獻白雀
永平三年七月京師獲白雀
延昌三年七月河南郡獲白雀
十一月秦州獻白雀

四年五月滎陽獻白雀
八月秦州獻白雀
是月青州獻白雀
是月恆州獻白雀
是月洛陽獲白雀
十一月荊州獻白雀
肅宗熙平元年四月京師再獲白雀
七月宮中獲白雀
二年四月華州獻白雀
六月相州獻白雀
是月薄骨律鎮獻白雀
七月京師獲白雀
八月薄骨律鎮又獻白雀

是月京師獲白雀
十一月京師獲白雀
神龜元年五月京師獲白雀
六月京師獲白雀二
八月薄骨律鎮獻白雀
二年五月徐州獻白雀
是月京師獲白雀
三年七月京師又獲白雀
正光元年六月京師獲白雀
二年六月光州獻白雀
三年四月京師獲白雀
六月滎陽郡獻白雀
八月濟州獻白雀

是月光州獻白雀
九月白雀見舍人省
四年六月京師獲白雀
七月京師獲白雀
出帝太昌元年四月京師獲白雀
孝靜天平二年五月北豫州獻白雀
三年七月京師獲白雀
四年七月兗州獻白雀
元象元年五月京師獲白雀
六月京師獲白雀
七月肆州獻白雀
是月齊獻武王獲白雀
二年五月京師獲白雀

六月齊文襄王獲白雀以獻
是月南兗州獲白雀
七月京師獲白雀
興和二年四月京師獲白雀
閏月京師獲白雀
六月光州獻白雀
七月京師獲白雀
三年五月京師獲白雀
四年正月京師獲白雀
六月京師獲白雀
七月京師獲白雀
武定元年六月京師獲白雀
七月京師獲白雀

三年五月梁州獲白雀
七月京師獲白雀
十月兗州獲白雀
四年六月京師獲白雀
六年六月京師獲白雀
世宗景明三年三月濟州獻赤雀周文王時銜書至
四年五月獲赤雀於京師
永平元年四月京師獲赤雀
肅宗孝昌三年四月河南獲赤雀以獻
高宗和平四年三月冀州獻白鳩殷湯時至王者養耆老遵道德不以新失舊則至
高祖承明元年十一月冀州獻白鳩
太和二十三年七月瀛州獻白鳩

八月滎陽郡獻白鳩

世宗景明三年七月涇州獻白鳩

正始元年十月京師獲白鳩

是月建興郡獻白鳩

二年四月幷州獻白鳩

七月冀州獻白鳩二

三年七月夏州獻白鳩

永平元年六月洛州獻白鳩

肅宗熙平二年九月汲郡獻白鳩

太祖天興四年春新興太守上言晉昌民賈相昔年二十二爲鴈門郡吏入句注西陘見一老父謂相曰自今以後四十二年當有聖人出於北方時當大樂子孫永長吾不及見之言終而過相顧視之父老化爲石人相今七十下檢石人見存至帝破慕容寶之歲四十二年真君五年二月張掖郡上言往曹氏之

世丘池縣大柳谷山石表龍馬之形石馬脊文曰大討曹而晉氏代魏今石文
記國家祖宗諱著受命之符乃遣使圖寫其文大石有五皆青質白章間成文
字其二石記張呂之前已然之効其三石記國家祖宗以至于今其文記昭成
皇帝諱繼世四六天法平天下大安凡十四字次記太祖道武皇帝諱應王載
記千歲凡七字次記太宗明元皇帝諱長子二百二十年凡八字次記太平天
王繼世主治凡八字次記皇太子諱昌封太山凡五字初上封太平王天文圖
錄又授太平真君之號與石文相應太宗各諱之後有一人象攜一小兒見者
皆曰上愛皇孫提攜臥起不離左右此卽上象靈契真天授也於是衞大將軍
安樂王範輔國大將軍建寧王崇征西大將軍常山王素征南大將軍恆農王
奚斤上奏曰臣聞帝王之興必有受命之符故能經緯三才維建皇極三五之
盛莫不同之伏羲有河圖八卦夏禹有洛書九疇至乃神功播于往古聖跡顯
于來世伏惟陛下德合乾坤明並日月固天縱聖應運挺生上靈垂顧徵善備
集是以始光元年經天師奉天文圖錄授太平真君之號陛下深執虛沖歷年

乃受精誠感于靈物信惠協于天人用能威加四海澤流宇內溥天率土無思不服今張掖郡列言丘池縣大柳谷山大石有青質白章間成文字記國家祖宗之諱著受命曆數之符王公已下羣司百辟覩此圖文莫不感動僉曰自古以來禎祥之驗未有今日之煥炳也斯乃上靈降命國家無窮之徵也臣等幸遭盛化沐浴光寵無以對揚天休增廣天地謹與羣臣參議宜以石文之徵宣告四海令方外僭竊知天命有歸制曰此天地況施乃先祖父之遺徵豈朕一人所能獨致可如所奏

太和元年冬十月南部尚書安定侯鄧宗慶奏鄉郡民李飛太原民王顯前列稱詣京南山採藥到遊越谷南嶺下見清碧石柱數百枚被詔案檢稱所見青碧柱長者一匹相接而上或方一尺二寸或方一尺方楞悉就其數既多不可具數請付作曹採用奏可時人神異之

顯祖皇興三年六月尉元表臣於彭城遣別將以八月至睢口邀賊將陳顯達有戰士於營外五里芻牧見一白頭翁乘白馬將軍呼之語稱至十八日辰必

來到此語汝將軍領衆從東北臨入我當驅賊令走申時賊必大破宿豫淮揚皆剋無疑我當與汝國家淮畔爲斷下邳城我當驅出不勞兵力後十日此人復於彭城南戲馬臺東二里見白頭翁亦乘白馬從東北來呼此人謂曰我與東海四瀆太山北嶽神共行淮北助汝二將蕩除已定汝上下喜不因忽然不見詔元於老人前後見所爲壇表記之

肅宗孝昌二年十月揚州刺史李憲表云門下督周伏與以去七月患假還家至十一日夜夢度肥水行至草堂寺南遙見七人一人乘馬著朱衣籠冠六人從後與路左而立至便再拜問與何人與對曰李公門下督暫使硤石其人語與君可回我是孝文皇帝中書舍人遣語李憲勿憂賊堰此月破矣與行兩步錄與姓字令與速白與寤曉遂還城具言夢狀七月二十七日堰破

世祖延和三年三月樂安王範獲玉璽一文曰皇帝璽以獻

太延元年自三月不雨至六月使有司遍請羣神數日大雨是日有婦人持一玉印至潞縣侯孫家賣之孫家得印奇之求訪婦人莫知所在其文曰旱疫平

寇天師曰龍文紐書云此神中三字印也
高宗和平三年四月河內人張超於壞樓所城北故佛圖處獲玉印以獻印方二寸其文曰富樂日昌永保無疆福祿日臻長享萬年玉色光潤模制精巧百寮咸曰神明所授非人爲也詔天下大酺三日
高祖承明元年八月上谷郡民獻玉印上有蛟龍文
太和元年三月武川鎮獻玉印青質素文其文曰太昌
六月雍州獻玉印
是月長安鎮獻玉印一上有龜紐下有文字色甚鮮白有殊常玉
三年七月定州鉅鹿民獻玉印一方七分上有文字
世宗永平元年四月瀛州民獲玉璧玉印各一以獻
肅宗熙平二年十一月京師仍獲玉璽二
孝靜興和三年二月東郡白馬縣民獻玉印一
太宗永興三年十二月北塞候人獲玉板二以獻王者慈仁則見

孝靜天平二年二月員外散騎常侍穆禮得玉板一廣三寸長尺五寸頭有兩
孔以獻
高祖承明元年九月京兆民獻青玉璧一雙文色炳煥王者賢良美德則至
肅宗正光三年六月幷州靜林寺僧在陽邑城西橡谷掘藥得玉璧五珪十印
一玉柱一玉蓋一並以獻
高祖太和五年六月上邽鎮將上言於鎮城西二百五十里射獵於營南千水
中得玉車釧三枚二青一赤制狀甚精
孝靜興和四年七月鄴縣民獻白玉一璞
肅宗熙平二年正月金出岐州橫水縣赤粟谷
太祖天興三年四月有木連理生于代郡天門關之路左王者德澤純洽八方
爲一則生
八月渤海上言修縣東光縣木連理各一
十二月豫州上言木連理生于河內之沁縣

四年春河內郡木連理二
八月魏郡上言內黃縣木連理
太宗泰常元年十月范陽郡上言木連理
十一月常山郡上言木連理
三年正月渤海上言東光縣木連理
八月廣甯郡上言木連理
世祖神䴥四年九月滎陽郡上言木連理
延和二年三月樓煩南山木連理
三年九月上谷郡上言木連理
太延元年二月魏郡上言木連理
五年二月遼西上言木連理
高祖延興元年十一月祕書令楊崇奏鍾律郎李生於京師見長生連理樹
承明元年九月并州上言木連理相去一丈二尺中有五枝相連

太和元年三月冀州上言木連理
十七年六月京師木連理
十八年十月河南上言鞏縣木連理
二十三年十月幷州上言百節連理生縣甕山濟州上言木連理
十二月瀛州上言木連理
世宗景明二年正月瀛州上言平舒縣木連理
三年正月頴川郡上言木連理
二月平陽郡上言襄陵縣木連理
四月荆州上言南陽宛縣木連理
六月徐州上言東海木連理
十月秦州上言南稻新興二縣木連理各一
四年二月趙平郡上言鶉觚縣木連理
二月齊郡上言臨淄縣木連理

四月汾州上言五城郡木連理
五月青州上言莒縣木連理
六月恆農盧氏縣木連理
是月徐州上言梁郡下邑縣木連理
九月秦州上言當亭四縣界各木連理
正始元年五月司州上言滎陽京縣木連理
六月京師西苑木連理
七月河東郡上言聞喜縣木連理
八月河南郡上言慈水濱木連理
十月恆農郡上言崤縣木連理
十二月涼州上言石城縣木連理
二年正月汾州上言平昌縣木連理
二月司州上言崤縣木連理

九月司州上言潁川陽翟縣木連理
三年六月汾州上言永安縣木連理
是月京師木連理
七月潁川陽翟縣上言木連理
是月建德郡上言石城縣木連理
永平元年四月司州上言潁川郡木連理
二年四月司州上言恆農北陝縣木連理
三年十一月夏州上言橫風山木連理
延昌二年正月徐州上言建陵戍木連理
三年正月司州上言軹縣木連理
四年三月冀州上言信都縣木連理
六月京師木連理
九月雍州上言鄠縣木連理

肅宗熙平元年正月光州上言曲城縣木連理
二年十一月京師木連理
十二月敦煌鎮上言晉昌戍木連理
神龜元年正月汾州上言永安縣木連理
三月滄州上言饒安縣木連理
八月燕州上言上谷郡木連理
九月秦州上言隴西之武陽山木連理
二年六月夏州上言山鹿縣木連理
正光元年五月幷州上言上黨東山谷中木連理
十一月齊州上言濟南郡靈壽山木連理
二年六月齊州上言魏郡逢陵縣木連理
二年二月涼州上言榆中縣木連理
三月青州上言平昌郡木連理

八月徐州上言龍亢戍東木連理二
四年二月揚州上言汝陰縣木連理
八月涼州上言顯美縣木連理
孝昌元年十月魏郡元城縣木連理
孝靜天平二年四月臨水郡木連理
七月魏郡木連理
三年五月司州上言清河郡木連理
四年六月廣平郡上言木連理
八月幷州上言木連理
元象元年二月洛州上言木連理
五月林慮縣上言木連理
八月上黨郡上言木連理
興和元年九月有司奏山西採材司馬張神和上言司空谷木連理

二年四月光州上言盧鄉縣木連理
武定元年閏月西兗州上言濟陰郡木連理
九月齊獻武王上言并州木連理
三年九月瀛州上言河間郡木連理
五年十一月汾州上言木連理
六年五月晉州上言木連理
八年四月青州上言齊郡木連理
世宗景明三年七月魯陽獻烏芝王者慈仁則生食之令人度世
太祖天興二年七月幷州獻白雉周成王時越裳氏來獻
四年正月上黨郡獻白雉
二月幷州獻白雉
五月河內郡獻白雉
太宗神瑞二年十一月右民尚書周幾獲白雉一於博陵安平以獻

泰常三年正月渤海郡高城縣獻白雉
三月渤海郡南皮縣獻白雉二
十一月中山行唐縣獻白雉
四年正月新興郡獻白雉十二月又獻白雉二
五年二月白雉見于河內郡
世祖神䴥元年二月相州獻白雉
二年二月上黨郡獻白雉
高祖延興二年正月青州獻白雉
五年正月白雉見於上谷郡
太和元年二月秦州獻白雉
三月白雉見於秦州
十一月白雉見於安定郡
二年十一月徐州獻白雉

三年正月統萬鎮獻白雉
四年正月南豫州獻白雉
六年三月豫州獻白雉
八年六月齊州青河郡獻白雉
十七年正月幽州獻白雉
四月瀛州獻白雉
二十年三月兗州獻白雉
世宗景明三年正月徐州獻白雉
二月冀州獻白雉
正始三年三月齊州獻白雉
十月青州獻白雉
四年十一月秦州獻白雉
永平二年四月河內郡獻白雉

六月河南獻白雉
十二月豫州獻白雉
延昌四年二月冀州獻白雉
是月京師獲白雉
閏月岐州獻白雉
十二月幽州獻白雉
肅宗熙平元年二月相州獻白雉
三月肆州獻白雉
二年三月徐州獻白雉
神龜元年三月穎川郡獻白雉
二年正月豫州獻白雉
正光三年二月夏州獻白雉
四年三月光州獻白雉

孝靜天平三年正月青州獻白雉
四年二月青州獻白雉
十二月梁州獻白雉
元象二年正月魏郡繁陽縣獻白雉
武定元年正月廣宗郡獻白雉
是月兗州獻白雉
四年三月青州獻白雉
太宗泰常七年九月温泉出于涿鹿人有風寒之疾入者多愈
高祖太和八年正月上谷郡惠化寺醴泉涌醴泉水之精也味甘美王者修治則出
興和元年冬西兗州濟陰郡宛句縣濮水南岸有泉涌出色清味甘飲者愈疾四遠奔湊齊獻武王令於泉所營立廬舍尚書奏賞刺史粟千石太守粟五百石縣令粟二百石以旌善政所感先列言者依第出身詔可

高宗太和二年九月鼎出於洛州滍水送于京師王者不極滋味則神鼎出也

魏書卷一百一十二下

魏書卷一百一十二下考證

高祖太和二十三年獲黑兔○獲字上不著地名殆承上二十年七月京師獲白兔而書之也

肅宗熙平二年六月相州獻白雀○月監本誤年今改正

世祖真君五年記昭成皇帝諱繼世四六天法平天下大安凡十四字○帝名本訛作后今改正　臣人龍按昭成帝諱什翼犍今以什翼犍三字弁下繼世四六天法平天下大安十一字合之恰與十四字之數相符

次記太宗明元皇帝諱長子二百二十年凡八字○八監本訛六今改正　臣人龍按明元帝諱嗣今以嗣字弁下長子二百二十年七字合之則六字必係八字之訛矣

高祖太和五年得玉車釧三枚○釧監本訛馴今改正

魏書卷一百一十二下考證

魏書卷一百一十三

齊　魏　收　撰

志第十九

官氏九

百姓不能以自治故立君以司牧元首不可以獨斷乃命臣以佐之然則安海內正國家非一人之力也書契以外其事蔑聞至於羲軒昊頊之間龍火鳥人之職頗可知矣唐虞六十夏商倍之周過三百是爲大備而秦漢魏晉代有加減罷置盛衰隨時適務且國異政家殊俗設官命職何常之有帝王爲治禮樂不相沿海內作家物色非一用其由來尚矣魏氏世君玄朔遠統闕臣掌事立司各有號秩及交好南夏頗亦改㭊昭成之即王位已命燕鳳爲右長史許謙爲郎中令矣餘官雜號多同於晉朝建國二年初置左右近侍之職無常員或至百數侍直禁中傳宣詔命皆取諸部大人及豪族良家子弟儀貌端嚴機辯才幹者應選又置內侍長四人主顧問拾遺應對若今之侍中散騎常侍也其

諸方雜人來附者總謂之烏丸各以多少稱酋庶長分為南北部復置二部大人以統攝之時帝弟觚監北部子寔君監南部分民而治若古之二伯焉太祖登國元年因而不改南北猶置大人對治二部是年置都統長又置幢將及外朝大人官其都統長領殿內之兵直王宮幢將員六人主三郎衛士直宿禁中者自侍中已下中散已上皆統之外朝大人無常員主受詔命外使出入禁中國有大喪大禮皆與參知隨所典焉

皇始元年始建曹省備置百官封拜五等外職則刺史太守令長已下有未備者隨而置之

天興元年十一月詔吏部郎鄧淵典官制立爵品

十二月置八部大夫散騎常侍待詔管官其八部大夫於皇城四方四維面置一人以擬八座謂之八國常侍待詔侍直左右出入王命

二年三月分尚書三十六曹及諸外署凡置三百六十曹令大夫主之大夫各有屬官其有文簿當曹敷奏欲以省彈駁之煩初令五經諸書各置博士國子

學生員三十人
三年十月置受恩蒙養長德訓士四官受恩職比特進無常員有人則置親貴器望者爲之蒙養職比光祿大夫無常員取勤舊休閑者長德職比中散大夫無常員訓士職比諫議大夫規諷時政匡刺非違又置仙人博士官典煑鍊百藥
四年七月罷匈奴中郎將官令諸部護軍皆屬大將軍府
九月罷外蘭臺御史總屬內省
十二月復尚書三十六曹曹置代人令史一人譯令史一人書令史二人
天賜元年八月初置六謁官準古六卿其秩五品屬官有大夫秩六品大夫屬官有元士秩七品元士屬官有署令長秩八品令長屬官有署丞秩九品
九月減五等之爵始分爲四曰王公侯子除伯男二號皇子及異姓元功上勳者封王宗室及始蕃王皆降爲公諸公降爲侯侯子亦以此爲差於是封王者十人公者二十二人侯者七十九人子者一百三人王封大郡公封小郡侯封

大縣子封小縣王第一品公第二品侯第三品子第四品又制散官五等五品散官比三都尉六品散官比議郎七品散官比太中中散諫議三大夫八品散官比郎中九品散官比舍人文官五品已下才能秀異者總比之造士亦有五等武官五品已下堪任將帥者亦有五等若百官有闕者則於中擢以補之

初帝欲法古純質每於制定官號多不依周漢舊名或取諸身或取諸物或以民事皆擬遠古雲鳥之義諸曹走使謂之鳧鴨取飛之迅疾以伺察者爲候官謂之白鷺取其延頸遠望自餘之官義皆類此咸有比況又制諸州各置都尉以領兵

十一月以八國姓族難分故國立大師小師令辯其宗黨品舉人才自八國以外郡各自立師職分如八國比今之中正也宗室立宗師亦如州郡八國之儀

十二月詔始賜王公侯子國臣吏大郡王二百人次郡王上郡公百人次郡公五十人侯二十五人子十二人皆立典師職比家丞總統羣隸

二年二月復罷尚書三十六曹別置武歸修勤二職武歸比郎中修勤比令史

分主省務
二年正月置內官員二十人比侍中常侍迭直左右
又制諸州置三刺史刺史用品第六者宗室一人異姓二人比古之上中下三
大夫也郡置三太守用七品者縣置三令長八品者刺史令長各之州縣以太
守上有刺史下有令長雖置而未臨民自前功臣爲州者徵還京師以爵歸第
置散騎郎獵郎諸省令史省事典籤等
四年五月增置侍官侍直左右出內詔命取八國良家代郡上谷廣寧鴈門四
郡民中年長有器望者充之
永興元年十一月置騏驎官四十人宿直殿省比常侍侍郎
神瑞元年春置八大人官大人下置三屬官總理萬機故世號八公云
泰常二年夏置六部大人官有天部地部東西南北部皆以諸公爲之大人置
三屬官
始光元年正月置右民尚書

神䴥元年三月置左右僕射左右丞諸曹尙書十餘人各居別寺
七月詔諸征鎭大將依品開府以置佐吏
延和元年三月改代尹爲萬年尹代令爲萬年令後復
眞君五年正月侍中中書監宜都王穆壽司徒東郡公崔浩侍中廣平公張黎
輔政置通事四人又選諸曹良吏給事東宮
正平元年七月以諸曹吏多減其員
興安二年正月置駕部尙書右士尙書
太安三年五月以諸部護軍各爲太守
延興二年五月詔曰非功無以受爵非能無以受祿凡出外還者皆引此奏聞
求乞假品在職有效聽下附正若無殊稱隨而削之
舊制諸鎭將刺史假五等爵及有所貢獻而得假爵者皆不得世襲
四年二月置外牧官
五年九月置監御曹

太和二年五月減置侯職四百人司察非違
四年省二部內部幢將
十一年八月置散官員一百人朝請員二百人
十五年七月置司儀官
十二月置侍中黃門各四人又置散騎常侍侍郎員各四人通直散騎常侍侍郎員外散騎常侍侍郎各六人又置司空主客太倉庫部都牧太樂虞曹宮輿覆育少卿官又置光爵驍游五校中大夫散員士官又置侍官一百二十人改立諸局監羽林虎賁
舊制諸以勳賜官爵者子孫世襲軍號十六年改降五等始革之止襲爵而已
舊制緣邊皆置鎮都大將統兵備禦與刺史同城隍倉庫皆鎮將主之但不治故爲重於刺史疑
自太祖至高祖初其內外百官屢有減置或事出當時不爲常目如萬騎飛鴻常忠直意將軍之徒是也舊令亡失無所依據太和中高祖詔羣寮議定百官

著於令今列於左勳品流外位卑而不載矣

太師	太尉	儀同三司
太傅	司徒	都督中外諸軍事
太保	司空	特進
右三師	右三公	
大司馬		諸開府
大將軍		驃騎將軍
		車騎將軍二將軍加大者位在三司上
		衛將軍加大者次儀同三司
		右三將軍
右第一品上	右第一品中	右第一品下
太子太師	四征加大者次衛將軍	四鎮加大者次尚書令
太子太傅	左右光祿大夫	吏部尚書

太子太保　尚書左僕射　太常
右東宮三師　尚書右僕射　光祿勳
尚書令　中書監　衞尉
都督府州諸軍事
右三卿
中軍將軍
鎮軍將軍
撫軍將軍
右三將軍加大者秩次四征下
金紫光祿大夫
右從第一品上　右從第一品中　右從第一品下
太子少師　列曹尚書　四安加大者秩次三少下
太子少傅　中書令　凡將軍三品已下五品已上加大者
太子少保　領軍　太子左右詹事

右東宮三少　護軍二職若侍臣帶者加中　散騎常侍

中侍中　司州刺史

都督三州諸軍事

太僕

廷尉

大鴻臚

宗正

大司農

少府

右六卿

領軍將軍

護軍將軍二將軍與領護不並置

右第二品上　右第二品中　右第二品下

前後左右將軍　祕書監　武衛將軍

四平加大者秩次護軍下　光祿大夫銀青者　都督一州諸軍事

大長秋卿　將作大匠

左衛將軍　右衛將軍

右從第二品上　右從第二品中　右從第二品下

駙馬　給事黃門侍郎　通直散騎常侍

諸王師　太子中庶子　城門校尉

太子左右衛率　南北東西中郎將　羽林中郎將

御史中尉　護匈奴羌戎夷蠻越中郎將

中常侍　太中大夫

征虜將軍　護羌戎夷蠻越校尉

輔國將軍

龍驤將軍

司衛監
中尹
少卿
光爵
代尹
右第三品上　右第三品中　右第三品下
員外散騎常侍　中給事　鎮遠將軍
驍騎將軍　射聲校尉　安遠將軍
太子家令　越騎校尉　建遠將軍
太子率更令　屯騎校尉　建中將軍
太子僕　步兵校尉　建節將軍
太子庶子　長水校尉　立義將軍
給事中　監軍　立忠將軍

前後左右軍將軍　　立節將軍
中大夫　　恢武將軍
祕書令　　勇武將軍
給事　　曜武將軍
昭武將軍
顯武將軍
直閤將軍
右從第三品上　右從第三品中　右從第三品下
國子祭酒　公府司馬　諫議大夫
下大夫　尚書右丞　祕書丞
公府長史　司馬別駕　建武將軍
尚書左丞　太子中舍人　振武將軍
太子三校　中黃門令　奮武將軍

散騎侍郎　令　揚武將軍
中書侍郎　內署令　廣武將軍
中謁者大夫　都水使者　廣威將軍
中散大夫　符節令
中堅將軍　通直散騎常侍
中壘將軍　建威將軍
寧朔將軍　振威將軍
揚威將軍　奮威將軍
右第四品上　右第四品中　右第四品下
元士　諸開府司馬　諸王友
公府諮議參軍　司州功曹都官　員外散騎侍郎
諸開府長史　五局司直　太子門大夫
尚書吏部郎中　司敗　協律中郎

太子洗馬　諸局校尉　戟楯虎賁將軍
武騎侍郎　符璽郎中　募員虎賁將軍
奉車都尉　高車虎賁將軍
駙馬都尉　左右積弩射將軍
騎都尉　強弩將軍
羽林中郎
中散庶長
謁者僕射
羽林郎將
高車羽林郎將
冗從僕射
右從第四品上　右從第四品中　右從第四品下
中軍鎮軍撫軍長史　中書議郎　皇宗博士

鷹揚將軍　諸開府從事中郎　歸義侯
折衝將軍　公府正參軍　率義侯
寧遠將軍　公府主簿　順義侯
揚烈將軍　廷尉正監評　朝服侯
諸開府諮議參軍　太子舍人　太常丞
祕書著作郎　司州主簿
治書侍御史　中黃門
中謁者僕射　輕車將軍
中黃門冗從僕射　威遠將軍
侍御中散　虎威將軍
中軍鎮軍撫軍司馬　中散
公府從事中郎　殿中將軍
尚書郎中　散臣監

伏波將軍

陵江將軍

平漢將軍

太子食官令

太子中盾

右第五品上

祕書郎

國子博士

太學祭酒

祕書著作佐郎

武士將軍

虎賁司馬

虎賁郎將

太子倉令

右第五品中

太子廐長

諸局監

尚書郎

侍御史

殿中御史

京邑市令

典牧都尉

右第五品下

附義中郎將

歸義中郎將

率義中郎將

順義中郎將

戟楯虎賁司馬

募員虎賁司馬

高車虎賁司馬

方舞郎庶長　水衡都尉　戟楯虎賁將
宿衞軍將　司鹽都尉　募員虎賁將
掖庭監　司竹都尉　高車虎賁將
典客監　崇虛都尉　嘗藥監
典儀監　列卿丞　中謁者
協律郎　詹事丞　宮門司馬
太祝令　代尹丞　宗聖士
小黃門　諸開府正參軍
謁者　諸門府主簿
員外將軍　辨章郎
散員大夫　太宰令
太樂祭酒　廩犧令
門下錄事　殿中監

奉乘郎　翼馭郎
羽林郎　高車羽林郎
瞻人郎
方者郎
右從第五品上
右從第五品中
右從第五品下
公府行參軍　太學博士　散騎
宣威將軍　太史博士　奉朝請
明威將軍　律博士　武烈將軍
襄武將軍　禮官博士　武毅將軍
厲威將軍　公府記室督　武奮將軍
公府掾屬　威烈將軍　太樂博士
中軍撫軍鎮軍正參軍　威寇將軍　河隄謁者
主書郎　威虜將軍

詹事五官	威戎將軍	
門下主書舍人	威武將軍	
門下通事舍人		
司州司事		
司州從事		
代郡功曹主簿		
右第六品上	右第六品中	右第六品下
諸開府行參軍	監淮海津都尉	戟楯虎賁
散員士	諸局中校尉	募員虎賁
中書舍人	方舞郎	高車虎賁
領護二衛主簿	諸宮門僕	治禮郎
主事郎	諸開府記室督	獄丞
詹事主簿	司馬督	

集書舍人　　　　千人督
中軍鎮撫行參軍　　校尉
頗護功曹掾
領護五官
散臣中校
宿衞統
太子常從虎賁督
侍幹
寺人
閹人
掌璽郎
太子守舍人
掌服郎

掌筵郎		
虎賁郎		
諸開府掾屬		
集書校書郎		
祕書校書郎		
祕書鍾律郎		
右從第六品上	右從第六品中	右從第六品下
公府舍人	國子學生	祕書舍人
太子主書舍人	討寇將軍	符史郎
太子主衣舍人	討虜將軍	盪寇將軍
都令史	討難將軍	盪虜將軍
主書令史	討夷將軍	盪難將軍
門下令史		盪逆將軍

太子左右衞率主簿 太廟門僕
司事郎
司州錄事
代郡通事
御屬
綏遠將軍
綏虜將軍
綏邊將軍
右第七品上 右第七品中 右第七品下
諸門府舍人 祝史 諸局督事
祕書令史 太常齋郎 獄掾
主書令史 王家尉 太學典錄
集書令史 公主家令 太史博士

起居注令史　太卜博士
直事郎　太醫博士
司州本曹　太常日者
散臣督事　扶令
宿衛幢將　太樂典錄
右從第七品上　右從第七品中　右從第七品下
公府令史　太學助教　厲武將軍
太子典書令史　掃寇將軍　厲鋒將軍
太子典衣令史　掃虜將軍　虎牙將軍
司事令史　掃難將軍　虎奮將軍
諸局通事　掃逆將軍
殄寇將軍
殄虜將軍

殄難將軍
殄夷將軍
右第八品上　右第八品中　右第八品下
直事令史　尚書筭生　諸寺筭生
宿衞軍司馬　典客舍人　諸局書令史
諸局省事　符券吏　虎賁軍書令史
尚書記室令史　公府閤下令史　乘傳使者
右從第八品上　右從第八品中　右從第八品下
諸開府令史　祀官齋郎　白衣臣
宿衞軍吏　典客參軍
諸局書吏　太醫太史助教
書幹
主書幹

典書幹
廣野將軍
橫野將軍
偏將軍
裨將軍
右第九品上　右第九品中　右第九品下
統史　方驛博士　八書吏
中校尉　王家吏
右從第九品上　右從第九品中　右從第九品下
太和十八年十二月降車驃將軍侍中黃門秩依魏晉舊事
十九年八月初置直齋御仗左右武官
二十三年高祖復次職令及帝崩世宗初班行之以爲永制
太師　太傅　太保

右三師上公

王

大司馬　大將軍

右二大

太尉　司徒　司空

開國郡公

右第一品

儀同三司　開國縣公　都督中外諸軍事

諸開府　散公

右從第一品

太子太師　太子太傅　太子太保

特進　尚書令　驃騎將軍

車騎將軍二將軍加大者位在都督中外之下　衞將軍加大者位在太子太師之上

四征將軍（加大者位次衛大將軍）　諸將軍加大者
左右光祿大夫　開國縣侯
右第二品
尚書僕射（若並置左右則左居其上右居其下）　中書監
司州牧　四鎮將軍（加大者次衛將軍）
中軍將軍　鎮軍將軍　撫軍將軍
右三將軍
金紫光祿大夫　散侯
右從第二品
吏部尚書　四安將軍　中領軍
中護軍（二軍加將軍則去中位次撫軍）
太常　光祿　衛尉
右三卿

太子少師　太子少傅　太子少保
中書令　太子詹事　侍中
列曹尚書　四平將軍
太僕　廷尉　大鴻臚
宗正　大司農　太府
右六卿
河南尹　上州刺史　祕書監
諸王師　左右衞將軍　前左右後將軍
光祿大夫銀青者　開國縣伯
右第三品
散騎常侍　四方郎將
護匈奴羌戎夷蠻越中郎將　國子祭酒
御史中尉　大長秋卿　將作大匠

征虜將軍　二大二公長史若司徒置二長史左在散騎常侍下右在中庶子下

太子左右衛率　武衛將軍　冠軍將軍

護羌戎夷蠻越校尉　太中大夫

輔國將軍　中州刺史　龍驤將軍

散伯

右從第三品

二大二公司馬

太常　光祿　衛尉

右三少卿

尚書吏部侍郎　給事黃門侍郎　太子中庶子

司空皇子長史

太僕　廷尉　大鴻臚

宗正　大司農　太府

右六少卿

中常侍　中尹　城門校尉

司空皇子司馬　從第一品將軍　開府長史

驍騎將軍　游擊將軍

以前上階

鎮遠將軍　安遠將軍　平遠將軍

建義將軍　建忠將軍　建節將軍

立義將軍　立忠將軍　立節將軍

恢武將軍　勇武將軍　曜武將軍

昭武將軍　顯武將軍

從第一品將軍　開府司馬　通直散騎常侍

司徒諮議參軍事　中散大夫　下州刺史

上郡太守內史相　開國縣子

右第四品

中堅將軍　中壘將軍　尚書左丞

二大二公諮議參軍事　司州別駕從事史

第二品將軍始蕃王長史　太子家令

太子率更令　太子僕　中書侍郎

太子庶子

第二品將軍始蕃王司馬　前左右後軍將軍

以前上階

寧朔將軍　建威將軍　振威將軍

奮威將軍　揚威將軍　廣威將軍

諫議大夫　尚書右丞

司空皇子諮議參軍事　司州治中從事史

左右中郎將　建武將軍　振武將軍

奮武將軍　揚武將軍　廣武將軍
從第一品將軍　開府諮議參軍事
散子
右從第四品
寧遠將軍　鷹揚將軍　折衝將軍
揚烈將軍　從第二品將軍二蕃王長史
二大二公從事中郎　祕書丞
皇子友　國子博士　散騎侍郎
太子中舍人　員外散騎常侍
從第二品將軍二蕃王司馬
以前上階
射聲校尉　越騎校尉　屯騎校尉
步軍校尉　長水校尉

司空皇子之開府從事中郎
第二品將軍始蕃王諮議參軍事
開府從事中郎　中郡太守內史相
開國縣男
右第五品
伏波將軍　陵江將軍　平漢將軍
第三品將軍三蕃王長史　二大二公掾屬
著作郎　通直散騎常侍　太子洗馬
從第二品將軍二蕃王諮議參軍事
第三品將軍三蕃王司馬　奉車都尉
以前上階
太子屯騎校尉　太子步兵校尉　太子翊軍校尉
都水使者　司空皇子之開府掾屬

領護長史司馬　歸義侯　率義侯
順義侯　朝服侯　輕車將軍
威遠將軍　開府掾屬　虎威將軍
洛陽令　中給事中　散男

右從第五品

宣威將軍　明威將軍　從第三品將軍長史
二大二公主簿　二大二公錄事　皇子郎中令
司空主簿　司空皇子錄事參軍事　從第三品將軍司馬
第三品將軍三蕃王諮議參軍事
二大二公功曹記室戸曹倉曹中兵參軍事
皇子文學　治書侍御史　謁者僕射
從第一品將軍開府錄事參軍
司空皇子功曹記室戸曹倉曹中兵參軍事　皇子功曹史

以前上階

河南郡丞　虎賁中郎將　羽林監

冗從僕射　駙馬都尉　廷尉正監評

尙書郎中　中書舍人

從第一品將軍　開府功曹記室倉曹戶曹中兵參軍事功曹史

下郡太守內史相　上縣令相

右第六品

襄威將軍　厲威將軍

第二品將軍始蕃王錄事參軍

二大二公列曹參軍事　給事中

太子門大夫　皇子大農　騎都尉

符璽郎

以前上階

從第二品將軍二蕃王錄事參軍

皇子主簿　　司空皇子列曹參軍事

第二品將軍始蕃王功曹記室戶曹倉曹中兵參軍事功曹史

從第一品將軍開府主簿列曹參軍事

從第二品將軍二蕃王功曹記室戶曹倉曹中兵參軍事功曹史

太子舍人　　三卿丞

右從第六品

威烈將軍　　威寇將軍　　威虜將軍

威戎將軍　　威武將軍

四品正從將軍長史司馬

二大二公祭酒

第三品將軍三蕃王錄事參軍

司空皇子之開府祭酒　　武烈將軍

武毅將軍　武奮將軍　王公國郎中令

積弩將軍　積射將軍　員外散騎侍郎

皇子中尉　二大二公參軍事

二大二公列曹行參軍　開府祭酒

以前上階

司空皇子參軍事

司空皇子列曹行參軍

從第三品將軍錄事參軍

第二品將軍始蕃王主簿列曹參軍事

從第一品將軍開府列曹行參軍

從第三品將軍三蕃王功曹記室戶曹倉曹中兵參軍功曹史

從第二品將軍二蕃王主簿列曹參軍事

二衛司馬　討寇將軍

討虜將軍　討難將軍　討夷將軍
從第三品將軍功曹戶曹倉曹中兵參軍事
詹事丞　列卿丞　祕書郎中
著作佐郎　中縣令相
右第七品
盪寇將軍　盪虜將軍　盪難將軍
盪逆將軍　五品正從將軍長史司馬
強弩將軍　二大二公行參軍
司空皇子行參軍
第二品將軍始蕃王列曹行參軍
第三品將軍三蕃王主簿列曹參軍事
第一品將軍開府行參軍
王公國大農

以前上階

太學博士　皇子常侍　太常博士

從第二品將軍二蕃王參軍事

從第二品將軍二蕃王列曹行參軍

從第三品將軍主簿列曹參軍事

四品正從將軍錄事功曹戶曹倉曹中兵參軍事

司州主簿　奉朝請　國子助教

右從第七品

殄寇將軍　殄虜將軍　殄難將軍

殄夷將軍　第二品將軍始蕃王行參軍

第三品將軍三蕃王參軍事

第三品將軍三蕃王列曹行參軍

四品正從將軍主簿列曹參軍事

侯伯國郎中令　　司州西曹書佐
殿中將軍　　皇子侍郎　　大長秋丞
　以前上階
侍御史　　協律郎　　辨章郎
從第二品將軍二蕃王行參軍
從第三品將軍參軍事
從第三品將軍列曹行參軍
五品正從將軍錄事功曹戶曹倉曹中兵參軍事
王公國中尉　　司州祭酒從事
下縣令相
　右第八品
掃寇將軍　　掃虜將軍　　掃難將軍
掃逆將軍　　司州議曹從事史

二大二公長兼行參軍　公車令
符節令　諸署令千石已上者　中黃門令
門下錄事　尚書都令史　主書令史
殿中侍御史中謁者僕射　中黃門冗從僕射
以前上階
宮門僕射　侯伯國大農
司空皇子長兼行參軍　二大二公長兼行參軍
皇子上中下將軍
皇子中大夫　二率丞
四品正從將軍列曹行參軍
王公國常侍
厲武將軍　厲鋒將軍　虎牙將軍
虎奮將軍　五品正從將軍主簿列曹行參軍

司州文學

從第一品將軍開府長兼行參軍

員外將軍

右從第八品

曠野將軍　橫野將軍　子男國郎中令

太祝令　諸署令（六百石已上者）　中黃門

公主家令　皇子典書令　四門小學博士

律博士　校書郎

二大二公參軍督護　檢授御史

以前上階

王公國侍郎　侯伯國中尉　謁者

太子三卿丞　五品正從將軍列曹行參軍

司空皇子參軍督護

第二品將軍始蕃王長兼行參軍
從第一品將軍開府參軍督護
殿中司馬督

右第九品

偏將軍　裨將軍　太子廐長
監淮海津都尉　諸局都尉
皇子典祠令　皇子學官令
皇子典衛令　王公國上中下將軍
王公國中大夫　諸署令（不滿六百石者）

以前上階

第二品將軍始蕃王參軍督護
從第二品將軍二蕃王長兼行參軍
太常光祿衛尉領護

儋事功曹五官　治禮郎

子男國大農　小黃門

員外司馬督

右從第九品

前世職次皆無從品魏氏始置之亦一代之別制也

正始元年十一月罷郡中正

四年九月詔曰五校昔統營位次於列卿奉車都尉禁侍美官顯加通貴世移時變遂爲冗職旣典名猶昔宜有定員幷殿中二司馬亦須有常數今五校可各二十人奉車都尉二十人騎都尉六十人殿中司馬二百人員外司馬三百人

永平元年十二月尚書令高肇尚書僕射清河王懌等奏置小學博士員三千人

二年正月尚書令高肇奏都水臺請依舊二使者參軍專謁者幷錄事令史亦

隨事史立詔曰使者置二可如所奏其下屬司唯須充事耳亦何勞多也參軍
錄事並更置一謁者加二令史依舊肇又奏諸州諮議記室戶曹刑獄田曹水
曹集曹士曹參軍悉併省之
四年七月詔改宗子羽林爲宗士其本秩付尚書計其資集敘從七已下從八
已上官
正光元年七月置左右衞將軍各二人
十二月罷諸州中正郡縣定姓族後復
孝昌二年十月詔宗士庶子二官各增二百人置望士隊四百人取肺府之族
有武藝者
孝莊初以尒朱榮有扶翼之功拜柱國大將軍位在丞相上又拜大丞相天柱
大將軍增佐吏又以太尉上黨王天穆爲太宰增佐吏
永安二年各詔復置司直十人視五品隸廷尉覆治御史檢劾事
普泰初以尒朱世隆爲儀同三司位次上公又侍中黃門武衞將軍並增置六

人
永安已後遠近多事置京畿大都督復立州都督俱總軍人
天平四年夏罷六州都督悉隸京畿其京畿大都督仍不改焉立府置佐
舊制有大將軍不置太尉有丞相不置司徒自正光已後天下多事勳賢並軌
乃俱置之
武定二年十一月有司奏齊獻武王勳高德重禮絕羣辟昔霍光陵邑亦置長
丞主陵今請置長一人丞一人錄事一人戶曹史一人禁備史一人侍一人皆
降帝陵官品一等其侍依舊詔可
七年三月詔左右光祿大夫各置二人金紫光祿大夫置四人光祿大夫置四
人太中中散各置六人五月又詔以四中郎將世宗永平中權隸領軍今還屬
護軍
自古天子立德因生以賜姓胙之土而命之氏諸侯則以家與謚官有世功則
有官族邑亦如之姓則表其所由生氏則記族所由出其大略然也至於或自

所居或以國號或用官爵或用事物雖緣時不同俱其義矣魏氏本居朔壤地遠俗殊賜姓命氏其事不一亦如長勺尾氏終葵之屬也初安帝統國諸部有九十九姓至獻帝時七分國人使諸兄弟各攝領之乃分其氏自後兼幷他國各有本部部中別族爲內姓焉年世稍久互以改易興衰存滅間有之矣今舉其可知者

獻帝以兄爲紇骨氏後改爲胡氏

次兄爲普氏後改爲周氏

次兄爲拓拔氏後改爲長孫氏

弟爲達奚氏後改爲奚氏

次弟爲伊婁氏後改爲伊氏

次弟爲丘敦氏後改爲丘氏

次弟爲侯氏後改爲亥氏

七族之興自此始也

又命叔父之胤曰乙旃氏後改爲叔孫氏
又命疏屬曰車焜氏後改爲車氏
凡與帝室爲十姓百世不通婚太和以前國之喪葬祠禮非十族不得與也高
祖革之各以職司從事
神元皇帝時餘部諸姓內入者
丘穆陵氏後改爲穆氏
步六孤氏後改爲陸氏
賀賴氏後改爲賀氏
獨孤氏後改爲劉氏
賀樓氏後改爲樓氏
勿忸于氏後改爲于氏
是連氏後改爲連氏
僕闌氏後改爲僕氏

若干氏後改爲苟氏
拔列氏後改爲梁氏
撥略氏後改爲略氏
若口引氏後改爲寇氏
叱羅氏後改爲羅氏
普陋茹氏後改爲茹氏
賀葛氏後改爲葛氏
是賁氏後改爲封氏
阿伏于氏後改爲阿氏
可地延氏後改爲延氏
阿鹿桓氏後改爲鹿氏
他駱拔氏後改爲駱氏
薄奚氏後改爲薄氏

烏丸氏後改爲桓氏
素和氏後改爲和氏
吐谷渾氏依舊吐谷渾氏
胡古口引氏後改爲侯氏
賀若氏依舊賀若氏
谷渾氏後改爲渾氏
匹婁氏後改爲婁氏
俟力伐氏後改爲鮑氏
吐伏盧氏後改爲盧氏
牒云氏後改爲云氏
是云氏後改爲是氏
叱利氏後改爲利氏
副呂氏後改爲副氏

那氏依舊那氏
如羅氏後改爲如氏
乞扶氏後改爲扶氏
阿單氏後改爲單氏
俟幾氏後改爲幾氏
賀兒氏後改爲兒氏
吐奚氏後改爲古氏
出連氏後改爲畢氏
庾氏依舊庾氏
賀拔氏後改爲何氏
叱呂氏後改爲呂氏
莫那婁氏後改爲莫氏
奚斗盧氏後改爲索盧氏

莫蘆氏後改爲蘆氏
出大汗氏後改爲韓氏
沒路真氏後改爲路氏
扈地干氏後改爲扈氏
莫輿氏後改爲輿氏
紇干氏後改爲干氏
俟伏斤氏後改爲伏氏
是樓氏後改爲高氏
尸突氏後改爲屈氏
沓盧氏後改爲沓氏
嗢石蘭氏後改爲石氏
解枇氏後改爲解氏
奇斤氏後改爲奇氏

須卜氏後改爲卜氏
丘林氏後改爲林氏
大莫干氏後改爲郃氏
介綿氏後改爲綿氏
蓋樓氏後改爲蓋氏
素黎氏後改爲黎氏
渴單氏後改爲單氏
壹斗眷氏後改爲明氏
叱門氏後改爲門氏
宿六斤氏後改爲宿氏
馝邗氏後改爲邗氏
土難氏後改爲山氏
屋引氏後改爲房氏

樹洛于氏後改爲樹氏
乙弗氏後改爲乙氏
東方宇文慕容氏卽宣帝時東部此二部最爲彊盛別自有傳
南方有茂眷氏後改爲茂氏
宥連氏後改爲雲氏
次南有紇豆陵氏後改爲竇氏
侯莫陳氏後改爲陳氏
庫狄氏後改爲狄氏
太洛稽氏後改爲稽氏
柯拔氏後改爲柯氏
西方尉遲氏後改爲尉氏
步鹿根氏後改爲步氏
破多羅氏後改爲潘氏

叱干氏後改爲薛氏
俟奴氏後改爲俟氏
輾遲氏後改爲展氏
費連氏後改爲費氏
其連氏後改爲綦氏
去斤氏後改爲艾氏
渴侯氏後改爲緱氏
叱盧氏後改爲祝氏
和稽氏後改爲緩氏
寃賴氏後改爲就氏
嗢盆氏後改爲温氏
達勃氏後改爲褒氏
獨孤渾氏後改爲杜氏

凡此諸部其渠長皆自統衆而尉遲已下不及賀蘭諸部氏
北方賀蘭氏後改爲賀氏
郁都甄氏後改爲甄氏
紇奚氏後改爲嵇氏
越勤氏後改爲越氏
叱奴氏後改爲狼氏
渴燭渾氏後改爲味氏
庫褥官氏後改爲庫氏
烏洛蘭氏後改爲蘭氏
一那蔞氏後改爲蔞氏
羽弗氏後改爲羽氏
凡此四方諸部歲時朝貢登國初太祖散諸部落始同爲編民
太和十九年詔曰代人諸胄先無姓族雖功賢之胤混然未分故官達者位極

公卿其功衰之親任居猥任比欲制定姓族事多未就且宜甄擢隨時漸銓其
穆陸賀劉樓于嵇尉八姓皆太祖已降勳著當世位盡王公灼然可知者且下
司州吏部勿充猥官一同四姓自此以外應班士流者尋續别敕原出朔土舊
爲部落大人而自皇始已來有三世官在給事已上及州刺史鎮大將及品登
王公者爲姓若本非大人而皇始已來職官三世尚書已上及品登王公而中
間不降官緒亦爲姓諸部落大人之後而皇始已來官不及前列而有三世爲
中散監已上外爲太守子都品登子男者爲族若本非大人而皇始已來三世
有令已上外爲副將子都太守品登侯已上者亦爲族凡此姓族之支親與其
身有緦麻服已內微有一二世官者雖不全充美例亦入姓族五世已外則各
自計之不蒙宗人之蔭也雖緦麻而三世官不至姓班有族官則入族官無族
官則不入姓族之例也凡此定姓族者皆具列由來直擬姓族以呈聞朕當決
姓族之首末其此諸狀皆須問宗族列疑明同然後勾其舊籍審其官宦有實
則奏不得輕信其言虛長僥僞不實者訴人皆加傳旨問而詐不以實之坐選

官依職事答問不以實之條令司空公穆亮領軍將軍元儼中護軍廣陽王嘉尚書陸琇等詳定北人姓務令平均隨所了者三月一列簿帳送門下以聞於是升降區別矣

世宗世代人猶以姓族辭訟又使尚書于忠尚書元匡侍中穆詔尚書元長等量定之

魏書卷一百一十三

魏書卷一百一十三考證

第五品平漢將軍○漢各本訛作漠今改正

魏書卷一百一十三考證

珍做朱版牙

魏書卷一百一十四

齊　魏收　撰

志第二十

釋老十

大人有作司牧生民結繩以往書契所絕故靡得而知焉自羲軒已還至於三代其神言祕策蘊圖緯之文範世率民垂墳典之迹秦肆其毒滅於灰燼漢採遺籍復若丘山司馬遷區別異同有陰陽儒墨名法道德六家之義劉歆著七略班固志藝文釋氏之學所未曾紀案漢武元狩中遣霍去病討匈奴至皐蘭過居延斬首大獲昆邪王殺休屠王將其衆五萬來降獲其金人帝以爲大神列於甘泉宮金人率長丈餘不祭祀但燒香禮拜而已此則佛道流通之漸也及開西域遣張騫使大夏還傳其旁有身毒國一名天竺始聞有浮屠之教哀帝元壽元年博士弟子秦景憲受大月氏王使伊存口授浮屠經中土聞之未之信了也後孝明帝夜夢金人頂有白光飛行殿庭乃訪羣臣傅毅始以佛對

帝遣郎中蔡愔博士弟子秦景等使於天竺寫浮屠遺範愔仍與沙門攝摩騰竺法蘭東還洛陽中國有沙門及跪拜之法自此始也愔又得佛經四十二章及釋迦立像明帝令畫工圖佛像置清涼臺及顯節陵上經緘於蘭臺石室愔之還也以白馬負經而至漢因立白馬寺於洛城雍關西摩騰法蘭咸卒於此寺浮屠正號曰佛陁佛陁與浮圖聲相近皆西方言其來轉爲二音華言譯之則謂淨覺言滅穢成明道爲聖悟凡其經旨大抵言生生之類皆因行業而起有過去當今未來歷三世識神常不滅凡爲善惡必有報應漸積勝業陶冶麤鄙經無數形藻練神明乃致無生而得佛道其閒階次心行等級非一皆緣淺以至深藉微而爲著率在於積仁順蠲嗜慾習虛靜而成通照也故其始修心則依佛法僧謂之三歸若君子之三畏也又有五戒去殺盜婬妄言飲酒大意與仁義禮智信同名爲異耳云奉持之則生天人勝處虧犯則墜鬼畜諸苦又善惡生處凡有六道焉諸服其道者則剃落鬚髮釋累辭家結師資遵律度相與和居治心修淨行乞以自給謂之沙門或曰桑門亦聲相近總謂之僧皆胡

言也僧譯爲和命衆桑門爲息心比丘爲行乞俗人之信憑道法者男曰優婆塞女曰優婆夷其爲沙門者初修十誡曰沙彌而終於二百五十則具足成大僧婦入道者曰比丘尼其誡至於五百皆以闕 爲本隨事增數在於防心攝身正口心去貪忿癡身除殺淫盜口斷妄雜諸非正言總謂之十善道能具此謂之三業清淨凡人修行粗爲極云可以達惡善報漸階聖迹初階聖者有三種人其根業太差謂之三乘聲聞乘緣覺乘大乘取其可乘運以至道爲名此三人惡迹已盡但修心盪累濟物進德初根人爲小乘行四諦法中根人爲中乘受十二因緣上根人爲大乘則修六度雖階三乘而要由修進萬行拯度億流彌長遠乃可登佛境矣所謂佛者本號釋迦文者譯言能仁謂德充道備堪濟萬物也釋迦前有六佛釋迦繼六佛而成道處今賢劫文言將來有彌勒佛方繼釋迦而降世釋迦即天竺迦維衛國王之子天竺其總稱迦維別名也初釋迦於四月八日夜從母右脅而生既生姿相超異者三十二種天降嘉瑞以應之亦三十二其本起經說之備矣釋迦生時當周莊王九年春秋魯莊公七年

夏四月恆星不見夜明是也至魏武定八年凡一千二百三十七年云釋迦年三十成佛導化羣生四十九載乃於拘尸那城娑羅雙樹間以二月十五日而入般涅槃涅槃譯云滅度或言常樂我淨明無遷謝及諸苦累也諸佛法身有二種義一者真實二者權應真實身謂至極之體妙絕拘累不得以方處期不可以形量限有感斯應體常湛然權應身者謂和光六道同塵萬類生滅隨時修短應物形由感生體非實有權形雖謝真體不遷但時無妙感故莫得常見耳明佛生非實生滅非實滅也佛既謝世香木焚尸靈骨分碎大小如粒擊之不壞焚亦不燋或有光明神驗胡言謂之舍利弟子收奉置之寶瓶竭香花致敬慕建宮宇謂爲塔塔亦胡言猶宗廟也故世稱塔廟於後百年有王阿育以神力分佛舍利於諸鬼神造八萬四千塔布於世界皆同日而就今洛陽彭城姑臧臨淄皆有阿育王寺蓋承其遺迹焉釋迦雖般涅槃而留影迹爪齒於天竺於今猶在中土來往並稱見之初釋迦所說教法既涅槃後有聲聞弟子大迦葉阿難等五百人撰集著錄阿難親承囑授多聞總持蓋能綜覈深致無所

漏失乃綴文字撰載三藏十二部經如九流之異統其大歸終以三乘爲本後
數百年有羅漢菩薩相繼著論贊明經義以破外道摩訶衍大小阿毗曇中論
十二門論百法論成實論等是也皆傍諸藏部大義假立外問而以內法釋之
漢章帝時楚王英喜爲浮屠齋戒遣郎中令奉黃縑白紈三十匹詣國相以贖
愆詔報曰楚王尙浮屠之仁祠潔齋三月與神爲誓何嫌何疑當有悔吝其還
贖以助伊蒲塞桑門之盛饌因以班示諸國桓帝時襄楷言佛陁黃老道以諫
欲令好生惡殺少嗜慾去奢泰尙無爲魏明帝曾欲壞宮西佛圖外國沙門乃
金盤盛水置於殿前以佛舍利投之於水乃有五色光起於是帝歎曰自非靈
異安得爾乎遂徙於道闕爲作周閣百間佛圖故處鑿爲濛汜池種芙蓉於中
後有天竺沙門曇柯迦羅入洛宣譯誡律中國誡律之始也自洛中構白馬寺
盛飾佛圖畫迹甚妙爲四方式凡宮塔制度猶依天竺舊狀而重構之從一級
至三五七九世人相承謂之浮圖或云佛圖晉世洛中佛圖有四十二所矣漢
世沙門皆衣赤布後乃易以雜色晉元康中有胡沙門支恭明譯佛經維摩法

華三本起等微言隱義未之能究後有沙門常山衞道安性聰敏日誦經萬餘言研求幽旨慨無師匠獨坐靜室十二年覃思構精神悟妙賾以前所出經多有舛駮乃正其乖謬石勒時有天竺沙門浮圖澄少於烏萇國就羅漢入道劉曜時到襄國後爲石勒所宗信號爲大和尚軍國規謨頗訪之所言多驗道安曾至鄴候澄澄見而異之澄卒後中國紛亂道安乃率門徒南遊新野欲令玄宗在所流布分遣弟子各趣諸方法汰詣揚州法和入蜀道安與慧遠之襄陽道安後入苻堅堅素欽德問既見宗以師禮時西域有胡沙門鳩摩羅什思通法門道安思與講釋每勸堅致羅什什亦承安令問謂之東方聖人或時遙拜致敬道安卒後二十餘載而羅什至長安恨不及安以爲深慨道安所正經義與羅什譯出符會如一初無乖舛於是法旨大著中原魏先建國於玄朔風俗淳一無爲以自守與西域殊絕莫能往來故浮圖之教未之得聞或聞而未信也及神元與魏晉通聘文帝又在洛陽昭成又至襄國乃備究南夏佛法之事
太祖平中山經略燕趙所逕郡國佛寺見諸沙門道士皆致精敬禁軍旅無有

所犯帝好黃老頗覽佛經但天下初定戎車屢動庶事草創未建圖宇招延僧衆也然時時旁求先是有沙門僧朗與其徒隱于泰山之琨瑞谷帝遣使致書以繒素旃罽鉢錫爲禮今猶號曰朗公谷焉天興元年下詔曰夫佛法之興其來遠矣濟益之功冥及存沒神蹤遺軌信可依憑其敕有司於京城建飾容範修整宮舍令信向之徒有所居止是歲始作五級佛圖耆闍崛山及須彌山殿加以繢飾別構講堂禪堂及沙門座莫不嚴具焉太宗踐位遵太祖之業亦好黃老又崇佛法京邑四方建立圖像仍令沙門敷導民俗初皇始中趙郡有沙門法果誡行精至開演法籍太祖聞其名詔以禮徵赴京師後以爲道人統綰攝僧徒每與帝言多所愜允供施甚厚至太宗彌加崇敬永興中前後授以輔國宜城子忠信侯安成公之號皆固辭帝常親幸其居以門小狹不容輿輦更廣大之年八十餘泰常中卒未殯帝三臨其喪追贈老壽將軍趙胡靈公初法果每言太祖明叡好道卽是當今如來沙門宜應盡禮遂常致拜謂人曰能鴻道者人主也我非拜天子乃是禮佛耳法果四十始爲沙門有子曰猛詔令襲

果所加爵帝後幸廣宗有沙門曇證年且百歲邀見於路奉致果物帝敬其年老志力不衰亦加以老壽將軍號是時鳩摩羅什爲姚興所敬於長安草堂寺集義學八百人重譯經本羅什聰辯有淵思達東西方言時沙門道形僧略道恆道褾僧肇曇影等與羅什共相提挈發明幽致諸深大經論十有餘部更定章句辭義通明至今沙門共所祖習道形等皆識學洽通僧肇尤爲其最羅什之撰譯僧肇常執筆定諸辭義注維摩經又著數論皆有妙旨學者宗之又沙門法顯慨律藏不具自長安遊天竺歷三十餘國隨有經律之處學其書語譯而寫之十年乃於南海師子國隨商人汎舟東下晝夜昏迷將二百日乃至青州長廣郡不其勞山南下乃出海焉是歲神瑞二年也法顯所逕諸國傳記之今行於世其所得律通譯未能盡正至江南更與天竺禪師跋陁羅辯定之謂之僧祇律大備于前爲今沙門所持受先是有沙門法領從揚州入西域得華嚴經本定律後數年跋陁羅共沙門法業重加譯撰宣行於時世祖初卽位亦遵太祖太宗之業每引高德沙門與共談論於四月八日輿諸佛像行於廣衢

帝親御門樓臨觀散花以致禮敬先是沮渠蒙遜在涼州亦好佛法有罽賓沙門曇摩讖習諸經論於姑臧與沙門智嵩等譯涅槃諸經十餘部又曉術數禁呪歷言他國安危多所中驗蒙遜每以國事諮之神䴥中帝命蒙遜送讖詣京師惜而不遣既而懼魏威責遂使人殺讖讖死之日謂門徒曰今時將有客來可早食以待之食訖而走使至時人謂之知命智嵩亦爽悟篤志經籍後乃以新出經論於涼土教授辯論幽旨著涅槃義記戒行峻整門人齊肅知涼州將有兵役與門徒數人欲往胡地道路饑饉絕糧積日弟子求得禽獸肉請嵩彊食嵩以戒自誓遂餓死於酒泉之西山弟子積薪焚其屍骸骨灰燼唯舌獨全色狀不變時人以爲誦說功報涼州自張軌後世信佛教敦煌地接西域道俗交得其舊式村塢相屬多有塔寺太延中涼州平徙其國人於京邑沙門佛事皆俱東象教彌增矣尋以沙門衆多詔罷年五十已下者世祖初平赫連昌得沙門惠始姓張家本清河聞羅什出新經遂詣長安見之觀習經典坐禪於白渠北晝則入城聽講夕則還處靜坐三輔有識多宗之劉裕滅姚泓留子義真

鎮長安義真及寮佐皆敬重焉義真之去長安也赫連屈丐追敗之道俗少長
咸見坑戮惠始身被白刃而體不傷衆大怪異言於屈丐屈丐大怒召惠始於
前以所持寶劍擊之又不能害乃懼而謝罪統萬平惠始到京都多所訓導時
人莫測其迹世祖甚重之每加禮敬始自習禪至於沒世稱五十餘年未嘗寢
臥或時跣行雖履泥塵初不汙足色愈鮮白世號之曰白脚師太延中臨終於
八角寺齊潔端坐僧徒滿側凝泊而絶停屍十餘日坐旣不改容色如一舉世
神異之遂瘞寺內至真君六年制城內不得留瘞乃葬於南郊之外始死十年
矣開殯儼然初不傾壞送葬者六千餘人莫不感慟中書監高允爲其傳頌其
德迹惠始冢上立石精舍圖其形像經毀法時猶自全立世祖卽位富於春秋
旣而銳志武功每以平定禍亂爲先雖歸宗佛法敬重沙門而未存覽經教深
求緣報之意及得寇謙之道帝以清淨無爲有仙化之證遂信行其術時司徒
崔浩博學多聞帝每訪以大事浩奉謙之道尤不信佛與帝言數加非毀常謂
虛誕爲世費害帝以其辯博頗信之會蓋吳反杏城關中騷動帝乃西伐至於

長安先是長安沙門種麥寺內御騶牧馬於麥中帝入觀馬沙門飲從官酒從官入其便室見大有弓矢矛楯出以奏聞帝怒曰此非沙門所用當與蓋吳通謀規害人耳命有司案誅一寺閱其財產大得釀酒具及州郡牧守富人所寄藏物蓋以萬計又爲屈室與貴室女私行淫亂帝既忿沙門非法浩時從行因進其說詔誅長安沙門焚破佛像勑留臺下四方令一依長安行事又詔曰彼沙門者假西戎虛誕妄生妖孽非所以一齊政化布淳德於天下也自王公已下有私養沙門者皆送官曹不得隱匿限今年二月十五日過期不出沙門身死容止者誅一門時恭宗爲太子監國素敬佛道頻上表陳刑殺沙門之濫又非圖像之罪今罷其道杜諸寺門世不修奉土木丹青自然毀滅如是再三不許乃下詔曰昔後漢荒君信惑邪僞妄假睡夢事胡妖鬼以亂天常自古九州之中無此也夸誕大言不本人情叔季之世闇君亂主莫不眩焉由是政教不行禮義大壞鬼道熾盛視王者之法蔑如也自此以來代經亂禍天罰亟行生民死盡五服之內鞠爲丘墟千里蕭條不見人迹皆由於此朕承天緒屬當窮

運之敝欲除僞定真復羲農之治其一切盪除胡神滅其蹤迹庶無謝於風氏矣自今以後敢有事胡神及造形像泥人銅人者門誅雖言胡神問今胡人共云無有皆是前世漢人無賴子弟劉元真呂伯彊之徒乞胡之誕言用老莊之虛假附而益之皆非真實至使王法廢而不行蓋大姦之魁也有非常之人然後能行非常之事非朕孰能去此歷代之僞物有司宣告征鎮諸軍刺史諸有佛圖形像及胡經盡皆擊破焚燒沙門無少長悉坑之是歲真君七年三月也恭宗言雖不用然猶緩宣詔書遠近皆豫聞知得各爲計四方沙門多亡匿獲免在京邑者亦蒙全濟金銀寶像及諸經論大得祕藏而土木宮塔聲教所及莫不畢毀矣始謙之與浩同從車駕苦與浩諍浩不肯謂浩曰卿今促年受戮滅門戶矣後四年浩誅備五刑時年七十浩既誅死帝頗悔之業已行難中修復恭宗潛欲興之未敢言也佛淪廢終帝世積七八年然禁稍寬弛篤信之家得密奉事沙門專至者猶竊法服誦習焉唯不得顯行於京都矣先是沙門曇曜有操尚又爲恭宗所知禮佛法之滅沙門多以餘能自效還俗求見曜誓欲

守死恭宗親加勸喻至於再三不得已乃止密持法服器物不暫離身聞者歎
重之高宗踐極下詔曰夫爲帝王者必祗奉明靈顯彰仁道其能惠著生民濟
益羣品者雖在古昔猶序其風烈是以春秋嘉崇明之禮祭典載功施之族況
釋迦如來功濟大千惠流塵境等生死者歎其達觀覽文義者貴其妙明助王
政之禁律益仁智之善性排斥羣邪開演正覺故前代已來莫不崇尚亦我國
家常所尊事也世祖太武皇帝開廣邊荒德澤遐及沙門道士善行純誠惠始
之倫無遠不至風義相感往往如林夫山海之深怪物多有姦淫之徒得容假
託講寺之中致有兇黨是以先朝因其瑕釁戮其有罪有司失旨一切禁斷景
穆皇帝每爲慨然值軍國多事未遑修復朕承洪緒君臨萬邦思述先志以隆
斯道今制諸州郡縣於衆居之所各聽建佛圖一區任其財用不制會限其好
樂道法欲爲沙門不問長幼出於良家性行素篤無諸嫌穢鄉里所明者聽其
出家率大州五十小州四十人其郡遙遠臺者十人各當局分皆足以化惡就
善播揚道教也天下承風朝不及夕任時所毀圖寺仍還修矣佛像經論皆復

得顯京師沙門師賢本罽賓國王種人少入道東遊涼城涼平赴京罷佛法時師賢假爲醫術還俗而守道不改於修復日卽反沙門其同輩五人帝乃親爲下髮師賢仍爲道人統是年詔有司爲石像令如帝身既成顏上足下各有黑石冥同帝體上下黑子論者以爲純誠所感興光元年秋勑有司於五緞大寺內爲太祖已下五帝鑄釋迦立像五各長一丈六尺都用赤金二萬五千斤太安初有師子國胡沙門邪奢遺多浮陁難提等五人奉佛像三到京都皆云備歷西域諸國見佛影迹及肉髻外國諸王相承咸遣工匠摹寫其容莫能及難提所造者去十餘步視之炳然轉近轉微又沙勒胡沙門赴京師致佛鉢并畫像迹和平初師賢卒曇曜代之更名沙門統初曇曜以復佛法之明年自中山被命赴京值帝出見于路御馬前銜曜衣時以爲馬識善人帝後奉以師禮曇曜白帝於京城西武州塞鑿山石壁開窟五所鐫建佛像各一高者七十尺次六十尺彫飾奇偉冠於一世曇曜奏平齊戶及諸民有能歲輸穀六十斛入僧曹者卽爲僧祇戶粟爲僧祇粟至於儉歲賑給飢民又請民犯重罪及官奴以

爲佛圖戶以供諸寺掃洒歲兼營田輸粟高宗並許之於是僧祇戶粟及寺戶徧於州鎮矣曇曜又與天竺沙門常那邪舍等譯出新經十四部又有沙門道進僧超法存等並有名於時演唱諸異顯祖即位敦信尤深覽諸經論好老莊每引諸沙門及能談玄之士與論理要初高宗太安末劉駿於丹陽中興寺設齋有一沙門容止獨秀舉衆往目皆莫識焉沙門惠璩起問之答名惠明又問所住答云從天安寺來語訖忽然不見駿君臣以爲靈感改中興爲天安寺是後七年而帝踐祚號天安元年是年劉彧徐州刺史薛安都始以城地來降明年盡有淮北之地其歲高祖誕載於時起永寧寺構七級佛圖高三百餘尺基架博敞爲天下第一又於天宮寺造釋迦立像高四十三尺用赤金十萬斤黃金六百斤皇興中又構三級石佛圖榱棟楣楹上下重結大小皆石高十丈鎮固巧密爲京華壯觀高祖踐位顯祖移御北苑崇光宮覽習玄籍建鹿野佛圖於苑中之西山去崇光右十里巖房禪堂禪僧居其中焉延興二年夏四月詔曰比丘不在寺舍遊涉村落交通姦猾經歷年歲令民間五五相保不得容止

無籍之僧精加隱括有者送付州鎮其在畿郡送付本曹若爲三寶巡民教化者在外齎州鎮維那文移在臺者齎都維那等印牒然後聽行違者加罪又詔曰內外之人興建福業造立圖寺高敞顯博亦足以輝隆至教矣然無知之徒各相高尚貧富相競費竭財產務存高廣傷殺昆蟲含生之類苟能精致累土聚沙福鍾不朽欲建爲福之因未知傷生之業朕爲民父母慈養是務自今一切斷之又詔曰夫信誠則應遠行篤則感深歷觀先世靈瑞乃有禽獸易色草木移性濟州東平郡靈像發輝變成金銅之色殊常之事絕於往古熙隆妙法理在當今有司與沙門統曇曜令州送像達都使道俗咸覩實相之容普告天下皆使聞知三年十二月顯祖因田鷹獲鴛鴦一其偶悲鳴上下不去帝乃惕然問左右曰此飛鳴者爲雌爲雄左右對曰臣以爲雌帝曰何以知對曰陽性剛陰性柔以剛柔推之必是雌矣帝乃慨然而歎曰雖人鳥事別至於資識性情竟何異哉於是下詔禁斷鷙鳥不得畜焉承明元年八月高祖於永寧寺設太法供度良家男女爲僧尼者百有餘人帝爲剃髮施以僧服令修道戒資福

於顯祖是月又詔起建明寺太和元年二月幸永寧寺設齋赦死罪囚三月又
幸永寧寺設會行道聽講命中祕二省與僧徒討論佛義施僧衣服寶器有差
又於方山太祖營壘之處建思遠寺自正光至此京城內寺新舊且百所僧尼
二千餘人四方諸寺六千四百七十八僧尼七萬七千二百五十八人四年春
詔以鷹師爲報德寺九年秋有司奏上谷郡比丘尼惠香在北山松樹下死屍
形不壞爾來三年士女觀者有千百於時人皆異之十年冬有司又奏前被勑
以勒籍之初愚民僥倖假稱入道以避輸課其無籍僧尼罷遣還俗重被旨所
檢僧尼寺主維那當寺隱審其有道行精勤者聽仍在道爲行凡麤者有籍無
籍悉罷歸齊民今依旨簡遣其諸州還俗者僧尼合一千三百二十七人奏可
十六年詔四月八日七月十五日聽大州度一百人爲僧尼中州五十人下州
二十人以爲常準著於令十七年詔立僧制四十七條十九年四月帝幸徐州
白塔寺顧謂諸王及侍官曰此寺近有名僧嵩法師受成實論於羅什在此流
通後授淵法師淵法師授登紀二法師朕每翫成實論可以釋人深情故至此

寺焉時沙門道登雅有義業爲高祖眷賞恆侍講論曾於禁內與帝夜談同見
一鬼二十年卒高祖甚悼惜之詔施帛一千匹又設一切僧齋并命京城七日
行道又詔朕師登法師奄至徂背痛恆摧慟不能已已比藥治慎喪未容即赴
便準師義哭諸門外續素之又有西域沙門名跋陁有道業深爲高祖所敬信
詔於少室山陰立少林寺而居之公給衣供二十一年五月詔曰羅什法師可
謂神出五才志入四行者也今常住寺猶有遺地欽悅修蹤情深遐邇可於舊
堂所爲建三級浮圖又見逼昏虐爲道殄軀既暫同俗禮應有子胤可推訪以
聞當加敘接先是立監福曹又改爲昭玄備有官屬以斷僧務高祖時沙門道
順惠覺僧意惠紀僧範道弁惠度智誕僧顯僧義僧利並以義行知重世宗即
位永平元年秋詔曰緇素既殊法律亦異故道教彰於互顯禁勸各有所宜自
今已後衆僧犯殺人已上罪者仍依俗斷餘犯悉付昭玄以內律僧制治之二年
冬沙門統惠深上言僧尼浩曠清濁混流不遵禁典精麤莫別輒與經律法師
羣議立制諸州鎮郡維那上坐寺主各令戒律自修咸依內禁若不解律者退

其本次又出家之人不應犯法積八不淨物然經律所制通塞有方依律車牛
淨人不淨之物不得爲己私畜唯有老病年六十以上者限聽一乘又比來僧
尼或因三寶出貸私財緣州外又出家捨著本無凶儀不應廢道從俗其父母
三師遠聞凶問聽哭三日若在見前限以七日或有不安寺舍遊止民間亂道
生過皆由此等若有犯者脫服還民其有造寺者限僧五十以上啓聞聽造若
有輒營置者處以違勅之罪其僧寺僧衆擯出外州僧尼之法不得爲俗人所
用若有犯者還配本屬其外國僧尼來歸化者求精檢有德行合三藏者聽住
若無德行遣還本國若其不去依此僧制治罪詔從之先是於恆農荆山造珉
玉丈六像一三年冬迎置於洛濱之報德寺世宗躬觀致敬四年夏詔曰僧祇
之粟本期濟施儉年出貸豐則收入山林僧尼隨以給施民有窘敝亦卽賑之
但主司冒利規取贏息及其徵責不計水旱或償利過本或翻改券契侵蠹貧
下莫知紀極細民嗟毒歲月滋深非所以矜此窮乏宗尙慈拯之本意也自今
已後不得傳委維那都尉可令刺史共加監括尙書檢諸有僧祇穀之處州別

列其元數出入贏息賑給多少并貸償歲月見在未收上臺錄記若收利過本
及翻改初券依律免之勿復徵責或有私債轉施償僧卽以丐民不聽收檢後
有出貸先盡貧窮徵債之科一準舊格富有之家不聽輒貸脫仍冒濫依法治
罪又尚書令高肇奏言謹案故沙門統曇曜昔於承明元年奏涼州軍戶趙苟
子等二百家爲僧祇戶立課積粟擬濟饑年不限道俗皆以拯施又依內律僧
祇戶不得別屬一寺而都維那僧暹僧頻等進違成旨退乖內法肆意任情奏
求逼召致使吁嗟之怨盈於行道棄子傷生自縊溺死五十餘人豈是仰贊聖
明慈育之意深失陛下歸依之心遂令此等行號巷哭叫訴無所至乃白羽貫
耳列訟宮闕悠悠之人尙爲哀痛況慈悲之士而可安之請聽苟子等還鄉課
輸儉乏之年周給貧寡若有不虞以擬邊捍其暹等違旨背律謬奏之愆請付
昭玄依僧律推處詔曰暹等特可原之餘如奏世宗篤好佛理每年常於禁中
親講經論廣集名僧標明義旨沙門條錄爲內起居焉上既崇之下彌企尙至
延昌中天下州郡僧尼等積有一萬三千七百二十七所徒侶逾衆熙平元年

詔遣沙門惠生使西域採諸經律正光三年冬還京師所得經論一百七十部
行於世二年春靈太后令曰年常度僧依限大州應百人者州郡於前十日解
送三百人其中州二百人小州一百人州統維那與官及精練簡取充數若無
精行不得濫採若取非人刺史爲首以違旨論太守縣令綱寮節級連坐統及
維那移五百里外異州爲僧自今奴婢悉不聽出家諸王及親貴亦不得輒啓
請有犯者以違旨論其僧尼輒度他人奴婢者亦移五百里外爲僧僧尼多養
親識及他人奴婢子年大私度爲弟子自今斷之有犯還俗被養者歸本等寺
主聽容一人出寺五百里二人千里私度之僧皆由三長罪不及己容多隱濫
自今有一人私度皆以違旨論隣長爲首里黨各相降一等縣滿十五人郡滿
三十人州鎮滿三十人免官寮吏節級連坐私度之身配當州下役時法禁寬
褫不能改肅也景明初世宗詔大長秋卿白整準代京靈巖寺石窟於洛南伊
闕山爲高祖文昭皇太后營石窟二所初建之始窟頂去地三百一十尺至正
始二年中始出斬山二十三丈至大長秋卿王質謂斬山太高費功難就奏求

下移就平去地一百尺南北一百四十尺永平中中尹劉騰奏爲世宗復造石
窟一凡爲三所從景明元年至正光四年六月已前用功八十萬二千三百六
十六肅宗熙平中於城內太社西起永寧寺靈太后親率百寮表基立刹佛圖
九層高四十餘丈其諸費用不可勝計景明寺佛圖亦其亞也至於官私寺塔
其數甚衆神龜元年冬司空公尚書令任城王澄奏曰仰惟高祖定鼎嵩瀍卜
世悠遠慮括終始制洽天人造物開符垂之萬葉故都城制云城內唯擬一永
寧寺地郭內唯擬尼寺一所餘悉城郭之外欲令永遵此制無敢踰矩逮景明
之初微有犯禁故世宗仰修先志爰發明旨城內不造立浮圖僧尼寺舍亦欲
絶其希覬文武二帝豈不愛尚佛法蓋以道俗殊歸理無相亂故也但俗眩虛
聲僧貪厚潤雖有顯禁猶自冒營至正始三年沙門統惠深有違景明之禁便
云營就之寺不忍移毀求自今已後更不聽立先旨含寬抑典從請前班之詔
仍卷不行後來私謁彌以奔競永平二年深等復立條制啓云自今已後欲造
寺者限僧五十已上聞徹聽造若有輒營置者依俗違勑之罪其寺僧衆擯出

外州遡來十年私營轉盛罪擯之事寂爾無聞豈非朝格雖明恃福共毀僧制徒立顧利莫從者也不俗不道務爲損法人而無厭其可極乎夫學迹沖妙非浮識所辯玄門曠寂豈短辭能究然淨居塵外道家所先功緣冥深匪尚華遁苟能誠信童子聚沙可邁於道場純陁儉設足薦於雙樹何必縱其盜竊資營寺觀此乃民之多幸非國之福也然比日私造動盈百數或乘請公地輒樹私福或啓得造寺限外廣制如此欺罔非可稍計臣以才劣誠忝工務奉遵成規裁量是總所以披尋舊旨研究圖格輒遣府司馬陸昶屬崔孝芬都城之中及郭邑之內檢括寺舍數乘五百空地表剎未立塔宇不在其數民不畏法乃至於斯自遷都已來年踰二紀寺奪民居三分且一高祖立制非徒欲使緇素殊途抑亦防微深慮世宗述之亦不錮禁營福當在杜塞未萌今之僧寺無處不有或比滿城邑之中或連溢屠沽之肆或三五少僧共爲一寺梵唱屠音連簷接響像塔纏於腥臊性靈沒於嗜慾真僞混居往來紛雜下司因習而莫非僧曹對制而不問其於汙染真行塵穢練僧薰蕕同器不亦甚歟往在北代有法

秀之謀近日冀州遭大乘之變皆初假神教以惑衆心終設姦誑用逞私悖太和之制因法秀而杜遠景明之禁慮大乘之將亂始知祖宗叡聖防遏處深履霜堅冰不可不慎昔如來闡教多依山林今此僧徒戀著城邑豈湫隘是經行所宜浮諠必栖禪之宅當由利引其心莫能自止處者既失其真造者或損其福乃釋氏之糟糠法中之社鼠內戒所不容王典所應棄矣非但京邑如此天下州鎮僧寺亦然侵奪細民廣占田宅有傷慈矜用長嗟苦且人心不同善惡亦異或有栖心真趣道業清遠者或外假法服內懷悖德者如此之徒宜辯涇渭若雷同一貫何以勸善然覩法贊善凡人所知矯俗避嫌物情同趣臣獨何爲孤議獨發誠以國典一廢追理至難法網暫失條綱將亂是以冒陳愚見兩願其益臣聞設令在於必行立罰貴能肅物令而不行不如無令罰不能肅孰與亡罰頃明詔屢下而造者更滋嚴限驟施而違犯不息者豈不以假福託善幸罪不加人殉其私吏難苟劾前制無追往之辜後旨開自今之恕悠悠世情遂忽成法今宜加以嚴科特設重禁糾其來違懲其往失脫不峻檢方垂容借

恐今旨雖明復如往日又旨令所斷標榜禮拜之處悉聽不禁愚以爲樹榜無
常禮處難驗欲云有造立榜證公須營之辭指言嘗禮如此則徒有禁名實通
造路且徙御已後斷詔四行而私造之徒不懼制旨豈是百官有司怠於奉法
將由網漏禁寬容託有他故耳如臣愚意都城之中雖有標榜營造麤功事可
改立者請依先制在於郭外任擇所便其地若買得券證分明者聽其轉之若
官地盜作卽令還官若靈像既成不可移撤請依今勑如舊不禁悉令坊內行
止不聽毀坊開門以妨里內通巷若被旨者不在斷限郭內準此商量其廟像
嚴立而逼近屠沽請斷旁屠殺以潔靈居雖有僧數而事在可移者令就閑敞
以避隘陋如今年正月赦後造者求依僧制案法科治若僧不滿五十者共相
通容小就大寺必令充限其地賣還一如上式自今外州若欲造寺僧滿五十
已上先令本州表列昭玄量審奏聽乃立若有違犯悉依前科州郡已下容而
不禁罪同違旨庶仰遵先皇不朽之業俯奉今旨慈悲之令則繩墨可全聖道
不墜矣奏可未幾天下喪亂加以河陰之酷朝士死者其家多捨居宅以施僧

尼京邑第舍略爲寺矣前日禁令不復行焉元象元年秋詔曰梵境幽玄義歸清曠伽藍淨土理絶囂塵前朝城內先有禁斷自聿來遷鄴率由舊章而百辟士民屆都之始城外新城並皆給宅舊城中暫時普借更擬後須非爲永久如聞諸人多以二處得地或捨舊城所借之宅擅立爲寺知非己有假此一名終恐因習滋甚有虧恆式宜付有司精加隱括且城中舊寺及宅並有定帳其新立之徒悉從毀廢冬又詔天下牧守令長悉不聽造寺若有違者不問財之所出幷計所營功庸悉以枉法論興和二年春詔以鄴城舊宮爲天平寺世宗以來至武定末沙門知名者有惠猛惠辨惠深僧暹道欽僧獻道晞僧深惠光惠顯法榮道長並見重於當世自魏有天下至於禪讓佛經流通大集中國凡有四百一十五部合一千九百一十九卷正光已後天下多虞工役尤甚於是所在編民相與入道假慕沙門實避調役猥濫之極自中國之有佛法未之有也略而計之僧尼大衆二百萬矣其寺三萬有餘流弊不歸一至於此識者所以歎息也道家之原出於老子其自言也先天地生以資萬類上處玉京爲神王

之宗下在紫微爲飛仙之主千變萬化有德不德隨感應物厥迹無常授軒轅
於峨嵋教帝嚳於牧德大禹聞長生之訣尹喜受道德之旨至於丹書紫字昇
玄飛步之經玉石金光妙有靈洞之說如此之人不可勝紀其爲教也咸蠲去
邪累澡雪心神積行樹功累德增善乃至白日昇天長生世上所以秦皇漢武
甘心不息靈帝置華蓋於濯龍設壇場而爲禮及張陵受道於鵠鳴因傳天官
章本千有二百弟子相授其事大行齋祠跪拜各成法道有三元九府百二十
官一切諸神咸所統攝又稱劫數頗類佛經其延康龍漢赤明開皇之屬皆其
名也及其劫終稱天地俱壞其書多有禁祕非其徒也不得輒觀至於化金銷
玉行符勑水奇方妙術萬等千條上云羽化飛天次稱消災滅禍故好異者往
往而尊事之初文帝入賓於晉從者務勿塵姿神奇偉登仙於伊闕之山寺識
者咸云魏祚之將大太祖好老子之言誦詠不倦天興中儀曹郎董謐因獻服
食仙經數十篇於是置仙人博士立仙坊煑鍊百藥封西山以供其薪蒸令死
罪者試服之非其本心多死無驗太祖猶將修焉太醫周澹苦其煎採之役欲

廢其事乃陰令妻貸仙人博士張曜妾得曜隱罪曜懼死因請辟穀太祖許之
給曜資用爲造淨堂於苑中給洒掃民二家而錬藥之官仍爲不息久之太祖
意少懈乃止世祖時道士寇謙之字輔真南雍州刺史讚之弟自云寇恂之十
三世孫早好仙道有絶俗之心少修張魯之術服食餌藥歷年無效幽誠上達
有仙人成公興不知何許人至謙之從母家傭賃謙之常覲其姨見興形貌甚
彊力作不倦請回賃與代己使役乃將還令其開舍南辣田謙之樹下坐算興
懇一發致勤時來看算謙之謂曰汝但力作何爲看此二三日後復來看之如
此不已後謙之算七曜有所不了惘然自失興謂謙之曰先生何爲不懌謙之
曰我學算累年而近算周髀不合以此自愧且非汝所知何勞問也興曰先生
試隨興語布之俄然便決謙之歎伏不測興之淺深請師事之興固辭不肯但
求爲謙之弟子未幾謂謙之曰先生有意學道豈能與興隱遁謙之欣然從之
興乃令謙之絜齋三日共入華山令謙之居一石室自出採藥還與謙之食藥
不復飢乃將謙之入嵩山有三重石室令謙之住第二重歷年興謂謙之曰興

出後當有人將藥來得但食之莫爲疑怪尋有人將藥而至皆是毒蟲臭惡之物謙之大懼出走與還問狀謙之具對與歎息曰先生未便得仙政可爲帝王師耳與事謙之七年而謂之曰與不得久留明日中應去與亡後先生幸爲沐浴自當有人見迎與乃入第三重石室而卒謙之躬自沐浴明日中有叩石室者謙之出視見兩童子一持法服一持鉢及錫杖謙之引入至與尸所與欻然而起著衣持鉢執杖而去先是有京兆灞城人王胡兒其叔父亡頗有靈異曾將胡兒至嵩高別嶺同行觀望見金室玉堂有一館尤珍麗空而無人題曰成公興之館胡兒怪而問之其叔父曰此是仙人成公興館坐失火燒七間屋被謫爲寇謙之作弟子七年始知謙之精誠遠通興乃仙者謫滿而去謙之守志嵩岳精專不懈以神瑞二年十月乙卯忽遇大神乘雲駕龍導從百靈仙人玉女左右侍衞集止山頂稱太上老君謂謙之曰往辛亥年嵩岳鎭靈集仙宮主表天曹稱自天師張陵去世已來地上曠誠修善之人無所師授嵩岳道士上谷寇謙之立身直理行合自然才任軌範首處師位吾故來觀汝授汝天師之

位賜汝雲中音誦新科之誡二十卷號曰並進言吾此經誡自天地開闢以來
不傳於世今運數應出汝宣吾新科清整道教除去三張僞法租米錢稅及男
女合氣之術大道清虛豈有斯事專以禮度爲首而加之以服食閉練使王九
疑人長客之等十二人授謙之服氣導引口訣之法遂得辟穀氣盛體輕顏色
殊麗弟子十餘人皆得其術泰常八年十月戊戌有牧土上師李譜文來臨嵩
岳云老君之玄孫昔居代郡桑乾以漢武之世得道爲牧土宮主領治三十六
土人鬼之政地方十八萬里有奇蓋歷術一章之數也其中爲方萬里者有三
百六十萬遣弟子宣教云嵩岳所統廣漢平土方萬里以授謙之作誥曰吾處
天宮敷演真法處汝道年二十二歲除十年爲竟蒙其餘十二年教化雖無大
功且有百授之勞今賜汝遷入內宮太真太寶九州真師治鬼師治民師繼天
師四錄修勤不懈依勞復遷賜汝天中三真太文錄劾召百神以授弟子文錄
有五等一曰陰陽太官二曰正府真官三曰正房真官四曰宿宮散官五曰並
進錄主壇位禮拜衣冠儀式各有差品凡六十餘卷號曰錄圖真經付汝奉持

轉佐北方泰平真君出天宮靜論之法能興造克就則起真仙矣又地上生民末劫垂及其中行教甚難但令男女立壇宇朝夕禮拜若家有嚴君功及上世其中能修身練藥學長生之術卽爲真君種民藥別授方銷練金丹雲英八石玉漿之法皆有決要上師李君手筆有數篇其餘皆正真書曹趙道覆所書古文鳥迹篆隸雜體辭義約辯婉而成章大自與世禮相準擇賢推德信者爲先勤者次之又言二儀之間有三十六天中有三十宮宮有一主最高者無極至尊次曰大至真尊次天覆地載陰陽真尊次洪正真尊姓趙名道隱以殷時得道牧土之師也牧土之來赤松王喬之倫及韓終張安世劉根張陵近世仙者並爲翼從牧土命謙之爲子與羣仙結爲徒友幽冥之事世所不了謙之具問一一告焉經云佛者昔於西胡得道在四十二天爲延真宮主勇猛苦教故其弟子皆髡形染衣斷絕人道諸天衣服悉然始光初奉其書而獻之世祖乃令謙之止於張曜之所供其食物時朝野聞之若存若亡未全信也崔浩獨異其言因師事之受其法術於是上疏讚明其事曰臣聞聖王受命則有天應而河

圖洛書皆寄言於蟲獸之文未若今日人神接對手筆燦然辭旨深妙自古無比昔漢高雖復英聖四皓猶或恥之不爲屈節今清德隱仙不召自至斯誠陛下侔蹤軒黃應天之符也豈可以世俗常談而忽上靈之命臣竊懼之世祖欣然乃使謁者奉玉帛牲牢祭嵩岳迎致其餘弟子在山中者於是崇奉天師顯揚新法宣布天下道業大行浩事天師禮拜甚謹人或譏之浩聞之曰昔張釋之爲王生結襪吾雖才非賢哲今奉天師足以不愧於古人矣及嵩高道士四十餘人至遂起天師道場於京城之東南重壇五層遵其新經之制給道士百二十人衣食齊肅祈請六時禮拜月設廚會數千人世祖將討赫連昌太尉長孫嵩難之世祖乃問幽徵於謙之謙之對曰必克陛下神武應期天經下治當以兵定九州後文先武以成太平真君真君三年謙之奏曰今陛下以真君御世建靜輪天宮之法開古以來未之有也應登受符書以彰聖德世祖從之於是親至道壇受符籙備法駕旗幟盡青以從道家之色也自後諸帝每卽位皆如之恭宗見謙之奏造靜輪宮必令其高不聞雞鳴狗吠之聲欲上與天神交

接功役萬計經年不成乃言於世祖曰人天道殊卑高定分今謙之欲要以無成之期說以不然之事財力費損百姓疲勞無乃不可乎必如其言未若因東山萬仞之上爲功差易世祖深然恭宗之言但以崔浩贊成難違其意沉吟者久之乃曰吾亦知其無成事既爾何惜五三百功九年謙之卒葬以道士之禮先於未亡謂諸弟子曰及謙之在汝曹可求遷錄吾去之後天宮真難就復遇設會之日更布二席於上師坐前弟子問其故謙之曰仙官來是夜卒前一日忽言吾氣息不接腹中大痛而行止如常至明旦便終須臾口中氣狀若煙雲上出窗中至天半乃消屍體引長弟子量之八尺三寸三日已後稍縮至斂量之長六寸於是諸弟子以爲尸解變化而去不死也時有京兆人韋文秀隱於嵩高徵詣京師世祖曾問方士金丹事多曰可成文秀對曰神道幽昧變化難測可以闇遇難以豫期臣昔者受教於先師曾聞其事未之爲也世祖以文秀關右豪族風操溫雅言對有方遣與尚書崔頤詣王屋山合丹竟不能就時方士至者前後數人河東祁纖好相人世祖賢之拜纖上大夫潁陽絳略聞喜吳

劭道引養氣積年百餘歲神氣不衰恆農閻平仙博覽百家之言然不能達其
意辭占應對義旨可聽世祖欲授之官終辭不受扶風魯祈遭赫連屈子暴虐
避地寒山教授弟子數百人好方術少嗜慾河東羅崇之常餌松脂不食五穀
自稱受道於中條山世祖令崇還鄉里立壇祈請崇云條山有穴與崐崙蓬萊
相屬入穴中得見仙人與之往來詔令河東郡給所須崇入穴行百餘步遂窮
後召至有司以崇誣罔不道奏治之世祖曰崇修道之人豈至欺妄以詐於世
或傳聞不審而至於此古之君子進人以禮退人以禮今治之是傷朕待賢之
意遂赦之又有東萊人王道翼少有絕俗之志隱韓信山四十餘年斷粟食麥
通達經章書符錄常隱居深山不交世務年六十餘顯祖聞而召焉青州刺史
韓頹遣使就山徵之翼乃赴都顯祖以其仍守本操遂令僧曹給衣食以終其
身太和十五年秋詔曰夫至道無形虛寂爲主自有漢以後置立壇祠先朝以
其至順可歸用立寺宇昔京城之內居舍尚希今者里宅櫛比人神猥湊非所
以祗崇至法清敬神道可移於都南桑乾之陰岳山之陽永置其所給戶五十

以供齊祀之用仍名爲崇虛寺可召諸州隱士員滿九十人遷洛移鄴踵如故
事其道壇在南郊方二百步以正月七日七月七日十月十五日壇主道士高
人一百六人以行拜祠之禮諸道士罕能精至又無才術可高武定六年有司
執奏罷之其有道術如河東張遠遊河間趙靜通等齊文襄王別置館京師而
禮接焉

魏書卷一百一十四

魏書卷一百一十四考證

皆以闕爲本○闕一本作五戒

其中能修身練藥○練監本訛作縛今改正

魏書卷一百一十四考證

前上十志啓

臣收等啓昔子長命世偉才孟堅冠時特秀憲章前喆裁勒墳史紀傳之間申以書志緒言餘述可得而聞叔峻删緝後劉紹統削撰季漢十志實範遷固表蓋闕焉曹氏一代之籍了無具體典午終世之筆罕云周洽假復事播四夷盜聽閒有小道俗言要奇好異考之雅舊咸乖實錄自永嘉喪圮中原淆然偏僞小書殆無可取魏有天下跨蹤前載順末克讓善始令終陛下極聖窮神奉天屈己顧眄百王指掌萬世深存有魏撫運之業永念神州人倫之緒臣等肅奉明詔刊著魏籍編紀次傳備聞天旨竊謂志之爲用網羅遺逸載紀不可附傳非宜理切必在甄明事重尤應標著搜獵上下總括代終置之衆篇之後一統天人之迹褊心末識輒在於此是以晚始撰錄彌歷炎涼採舊增新今乃斷筆時移世易理不刻舩發閣含毫論敘殊致河溝往時之切釋老當今之重藝文前志可尋官氏魏代之急去彼取此敢率愚心謹成十志二十卷請續於傳末并前例目合一百三十一卷臣等妨官秉筆迄無可採塵黷旒冕墮深冰谷謹

啓

十一月持節都督梁州諸軍事驃騎將軍梁州刺史前著作郎富平縣開國

子臣魏收啓

平南將軍司空司馬修史臣辛元植

冠軍將軍國子博士修史臣刁柔

陵江將軍尚書左主客郎中修史臣高孝幹

前西河太守修史臣綦毋懷文

編修臣孫人龍謹言魏書一百三十卷國子監舊板歷久漫漶奉
勅校刊臣謹與同事臣陳浩臣齊召南等各就聞見共錄爲考證如干條魏收
書貽譏穢史宋以前亡逸不完者三十餘卷後之人取北史等書以補之
明所刻二十一史中此書又最爲刓敝宋劉恕明馮夢禎等論之蔡詳今
欲摘謬辯譌不留遺憾此實難矣惟參校各本悉心檢覈信則徵信疑則
傳疑云爾臣人龍謹識

原任詹事臣陳浩編修臣孫人龍中允臣齊召南拔貢生臣蕭柄奉

勅恭校刊

西元二〇二〇年六月一日重製一版

魏書（附考證）冊六（北齊魏收撰

平裝六冊基本定價肆仟捌佰元正
（郵運匯費另加）

發行人　張　敏　君
發行處　中　華　書　局
臺北市內湖區舊宗路二段一八一巷
八號五樓（5FL., No. 8, Lane 181,
JIOU-TZUNG Rd., Sec 2, NEI HU,
TAIPEI, 11494, TAIWAN)
客服電話：886-2-8797-8396
公司傳真：886-2-8797-8909
匯款帳戶：華南商業銀行西湖分行
179100026931
印　刷：維中科技有限公司
海瑞印刷品有限公司

No. N1047-6

國家圖書館出版品預行編目(CIP)資料

魏書 / (北齊)魏收撰. -- 重製一版. -- 臺北市 :
中華書局, 2020.06
冊 ;　公分
ISBN 978-986-5512-19-4(全套 : 平裝)

1.北朝史

623.6101　　109007186